Die Bedeutung der asiatischen Länder für die Zukunft Europas ist unübersehbar geworden. Vieles spricht für eine kommende Verlagerung des weltwirtschaftlichen Zentrums in den pazifischen Raum. Zugleich ist Asien ein Kontinent unruhiger politischer Vielfalt, die – man denke an den Iran und neuerdings an Indien – oft als Bedrohung des Westens aufgefaßt wird.

Der rasche Wandel in Asien hat europäische Beobachter immer wieder überrascht. Solch ratlose Verblüffung ist weithin ein Ergebnis unserer Unkenntnis der neuzeitlichen Geschichte Asiens. Abseits öffentlicher Aufmerksamkeit hat die internationale Forschung indessen ein überaus differenziertes Bild der historischen Entwicklung in den asiatischen Ländern erarbeitet. Die Beiträge des Bandes ›Asien in der Neuzeit‹, die in Verbindung mit der Fernuniversität Hagen entstanden, machen mit diesen wissenschaftlichen Ergebnissen bekannt.

Eine ausführliche Einleitung beschreibt die Veränderungen des westlichen Asienbildes. Dann werden sieben »historische Stationen« geschildert: die Anfänge des modernen iranischen Staates, die Entstehung einer asiatisch-europäisch-amerikanischen Mischkultur auf den Philippinen, das Schicksal Tibets im Machtkampf seiner großen Nachbarn, die »Entwicklung der Unterentwicklung« in Britisch-Indien, die Modernisierung Japans während der Meiji-Zeit in der zweiten Hälfte des 19. Jahrhunderts, der Aufbruch kritischer Intellektueller in China, schließlich die Entwicklung der arabischen Welt im Spannungsfeld von Islam und Nationalismus.

Angaben über den Herausgeber und die Autorinnen und Autoren finden sich am Schluß des Bandes.

Asien in der Neuzeit 1500–1950

Sieben historische Stationen

Mit Beiträgen von
Sabine Dabringhaus, Ulrike Freitag, Paul Luft, Michael Mann,
Jürgen Osterhammel, Wolfgang Schwentker und Reinhard Wendt

Herausgegeben und eingeleitet
von Jürgen Osterhammel

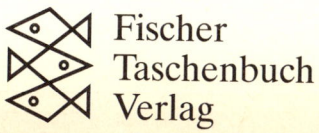 Fischer
Taschenbuch
Verlag

Lektorat: Walter H. Pehle

Originalausgabe
Veröffentlicht im Fischer Taschenbuch Verlag GmbH,
Frankfurt am Main, Juni 1994

Redaktion: Oliver Thomas Domzalski
Gesamtherstellung: Clausen & Bosse, Leck
Printed in Germany
ISBN 3-596-11853-0

Gedruckt auf chlor- und säurefreiem Papier

Inhalt

Vorwort des Herausgebers

Asiens »Neuzeit« ist eine Epoche, die sich angesichts der immensen Vielfalt dieses größten aller Kontinente nur von außen her eingrenzen läßt.
Wir verstehen darunter die Zeit zwischen dem Beginn der Errichtung
europäischer Seereiche in den östlichen Meeren um 1500 und dem Abschluß der großen asiatischen Dekolonisations- und Revolutionsbewe-
gung um 1950.
Der Band soll in die neuzeitliche Geschichte Asiens einführen. Er tut dies
weder dramatisierend-anekdotisch noch in der Form eines Namen und
Daten anhäufenden Handbuchs. Wir haben einen mittleren Weg gewählt: Wir versuchen, den Reichtum der historischen Erscheinungen im
neuzeitlichen Asien in einer Folge von »Stationen« anschaulich zu machen. Jede dieser Stationen sagt *einiges* über ein Land und eine Zivilisation, aber nicht *alles*. Dies eröffnet die Chance, immer wieder genau,
konkret und anschaulich zu werden. Jede Station hat einen zeitlichen
Schwerpunkt. Jede ist auch in einer besonderen historiographischen
Tonart komponiert: Bei den Philippinen wird die *kultur*geschichtliche
Dimension hervorgehoben, bei Indien die *wirtschafts-* und *umwelt*geschichtliche, bei China die *ideen*geschichtliche, usw. Denn der Band will
nicht nur informieren, sondern auch an Beispielen zeigen, mit welch unterschiedlichen Gesichtspunkten und Methoden sich die heutige Ge-
schichtswissenschaft dem asiatischen Raum nähert.
Keines der Kapitel verleugnet den Bezug zur asiatischen Gegenwart.
Es geht um die Ursprünge des schi'itischen Islam als der iranischen
Staatsreligion, um Kulturkonflikt und Kulturverschmelzung auf den Philippinen und die Ursachen wirtschaftlicher Unterentwicklung in Indien,
um chinesische Herrschaftsansprüche in Tibet, die historischen Voraussetzungen des japanischen Wirtschaftswunders, schließlich die unerfüll-
ten Hoffnungen chinesischer Intellektueller und die Konfrontation des
arabischen Nationalismus mit dem Westen.
Alle Autorinnen und Autoren haben die Region, auf die sie jeweils spe-
zialisiert sind, durch ein Auslandsstudium oder durch wiederholte Forschungsaufenthalte gründlich kennengelernt. Sie lesen und sprechen die

wichtigsten einheimischen Sprachen. Jedes der folgenden Kapitel beruht deshalb nicht nur auf der neuesten internationalen Forschungsliteratur, sondern auch auf einer Vertrautheit mit den Quellen aus erster Hand. Das Buch stützt sich auf den wesentlich umfangreicheren Fernstudienkurs ›Neuzeitliches Asien‹ des Faches Geschichte an der FernUniversität Hagen. Die Literaturangaben am Ende eines jeden Kapitels sollen auf die wichtigsten weiterführenden Werke hinweisen.

Düsseldorf, im Januar 1994

Jürgen Osterhammel
Einleitung
Vielfalt und Einheit im neuzeitlichen Asien

I.

Asien ist eine Erfindung Europas. Die Vorstellung einer geographisch-kulturellen Einheitlichkeit des Raumes zwischen Kaspischem Meer und Pazifischem Ozean, zwischen Sachalin und Bali stammt aus neuzeitlichen okzidentalen Studierstuben. Angesichts der landschaftlichen und klimatischen Vielgestaltigkeit des Kontinents ist sie »kaum mehr als eine akademische Abstraktion«.[1] Selbst wer mit dem indischen Geographen Surendra K. Datta die dichter bevölkerte »warme« Südhälfte des Erdteils von Anatolien bis zum indonesischen Archipel als das eigentliche, »asiatische Asien« abgrenzt oder sich gar, wie der amerikanische Historiker Rhoads Murphey, auf »Monsun-Asien« östlich von Afghanistan beschränkt,[2] wird dort ein beispiellos breites Spektrum natürlicher Umwelten antreffen. Die ethnische Differenzierung ist nicht nur äußerst vielfältig, sondern spiegelt sich – abgesehen von Japan und Korea – auch *innerhalb* der einzelnen Länder des heutigen Asien. Erst recht versagen *kulturelle* Kriterien einer gesamtasiatischen Identitätsbestimmung. Es gibt kein hochkulturell einigendes Band wie in Europa das Erbe der griechisch-lateinischen Antike und das Christentum. Ebenso fehlt jene Verwandtschaft unter den Sprachen, die in Europa die am meisten gesprochenen Idiome als Varianten eines indogermanischen Grundbestandes untereinander vergleichsweise leicht verständlich macht. Trotz der Ähnlichkeit des Schriftbildes haben Chinesisch und Japanisch, Arabisch und Persisch sprachsystematisch nichts miteinander zu tun.
Asien ist seit dem Aufstieg des Islam die Arena für vier große, religiös bestimmte Zivilisationen gewesen: die ostasiatisch-konfuzianische, die südasiatisch-hinduistische, die südostasiatische, in der der Buddhismus eine wichtige, aber nicht die allein dominierende Rolle spielt, schließlich die muslimische, die in allen Teilen des Kontinents außer Japan verbreitet ist.[3] Diese Zivilisationen besaßen ihre jeweiligen religiösen und politischen Zentren; zwischen ihnen bestanden durch Handel, Migration und Krieg mannigfache Beziehungen; sie berührten sich an ihren Grenzen

und fügten sich vielfach zu komplizierten Gemengelagen zusammen. Dennoch verklammert kein kleinster gemeinsamer Nenner China und Indien, die Philippinen und Afghanistan zu einer gesamtasiatischen Kultureinheit. Selbst die Affinität der pauschal so genannten »nicht-christlichen« Religionen zueinander ist schwach.[4] Der Islam zum Beispiel, eine östlich bis nach Indonesien expandierende Religion, steht den levantinischen »Buchreligionen« Judentum und Christentum theologisch weitaus näher als den Religionen des südlichen und östlichen Asien.

Auch ein asiatischer Menschen- oder Gesellschaftstypus kann zwar konstruiert, aber kaum empirisch nachgewiesen werden. Obwohl Versuche, auf der Ebene von Denk- und Verhaltensweisen gesamtasiatische Eigentümlichkeiten herauszuarbeiten,[5] nicht ohne anregenden Reiz sind, unterscheidet sich Asien doch grundsätzlich von Europa durch die Pluralität kaum miteinander vereinbarer hochkultureller Traditionen. Asien hat eine vielfältigere Vergangenheit als Europa und besitzt im Unterschied zu diesem kein Bewußtsein einer gemeinsamen historischen Herkunft.[6]

Bis heute gibt es deshalb kein kontinentales Zusammengehörigkeitsgefühl der im Erdteil Asien lebenden Menschen. Sie verstehen sich nicht als »Asiaten«, sondern als Mitglieder einer ethnischen Gemeinschaft, einer Nation, einer sozialen Gruppe, einer zivilisatorischen Einheit oder einer religiösen Ökumene. In den asiatischen Sprachen ist »Asien« ein importiertes Fremdwort. Im Chinesischen zum Beispiel gab es traditionell keinen Begriff für »Asien«. Das heute dafür verwendete Wort *ya-zhou* entstand erst im späten 19. Jahrhundert und ist nichts als eine phonetische Nachbildung des europäischen Wortes »Asien«, »Asia« oder »Asie«. Die größte denkbare zivilisatorische Einheit war aus chinesischer Sicht *tian-xia*: »[das Land] unter dem Himmel«, also die bekannte Welt mit der chinesischen Hauptstadt als Zentrum und verschiedenen Abstufungen von »Barbaren« an der Peripherie.

Im 20. Jahrhundert hat sich die Loyalität zu dem abstrakten Konzept »Asien« nur unwesentlich verstärkt. Panasiatische Bestrebungen waren, anders als Panafrikanismus und Panislamismus, schwach und politisch wirkungslos. Übernationale Integrationsversuche sind stets partiell geblieben und meist von hegemonialen Ordnungsmächten ausgegangen. Dies gilt sowohl für die 1936 von Japan proklamierte und im Zweiten Weltkrieg militärisch erzwungene »Großostasiatische Wohlstandssphäre«[7] als auch für den amerikanisch inspirierten Südostasienpakt (SEATO) von 1954. Hinter der berühmten Konferenz von Bandung im April 1955, an der 23 asiatische und sechs afrikanische Staaten teilnahmen, stand weniger ein panasiatischer Impuls als das Selbstbewußtsein der entstehenden postkolonialen »Dritten Welt«. Das Einvernehmen der asiatischen Führungsmächte China und Indien zerbrach jedoch schon wenige Jahre später. Dem indisch-chinesischen Krieg von 1962 folgten die Kriege zwischen Indien und Pakistan (1971), China und Vietnam (1979), Iran und Irak (1980–88). Den bislang erfolgreichsten Kooperationsversuch in der Geschichte des nationalstaatlich verfaßten Asien unternehmen seit 1967 die Mitglieder der Association of South-East Asian Nations (ASEAN), Indonesien, Malaysia, die Philippinen, Singapore, Thailand, seit 1984 dazu Brunei. Jedoch wohnt ihrer begrenzten Zusammenarbeit nicht die Integrationsdynamik der europäischen Politik inne, wie sie sich in den Verträgen von Maastricht ausdrückt.[8]

II.

Die europäische Erfindung Asiens läßt sich nicht genau datieren. Ein Mindestmaß an geographischen Kenntnissen war erforderlich, um die Einheit des Kontinents denken zu können. Seit dem 5. Jahrhundert v. Chr. war den Griechen die Dreiteilung der bekannten Ökumene in Europa, Asien und Afrika geläufig. Im Alexanderzug begegneten sie der indischen Welt. Das neue Wissen, das durch Marco Polo und die reisenden Franziskaner des Spätmittelalters nach Europa gelangte, lagerte sich zunächst dem antiken Begriff von »Asien« an. Erst die neuzeitliche Expansion Europas ermöglichte dann das Bereisen und oft sehr genaue Beschreiben nahezu aller Teile Asiens. Obwohl europäische Reisende, Missionare und Kolonialfunktionäre jahrhundertelang emsig Nachrichten aus dem »östlichen Indien« gesammelt hatten, mußte der bedeutende Geograph Carl Ritter (1779–1859), der damals beste Kenner der europäischen Asienliteratur, noch 1832 eingestehen, die räumliche Umgrenzung Asiens sei »kaum erst durch die Anstrengungen des jüngsten Jahrhunderts bis auf Grad und Minute erforscht worden«, und was die Binnenstruktur asiatischer Landschaften betreffe, so »ist dessen noch immer viel mehr, was wir nicht wissen, als des Gegentheils«.[9] Dasselbe galt für wichtige Aspekte der asiatischen Zivilisationen. Während man etwa über den Konfuzianismus dank der in China wirkenden Jesuitenmissionare schon Anfang des 18. Jahrhunderts relativ verläßlich unterrichtet war, blieben noch zu Ritters Zeiten der Hinduismus und vollends der Buddhismus dem europäischen Verständnis weithin verschlossen.[10] Erst seit dem letzten Drittel des 19. Jahrhunderts läßt sich auch von einer mehr als oberflächlichen Wirkung von Musik und bildender Kunst des Ostens in Europa sprechen.[11]

Daß man immer mehr über die Individualität der einzelnen Völker und

Landschaften der Alten Welt erfuhr, steigerte paradoxerweise den Mut
zu Pauschalurteilen über Asien insgesamt. Hielt Carl Ritter selbst sich mit
solchen Urteilen zurück, so waren manche seiner Zeitgenossen zuver-
sichtlich, durch die bunte Oberfläche der Reiseliteratur hindurch zum
»Wesen« Asiens vordringen zu können. Gleichzeitig erlitt Asien einen
dramatischen geschichtsphilosophischen Prestigeverlust. Urteile aus dem
17. und 18. Jahrhundert über das Morgenland waren überwiegend durch
Wohlwollen und Respekt gekennzeichnet gewesen. Gewiß findet man
allenthalben abschätzige Bemerkungen über einzelne Völker im asiatischen Einflußbereich der europäischen Mächte[12] und über die Türken,
solange sie noch militärisch gefährlich waren. Doch faßte der Göttinger
Historiker Arnold Herrmann Ludwig Heeren (1760–1842) die Hauptten-
denz der älteren europäischen Asienauffassung zusammen, als er 1793
schrieb:

»Unter den drey Theilen der alten Welt ist keiner, der die Aufmerksamkeit des philosophischen Geschichtsforschers der Menschheit, der sich
nicht bloß auf die Betrachtung einzelner Nationen beschränkt, sondern
mit seinem Blicke das Ganze unseres Geschlechts zu umfassen sucht,
mehr auf sich zöge und auch befriedigte als Asien. Die erste Dämmerung
der Geschichte bricht in ihm an; und durch alle folgenden Jahrhunderte,
in denen Afrika noch fast gänzlich in ein tiefes Dunkel gehüllt blieb, und
Europa sich erst spät und langsam aus demselben hervor wand, schwebt
über Asien ein Licht, das uns die großen Revolutionen, deren Schauplatz
es war, zwar nicht immer in gleicher, aber doch in hinreichender Klarheit
zeigt, um ihren Gang im Ganzen zu übersehen und daraus allgemeine
Schlüsse für die Geschichte unsers Geschlechts zu ziehen. [...] Selbst die
Geschichte der wissenschaftlichen Kenntnisse, so viele Mühe sich auch
der Occident gegeben hat, sie zu bereichern und zu seinem Eigenthume
umzustempeln, führt uns doch endlich auf den Orient zurück, von dem
auch nicht weniger unsere Volksreligion noch immer das volle Gepräge
trägt.«[13]

Dies ist freilich eine der letzten Äußerungen dieser Art. Mit Heeren verschwand der bewundernde Blick auf Asien. Johann Gottfried Herder
(1744–1803), der die Asiaten mit Ausnahme von Indern und Persern
häßlich fand,[14] konnte zur gleichen Zeit den asiatischen Kulturen noch
manches Bewunderungswürdige abgewinnen, tadelte aber ihren Mangel
an wissenschaftlicher Neugier.[15] Bei Constantin François de Volney
(1757–1820) jedoch, dem vielseitigen Gelehrten und revolutionären Politiker, brach sich eine ungemildert düstere Auffassung Bahn. Volney

sprach bereits mit der Autorität des namhaftesten Orientreisenden seiner Zeit,[16] als er 1791 in seinem Werk *Les Ruines* ein vernichtendes Urteil formulierte:

»Ganz Asien liegt in dicker Finsternis begraben. Die Chinesen, durch den Despotismus des Bambus entwürdigt, geblendet durch astrologische Träumereien, durch ein unveränderliches Gesetzbuch von Gestikulationen, durch den Grundfehler einer schlecht eingerichteten Sprache und Schrift in Fesseln gelegt, bieten mir in ihrer verunglückten Verfeinerung nur ein maschinenmäßiges Volk dar. Der Indier, mit Vorurteilen überhäuft, durch die geheiligten Bande seiner Kasten eingeschränkt, führt in unheilbarer, dumpfer Betäubung sein Pflanzenleben fort. Der Tatar, umherschweifend oder auf einen Ort geheftet, stets unwissend und roh, lebt in der Barbarei seiner Voreltern. Der Araber, mit einem glücklichen Genie begabt, verliert seine Stärke und die Frucht seiner Tugend in der Anarchie seiner Stämme und in der Eifersucht seiner Familien.«[17]

Volney setzt mit neuartiger Schärfe den intellektuell und materiell dynamischen Westen gegen den stagnierenden Osten. Er betrachtet die politischen Verhältnisse, insbesondere den »Despotismus« in seinen verschiedenen Ausprägungen, als die Hauptursache für die Erstarrung und geistige Fesselung der asiatischen Zivilisationen,[18] deren unvermeidlichem Niedergang Europa durchaus nachhelfen dürfe – selbst durch eine militärische Intervention, wie sie Volneys alter Bekannter und Gönner Napoleon Bonaparte dann 1798 in Ägypten unternahm.

Bei Volney finden wir zwei Gedanken von außerordentlicher Tragweite. Zum einen trennt er die asiatische Antike von der asiatischen Gegenwart. Achtung vor den Kulturleistungen längst untergegangener klassischer Zeitalter läßt sich auf diese Weise mit Verachtung für die »jetztlebenden« Orientalen vereinbaren. Georg Wilhelm Friedrich Hegel (1770–1831), der Volney aufmerksam gelesen hatte,[19] verleiht dieser Idee einen geschichtsphilosophischen Akzent, wenn er erklärt: »Den Aufgang aller religiösen und aller staatlichen Prinzipien stellt es [das alte Asien] dar,« und sogleich hinzusetzt: »aber in Europa ist erst die Entwicklung derselben geschehen«.[20] »Die Weltgeschichte«, so fährt Hegel fort, »geht von Osten nach Westen, denn Europa ist schlechthin das Ende der Weltgeschichte.«[21] Damit wandelt sich das alte Asien von einem bevorzugten Anschauungsobjekt des, wie Heeren sagt, »philosophischen Geschichtsschreibers der Menschheit« zu einem Gegenstand bloß antiquarischen Interesses.

Zum anderen ist Volney der erste Theoretiker einer »Zivilisierungsmission« Europas gegenüber der nicht-europäischen Welt, namentlich der asiatischen.[22] Dies widerspricht keineswegs den Denkvoraussetzungen der europäischen Aufklärung, von denen Volney ausgeht. Der ihm nahestehende Marquis de Condorcet (1743–94) macht dies besonders deutlich, wenn er 1793 die europäische Kolonialpraxis mit ihrer »grausamen Mißachtung der Menschen anderer Farbe oder anderen Glaubens, die Frechheit unserer widerrechtlichen Anmaßungen, die maßlose Bekehrungssucht und die Intrigen unserer Priester« geißelt und zugleich den Augenblick herbeiwünscht, »da wir uns diesen Völkern nicht länger als Verderber und Tyrannen zeigen, sondern ihnen nützliche Helfer oder edelmütige Befreier sein werden«.[23] Condorcet rechtfertigt also nicht koloniale Herrschaftsausübung, ganz anders übrigens als Hegel, der ihr geradezu historische Zwangsläufigkeit zuschreibt: »Es ist das notwendige Schicksal der asiatischen Reiche, den Europäern unterworfen zu sein, und China wird auch einmal diesem Schicksal sich fügen müssen.«[24] Vielmehr macht er sich zum Anwalt von, zeitgemäß ausgedrückt, verwestlichender Entwicklungshilfe und humanitärer Intervention. Die andere denkbare Schlußfolgerung aus einer Kritik an den tatsächlichen Kolonialzuständen, die Forderung nämlich, die traditionalen Strukturen und Gebräuche überseeischer Gesellschaften unberührt zu lassen, wird eher von Konservativen und Legitimisten wie Edmund Burke (1729–97) gezogen, dem Gegner nicht nur der Französischen Revolution, sondern auch der britischen Plünderung Indiens.[25]

Die spätaufklärerische Asienverachtung, die von Volney bis zu der berühmten »Minute on Indian Education« (1835) des britischen Historikers und Indienpolitikers Thomas Babington Macaulay (1800–1859) reicht,[26] beruht nur auf den ersten Blick auf einem uneingeschränkt »negativen« Asienbild. Zwar stammt von Macaulay die noch heute in Indien mit Empörung zitierte Bemerkung, »ein einziges Regal in einer guten europäischen Bibliothek« sei ebensoviel wert wie »die ganze einheimische Literatur Indiens und Arabiens«.[27] Macaulay und Volney waren aber davon überzeugt, daß es den farbigen Völkern möglich sei, unter fürsorglicher Anleitung durch einen »sanften« Kolonialismus mit der Zeit das europäische Kulturniveau zu erreichen. Sie waren weder Klimadeterministen, die den Orient auf ewig durch die sengende Sonne in seiner freiheitlichen Entfaltung behindert sahen, noch waren sie Rassisten; sie glaubten durchaus an die Perfektibilität von Menschen aller Hautfarben. Vor allem hielten sie nichts von der romantischen Idee unveränderlicher Volkscharaktere. Macaulays Verachtung der indischen Tradition ging einher mit seinem Vertrauen in die Fähigkeit einer einheimischen Elite, sich in völliger Gleichberechtigung in eine europäisch (genauer: britisch) geprägte moderne Weltkultur einzufügen. Nach Erfüllung einer solchen Erziehungsaufgabe würde auch der Kolonialismus überflüssig werden. Daß Europa Gipfelpunkt und Maßstab der menschlichen Gattungsentwicklung sei, wurde dabei stillschweigend vorausgesetzt. Wenige in England, Frankreich oder Deutschland hätten dies in der Epoche der beginnenden Industrialisierung bestritten.

Im europäischen Denken der Zeit zwischen etwa 1780 und 1840 gibt es neben der Entwertung des alten Asien eine andere Strömung, die man die romantische nennen kann. Bei Herder ist sie angelegt, etwa gleichzeitig auch bei Sir William Jones (1746–94), dem literarisch versierten Begründer der indischen Altertumskunde. Ihr bekanntestes, wenngleich durchaus ambivalentes Manifest ist Friedrich Schlegels (1772–1829) Schrift »Über die Sprache und Weisheit der Indier« aus dem Jahre 1808. Das Thema der Romantiker ist der verschüttete philosophische, mythologische und ästhetische Gehalt der altorientalischen Schriften, namentlich der Texte des sanskritischen Indien. Obwohl ihr Urteil über den Wert der asiatischen Tradition demjenigen von »Modernisierern« wie Volney und Macaulay diametral entgegengesetzt ist, treffen sich die beiden Denkrichtungen an zwei Punkten. Zum einen akzeptieren auch die Romantiker die Trennung von Klassik und Gegenwart, zum anderen nehmen beide die grundsätzliche Vereinbarkeit von Ost und West an, ihre Konvergenz in einem einzigen historischen Prozeß. Während die Modernisierer erwarten, daß das spezifisch Asiatische im Fortschritt der Europäisierung der Welt als Schlacke zurückbleiben wird, entwerfen die Romantiker – zu denen sich hier Goethe mit seiner Idee der Weltliteratur gesellt – die Aussicht auf eine gleichsam »multikulturelle« Bildung jenseits des hellenischen Traditionsmonopols. Dazu ist die Annahme unerläßlich, Okzident und Orient seien sich im Grunde nicht wesensfremd; der Okzident könne den Orient zivilisieren und sich umgekehrt von ihm kulturell sensibilisieren lassen. So heißt es in Friedrich Schlegels Indienschrift:

»Ein Vorurteil, was in dieser Rücksicht viel geschadet hat und noch schadet, ist die Trennung, die man sich zwischen dem orientalischen und dem griechischen Studium und Geist mehr selbst erdacht und willkürlich angenommen hat, als daß diese gänzliche Verschiedenheit in der Wahrheit gegründet wäre. In der Völkergeschichte sind die Bewohner Asiens und die Europäer wie Glieder einer Familie zu betrachten, deren Geschichte durchaus nicht getrennt werden darf, wenn man das Ganze verstehen will. [...] So wie nun in der Völkergeschichte die Asiaten und die Europäer nur eine große Familie, Asien und Europa ein unzertrennbares Ganzes bilden, so sollte man sich immer mehr bemühen, auch die Literatur

aller gebildeten Völker als eine fortgehende Entwicklung und ein einziges
innig verbundenes Gebäude und Gebilde, als Ein großes Ganzes zu betrachten [...]«[28]

Erst in der zweiten Hälfte des 19. Jahrhunderts setzt sich gegenüber dieser
ökumenischen Auffassung die Mythisierung Asiens als des unvermittel-
baren Gegenprinzips zu Europa durch. Voraussetzung dieses ideengeschichtlichen Umbruchs war der Angriff auf den Glauben der Aufklärung
an die biologische Einheit des Menschengeschlechts im Namen nunmehr
radikalisierter Rassendoktrinen.[29] Der Gegensatz zwischen West und
Ost, der bei Volney bloß Ansatzpunkt eines universalisierenden Zivilisa-
tionsprozesses und in Goethes Idee der »Weltliteratur« eine produktive
Spannung der Sensibilitäten war, wird nun zu einem unaufhebbaren Kontrast unterschiedlicher Wesenheiten. »Asien« ist nun das ganz Andere,
das Gegenteil des Abendlandes, Anti-Europa schlechthin. Eine Annähe-
rung Europas und »Asiens«, gar eine Verschmelzung der beiden kulturellen Sphären erscheint ausgeschlossen. Dabei wird kaum noch zwischen
den einzelnen Zivilisationen des Ostens unterschieden, obwohl sich die
– freilich von der Öffentlichkeit wenig beachtete – orientalistische Forschung gerade zu dieser Zeit mit einer jeden von ihnen vertieft beschäftigt. Nun erst gerät Asien wirklich zu »dem Anderen« Europas – ein Ausdruck, dessen heute modische Verwendung nicht so sehr anthropolo-
gische Aufgeschlossenheit erkennen läßt als vielmehr einen Mangel an
Gespür für die historische Relativität der Konstruktion von Fremdheit.
Welches Asien man sich seit etwa der Mitte des 19. Jahrhunderts jeweils
zum Inbegriff des Exotischen erwählt, ist von Moden und kolonialpoliti-
scher Aktualität diktiert. Es entsteht nun eine Vielzahl partieller »Bilder«: vom mystisch-mysteriösen Shangri-La auf dem Dach der Welt, von
der ruhigen Weisheit der Inder, vom ästhetisch empfindsamen Japan,
vom grausamen China, von den feurigen Wüstenarabern. Ihnen gemeinsam ist die Vorstellung von der Andersartigkeit des Orients und seiner
Menschen, von der Besonderheit des »Asiatischen« und einem letztlich
unergründlichen »orientalischen Charakter«.
Innerhalb eines solchen polarisierenden Denkens[30] sind höchst unterschiedliche, teilweise widersprüchliche Wertungen möglich. An einem
Extrem findet sich die Projektion eines europäischen Zivilisationsüber-
drusses auf ein »spirituelles«, Europa an »Weisheit« und »Tiefe« überle-
genes Asien, das Heilung und Erlösung der bedrängten Seele verheißt.[31]
Asien scheint dem Suchenden Alternativen zum »oberflächlichen Ratio-
nalismus« europäischen Denkens, zur Nichtigkeit materieller Lebens-
ziele zu bieten. Hermann Hesses *Siddharta* von 1922 ist der vielleicht lite-

rarisch einflußreichste Ausdruck eines solchen gegenwartsfern-romantischen Asienbildes. Es überlebt im Esoterikinteresse der Gegenwart, sofern dieses »asiatische« Inspiration sucht.

Dem steht als anderes Extrem die Vision eines dämonischen Asien als Quelle unfaßbarer Übel entgegen. Sie kann Formen individueller Psychopathologie annehmen,[32] aber auch zu einer dauerhaften Kollektivobsession werden wie bei der Furcht vor ostasiatischen Migrantenmassen und Marschkolonnen als Bedrohung der weißen Rasse, die sich etwa zwischen 1880 und 1910 in allen imperialistischen Staaten im Schlagwort von der »Gelben Gefahr« verdichtete.[33] Die Vorstellung von einem wilden, expansiven Asien rührt seit Perserkriegen, Hunneninvasion und Mongolensturm an archetypische Ängste im europäischen Bewußtsein. Sie sind in den letzten Jahrzehnten durch Warnungen vor chinesischen und vietnamesischen »blauen Ameisen«, vor islamischem Fundamentalismus sowie vor der erst militärischen, dann ökonomischen Offensive Japans neu geweckt worden. Selbst im deutschen Historikerstreit der späten achtziger Jahre wurden die gröberen Gruseleffekte mit der Beschwörung »asiatischer« Barbarei erzielt. Die angeblich unbeherrschte Gewalttätigkeit der »Asiaten«, die in Ereignissen wie dem Indischen Aufstand von 1857 oder dem Aufstand der nordchinesischen Yihetuan (»Boxer«) von 1899/ 1900 traumatisierend hervorbrach,[34] schien die ebenfalls verbreitete Auffassung vom »kindlichen Asiaten« Lügen zu strafen, ließ sich aber mühelos mit dem Axiom aller westlichen Konstruktionen »Asiens« im 19. Jahrhundert vereinbaren: Volneys Überzeugung nämlich, daß es sich um statische Gesellschaften handele, die weder die Idee des Fortschritts zu denken noch gar sie zu verwirklichen imstande seien.[35] Denn der »irrationale«, »primitive« und »xenophobe« Widerstand der »Eingeborenen« richtete sich ja gerade gegen jene zivilisatorische »Verbesserung«, die ihnen Kolonialbeamte und Missionare zuteil werden ließen.

Erst nach dem Ersten Weltkrieg war die Auffassung vom statischen und »geschichtslosen« Asien, die nahezu die gesamte europäische Geschichtsschreibung des 19. Jahrhunderts beherrscht, nicht länger haltbar. Der indische Freiheitskampf, die chinesische Revolution, der politische Aufbruch in der gesamten islamischen Welt, nicht zuletzt Japans Liberalisierung in den 1920er und ihr Scheitern in den 1930er Jahren bewiesen, daß sich im Osten *moderne* Kräfte regten. Vor dem Aufkommen einer sozialwissenschaftlichen Dritte-Welt-Forschung waren es vor allem Journalisten, denen es gelang, die Dynamik »Jung-Asiens« einzufangen.[36] Unter den Historikern fand zuerst ein Außenseiter, der Schweizer Eduard Fueter (1876–1928), zu einer angemessenen Berücksichtigung der neueren Geschichte Asiens – freilich noch unter dem Gesichtspunkt der »Europäisierung der Welt«, die er als die wichtigste Entwicklung des 19. Jahrhunderts ansah.[37] 1931 begann dann der marxistische holländische Historiker Jan Romein (1893–1962), wohlfundierte Werke über asiatische Zeitgeschichte zu publizieren.[38] Sie stehen unter dem Eindruck des »Erwachens Asiens«: »An die Stelle des alten Asien der Jahrhunderte ist das Jahrhundert Asiens getreten.«[39]

Romein und einige andere Autoren der Nachkriegszeit[40] erliegen bisweilen der Versuchung, eine neue Einheitlichkeit und Einsinnigkeit der asiatischen Geschichtsentwicklung zu proklamieren: die Teleologie der nationalen Befreiung. Unter dem Eindruck der Dekolonisationserfolge nach 1945 klingt der Mythos von der Besonderheit Asiens dort an, wo den Völkern von Ägypten bis Japan eine beispiellose historische Kreativität bescheinigt wird, die Fähigkeit zu einer »Revolution von größeren Ausmaßen und tiefergreifend als irgendeine andere, die die Weltgeschichte kennt«.[41] Die höchst unterschiedlichen Entwicklungswege der einzelnen asiatischen Staaten haben seither gezeigt, daß Nationalismus und Anti-Imperialismus allein die Solidarität des Kontinents nicht verbürgen können. Der indisch-chinesische Himalayakrieg von 1962 besiegelte in mancher Hinsicht das Scheitern der Hoffnungen auf ein »Jahrhundert Asiens«. Sie leben in der Gegenwart wieder auf in den Prophetien eines »Pacific century«, die außerhalb der Region eher mit Sorge geäußert werden. Ein großer Teil dieser Pazifikliteratur appelliert an die tiefverwurzelten Klischees von einem besonderen, mit rätselhaften Kraftquellen ausgestatteten Asien, in krassen Fällen sogar an die Angst vor der »Gelben Gefahr«. Seriöse Kenner der Region heben demgegenüber die fortdauernde kulturelle, wirtschaftliche und politische Fragmentierung und Heterogenität des pazifischen Raumes hervor.[42]

III.

»Man machte aus Asien ein mythisches Prinzip, das bei realistischer Analyse als geschichtliche Wirklichkeit zerfällt. Der Gegensatz Europa – Asien darf nicht metaphysisch hypostasiert werden. Dann wird er zum Schreckgespenst.«[43]

Karl Jaspers' Mahnung aus dem Jahre 1949 hat ihre Aktualität auch heute nicht ganz eingebüßt, am wenigsten dort, wo der Islam als eine finstere, das Abendland bedrohende Macht und Inbegriff eines ruhelos um sich greifenden fanatischen Kollektivismus dargestellt wird. In den vergangenen Jahrzehnten hat die »realistische Analyse« (Jaspers) der Geschichte asiatischer Länder indessen außerordentliche Fortschritte gemacht. Sie ist inzwischen sogar bei der praktischen Dekonstruktion des Konzepts »Asien« vielfach in das andere Extrem einer kleinteilig organisierten Spezialforschung abgeglitten, die allenfalls die einzelne Region als legitimen Untersuchungsrahmen anerkennt und die sich dem interkulturellen Vergleich, selbst innerhalb Asiens, strikt verweigert.

Dabei gibt es offensichtliche Parallelen in der Entwicklung der verschiedenen Teile Asiens. Und auch eine vorrangig »asienzentrierte« Geschichtsschreibung des asiatischen Kontinents, wie sie nach dem Ende der europäisch-nordamerikanischen Vorherrschaft über die Welt heute allein gerechtfertigt werden kann, bestreitet nicht, daß dabei die Begegnung mit Europa von großer Bedeutung gewesen ist. Mit dem indischen Diplomaten und Historiker Kavalam Madhava Panikkar sprechen wir von einer »Vasco-da-Gama-Epoche« der asiatischen Geschichte[44] und datieren sie in runden Jahreszahlen auf die viereinhalb Jahrhunderte zwischen 1500 und 1950. Vasco da Gama, ein portugiesischer Seefahrer, erreichte mit vier Schiffen und etwa 150 Mann als erster Europäer am 20. Mai 1498 auf dem Seeweg um das Kap der Guten Hoffnung den indischen Subkontinent nahe der Hafenstadt Calicut. Dort war man, anders als in Amerika, auf Europäer nicht ganz unvorbereitet. Es gab in Calicut sogar Mauren aus Tunis, die Spanisch und Italienisch verstanden.[45] Ihre Warnungen vor der Grausamkeit und Heimtücke der »Franken« sollten sich bewahrheiten, als schon die zweite portugiesische Indienflotte, die im September 1500 unter dem Kommando von Pedro Álvares Cabral in Calicut eintraf, die Stadt mit Bordartillerie bombardierte und ein Massaker unter muslimischen Schiffsbesatzungen anrichtete. Vasco da Gama selbst erschien erneut im Jahre 1502 an der Spitze von 22 Schiffen und setzte die Politik des Terrors in noch größerem Ausmaß fort.[46] Damit war ein Grundton der asiatisch-europäischen Begegnung angeschlagen, auch wenn in Asien die brutale Vernichtung ganzer Völker, Reiche und Zivilisationen, wie sie gleichzeitig in Mexiko, Peru und der Karibik geschah, keine Parallele fand.

Für alle Regionen Asiens ist es innerhalb der »Vasco-da-Gama-Epoche« zunächst zu ersten Berührungen mit Europäern und dann zu einem massiven Einbruch des Westens gekommen. Nicht bloß Apostel einer europazentrierten Universalgeschichte, sondern gerade auch einheimische Historiker datieren den Beginn der jeweiligen »Moderne« oft auf diese Zäsur. Die chinesische Geschichtsschreibung zum Beispiel betrachtet den Beginn des anglo-chinesischen Opiumkrieges im Jahre 1840 als Scheidelinie zwischen »alter Geschichte« (*gudaishi*) und »neuerer Geschichte« (*jindaishi*).[47] Heute mißt ironischerweise die amerikanische und europäi-

sche Chinaforschung dem Einfluß des Westens auf China eine geringere
Bedeutung bei, als dies in der chinesischen Historiographie geschieht.
Die schockartigen Erstbegegnungen asiatischer Gemeinschaften mit
europäischen Kriegsmaschinerien verteilen sich chronologisch über mehrere Jahrhunderte: Die Bewohner von Malakka machten schon 1511 Be-
kanntschaft mit westlicher Waffengewalt, die von Lhasa erst 1904. China
wurde 1842 »geöffnet«, Japan 1854, Korea 1875 – durch das gerade zwei
Jahrzehnte zuvor geöffnete, sich nun selbst imperialistisch gebärdende
Japan![48] Die militärische Eroberung der Philippinen geschah im 16. Jahrhundert, die Javas im 17., die Indiens überwiegend zwischen 1757 und
1819 und diejenige des kontinentalen Südostasien – mit Ausnahme des
unabhängig gebliebenen Thailand – in der zweiten Hälfte des 19. Jahrhunderts. Auch für den Nahen Osten, der erst seit den 1880er Jahren in nennenswertem Ausmaß unter direkte europäische Kontrolle geriet, hat sich
ein Kontakt-Datum als Epochenschwelle eingebürgert: Die Landung Na-
poleons in Ägypten 1798 wird heute als Symptom – nicht so sehr als Ursache – dafür gesehen, »daß das Verhältnis Europas zum Vorderen Orient
um 1800 eine neue Qualität erlangte.«[49]
Trotz einer unübersichtlichen Chronologie und im Bewußtsein der
Schwierigkeit, Aussagen über Asien als Ganzes zu treffen, lassen sich
einige raum-zeitliche Grobstrukturen der asiatischen Geschichte seit
etwa 1500 identifizieren. Der folgende Überblick soll helfen, die in den
Kapiteln dieses Bandes dargestellten historischen Stationen in diesen
Grobstrukturen zu verankern.

IV.

Gleichzeitig mit dem Aufbau zentralisierter Nationalstaaten in Europa
kam es zwischen etwa 1500 und 1700 in einem großen Bogen quer durch
Asien vom Bosporus über Iran, Nordindien und China bis nach Japan zur
Konzentration staatlicher Gewalt und zur Formierung oder Wiederherstellung bürokratischer Imperien.[50] Anders als viele frühere asiatische
Reiche beruhten diese »Gunpowder Empires« nicht auf ad hoc mobili-
sierten tribalen Reiterverbänden, sondern auf permanenten, mit
Feuerwaffen ausgerüsteten Truppen. Nach einer Phase dynastischen Nie-
dergangs und »feudaler« Zersplitterung schufen starke Monarchen rela-
tiv durchsetzungskräftige Machtapparate, die gewisse Merkmale »moderner« Staatlichkeit aufwiesen. Dazu gehörte in einigen Fällen (Iran,
Japan) auch der staatliche Versuch protonationaler Identitätsstiftung.
Kulturspezifisch variant blieben die Legitimationsweisen politischer

Herrschaft.[51] Das Auftreten von Portugiesen und Russen an den Peripherien asiatischer Herrschaftsräume scheint manche dieser Staatsbildungsprozesse katalytisch beschleunigt zu haben.[52]

Sozialökonomisch blieb das kontinentale Asien weiterhin geprägt durch Kontrast und Wechselwirkung zwischen mobilem Hirtentum und seßhaftem Ackerbau[53] sowie durch das Vorwiegen einer während der »frühneuzeitlichen« Jahrhunderte weiter intensivierten Reiskultur entlang der Küsten Indiens und in Ost- und Südostasien.[54] Die Agrarverfassung variierte zwischen einer juristisch ungebundenen, weitgehend mit »property rights« am Boden ausgestatteten Bauernschaft im China der Qing-Dynastie und der drastischen »feudalen« Beschränkung der bäuerlichen Produzenten in der aristokratischen Gesellschaft Japans unter dem Tokugawa-Shogunat. Die meisten Gesellschaften Asiens wiesen eine hochentwickelte Stadtkultur auf. In den Städten konzentrierte sich das Luxusgewerbe, während eine »proto-industrielle« Herstellung oft exportfähiger Textilien sich in der Regel auf das ländliche Umfeld der großen Handelszentren verteilte.[55] Die Vorstellung einer besonderen »asiatischen Produktionsweise« mit den Merkmalen eines effektiven Obereigentums des Staates am Boden und der »Autarkie« dörflicher Gemeinschaften hat sich im übrigen als zu undifferenziert erwiesen.

Ein Niedergang der »frühneuzeitlichen« Reichsstrukturen begann gegen Ende des 17. Jahrhunderts.[56] Das Mogulreich in Indien zerfiel in den ersten Jahrzehnten nach 1700. Das iranische Safawiden-Reich wurde 1722 das Opfer einer brutalen Invasion afghanischer Stammestruppen. Das Osmanische Reich geriet nach zwei Jahrhunderten der Expansion nun gegenüber den christlichen Mächten Europas in die Defensive; die gescheiterte Belagerung Wiens 1683 markiert hier einen ersten Wendepunkt. Das Tokugawa-System blieb zwar von solcher politischen Instabilität verschont, dies aber nur um den Preis innerer Stagnation und der Selbstisolation des insularen Japan von der Außenwelt. Allein China entging, als einziges der frühneuzeitlichen Imperien, bis zum letzten Drittel des 18. Jahrhunderts innerer Schwächung und äußerer Bedrängnis und betrieb sogar erfolgreich seine militärische Expansion auf Kosten von Mongolen, Turkvölkern und Tibetern.[57] Schwächung und Verfall der Gunpowder Empires erklären sich teilweise aus inneren Faktoren (verminderte Effizienz der staatlichen Verwaltung, besonders der Finanzverwaltung; finanzielle und administrative Überbeanspruchung als Folge militärischer Eroberungen; Überausbeutung der agrarischen Basis; reduzierte Vorsorge gegen ökologische Katastrophen usw.), teils (vor allem in Südwestasien) aus äußerem Druck. Die beiden dynamischen Elemente waren dabei einerseits nomadische Stammestruppen (vor allem die

Afghanen),[58] zum anderen die europäischen Mächte, die zu Lande (Rußland) wie zur See ihre politisch-militärische Positionen in Asien ausbauten.
Der europäische Asienhandel[59] griff erst allmählich in die Binnenstruktu-
ren der asiatischen Gesellschaften ein. Er begann als Handel vor allem
mit Edelmetallen, Gewürzen und Seide schon kurz nach der Entdeckung
des Seewegs nach Indien; von Anfang an war er *bewaffneter* Handel. Er
wurde zunächst vom portugiesischen »Kronkapitalismus« dominiert,[60]
nahm im 17. Jahrhundert mit dem Auftreten der britischen und holländischen »Chartered Companies« eine effizientere bürokratische Organisa-
tionsform an, die den einheimischen Bürokratien gegenübertrat,[61] und
dehnte sein Volumen im 18. Jahrhundert bedeutend aus. Einzelne Regionen in Küstennähe wurden intensiv in die entstehende Weltwirtschaft einbezogen. Die agrarische Basis der asiatischen Gesellschaften blieb indessen von den Aktivitäten der Europäer noch weitgehend unberührt. Das
einzige schon früh, im späten 16. Jahrhundert, flächig kolonisierte Gebiet
Asiens waren die Philippinen; sie wurden allerdings erst um die Mitte des
18. Jahrhunderts dichter an den Weltmarkt angeschlossen. Der Übergang
von bewaffnetem Handel und Stützpunktkolonialismus zur europäischen
Kolonialherrschaft über größere binnenländische Territorien erfolgte zuerst in Teilen Holländisch-Ostindiens (Indonesien), dann in großem Stil
durch die Briten in Indien.[62] Indien wurde zum Muster späterer Kolonisierung in anderen Teilen Asiens und in Afrika.[63]
Mit wenigen Ausnahmen, zu denen neben Japan auch Siam (Thailand)
gehört, wo sich seit dem späten 18. Jahrhundert eine Art von National-
staatsbildung unter zielstrebiger monarchischer Führung beobachten
läßt,[64] war das 19. Jahrhundert in Asien eine Epoche der Desintegration
autochthoner Strukturen. Das Vordringen der europäischen Kolonialmächte war gleichermaßen Folge wie Ursache dieser Entwicklungen.
Einige Gebiete Asiens wurden erstmals in einer solchen Weise in die
Weltwirtschaft einbezogen, daß man von nachteiliger Abhängigkeit oder
gar von einer pervertierten Entwicklung sprechen kann, auch in ökologi-
scher Hinsicht.[65] In der zweiten Jahrhunderthälfte schritt teils die *for-
melle* Kolonisierung voran, etwa beim Aufbau eines französischen Kolo-
nialreiches in Indochina und der Errichtung japanischer Herrschaft auf
Taiwan, teils gewannen die kapitalistischen Großmächte *informellen*
wirtschaftlichen und politischen Einfluß auf asiatische Großstaaten, namentlich das Osmanische Reich, Iran und China.[66] Diese – und ebenso
das als geopolitisches »Herzland« ideologisierte Zentralasien – wurden
zugleich Anlässe internationaler Krisen zwischen den Mächten. Einige
kleinere asiatische Länder konnten sich allerdings externer Einwirkung
weitgehend entziehen, vor allem Thailand, wo die Krone ihre vorsichtige

Reformpolitik beharrlich fortführte, Afghanistan und Nepal.[67] Japan, nach mehr als zwei Jahrhunderten freiwilliger Abschottung durch westlichen Druck »geöffnet«, erwies sich nun als die große Ausnahme in der neueren Geschichte Asiens. Nur hier gelang, exakt gleichzeitig mit der Reichsgründung in Deutschland und der Rekonstruktion der USA nach dem Bürgerkrieg, der Aufbau eines durchsetzungsfähigen Militärstaates auf industriewirtschaftlicher Basis. Allein in Japan erfolgte im 19. Jahrhundert so etwas wie eine politische und gesellschaftliche Revolution, allerdings angestoßen und durchgeführt von einer Fraktion der alten Elite. Innerhalb der Grundstrukturen des Ancien Régime bewegten sich dagegen die beachtlichen Reformversuche im Osmanischen Reich und die zaghafteren Bemühungen in China und Iran. Die alten Kolonialregimes in Indien und Indonesien wurden nach einer Phase reformerischer Herrschaftssicherung zunehmend bürokratisch durchorganisiert. In zahlreichen Ländern Asiens, ob kolonial oder nicht, profitierten zwischen etwa 1850 und 1914 weltmarktorientierte Teile der einheimischen Bevölkerung von einem Export-Boom.[68]

Fast überall in Asien kam es im 19. Jahrhundert zu antikolonialen, in ihrer programmatischen Vorstellungswelt traditionsorientierten Widerstandsbewegungen, etwa der Java-Erhebung von 1825–30, dem indischen Aufstand von 1857 und der Boxerbewegung in China. Sie alle scheiterten. Von langfristig größerer Tragweite waren Bewegungen der kulturellen Renaissance und der nationalen Befreiung.[69] Die Spannweite reicht von islamischen Reformbewegungen im Osmanischen Reich über die Revitalisierung des politischen Hinduismus in Indien und die Anfänge antispanischer Agitation auf den Philippinen bis zum chinesischen Nationalismus nach der Jahrhundertwende, der sich mit einer radikalen Traditionskritik verband und der dann in der »4. Mai-Bewegung« des Jahres 1919 kulminierte. Zum Maßstab auch für andere Länder Asiens wurde der schon 1885 gegründete Indische Nationalkongreß. Träger dieser Bewegungen waren neue soziale Klassen: eine städtische Bourgeoisie und eine vom Westen angeregte Intelligentsia.

Im frühen 20. Jahrhundert stürzten – mitunter nach verspäteten Reformanstrengungen – die verbliebenen absolutistisch-monarchischen Systeme: 1906 im Iran, 1911 in China; die Revolte der »Jungtürken« läutete 1908 den Anfang vom Ende der Sultansherrschaft in Konstantinopel ein. Der Erste Weltkrieg, die in seinem Verlauf von Präsident Woodrow Wilson wie von V. I. Lenin artikulierten Selbstbestimmungsdoktrinen sowie eine langfristige Verschlechterung der Konjunkturlage unterhöhlten allmählich die Legitimitätsbasis von kolonialer Herrschaft, auch wenn zunächst im Namen der Treuhandidee des Völkerbundes durch Unterstellung einstmals osmanischer Gebiete unter britische bzw. französische Verwaltung der Bereich kolonialer Kontrolle sein weltgeschichtliches Maximum erreichte. In den nicht-kolonialen Ländern Asiens brach in den zwanziger Jahren eine Periode post-traditionaler, militärisch fundierter Entwicklungsdiktaturen an, die sich an westlichen Staatsvorstellungen orientierten, eine Industrialisierung unter der Ägide einer neuen bürokratisch-kapitalistischen »Staatsklasse« in die Wege leiteten und auf jenes traditional-religiöse Amtscharisma verzichteten, dem die asiatischen Monarchien ihre letztgültige Legimation verdankt hatten. Kemal Pascha (»Atatürk«) in der Türkei, Reza Shah in Iran und Jiang Kaishek in China – drei Generäle [70] – repräsentieren diesen Regimetypus. Alle drei Länder grenzten an die asiatische Großmacht Sowjetunion. Nur in China – und außerdem in Vietnam und vorübergehend in Indonesien – entstand jedoch eine wirkungsvolle kommunistische Herausforderung der bestehenden Ordnung. Die Weltwirtschaftskrise – eine nahezu gesamtasiatische Erfahrung – trug in einigen, aber nicht in allen Fällen zur Radikalisierung breiterer Bevölkerungsgruppen bei. [71]

Sieht man von den spezifischen Ausprägungen nationalistischer Politik in den einzelnen Ländern ab, so kann man während der 1920er, 1930er und 1940er Jahre überall in Asien eine ähnlich strukturierte Revolte gegen den Westen erkennen. In nahezu allen Kolonialgebieten kam der Anstoß aus der westlich erzogenen städtischen Intelligentsia, die dann um Unterstützung anderer Gesellschaftsschichten warb. [72] Einige Kolonialmächte – Frankreich in Vietnam, Holland in Indonesien und besonders Japan in Korea und Taiwan – unterdrückten Protestbewegungen mit großer Härte, während die USA auf den Philippinen und, weitaus vorsichtiger, Großbritannien in Indien und Ceylon (Sri Lanka) einen Rückzug aus exponierten Herrschaftspositionen einleiteten. Die gefährlichste Kampfansage an die alten Kolonialherren ging jedoch von der einzigen asiatischen Kolonialmacht aus, die sich propagandistisch zur Befreierin vom weißen Joch aufschwang: Der japanische Imperialismus der Jahre zwischen 1894 und 1945 [73] ist in mancher Hinsicht die politikgeschichtlich folgenreichste Erscheinung im Asien der ersten Jahrhunderthälfte gewesen. Er hat den Sieg der kommunistischen Revolution in China ermöglicht, die europäischen Kolonialsysteme in Südostasien unwiderruflich erschüttert, vorübergehend sogar die britische Position in Indien in Frage gestellt und die bis dahin eher distanzierten USA massiv in die asiatische Politik hineingezogen. Er hat paradoxerweise auch die Entmilitarisierung Japans bewirkt und damit manche der Voraussetzungen für die Konzentration der Energien dieser Nation auf das Wirtschaftliche geschaffen. Sucht man das Schlüsselereignis in der asiatischen Geschichte des

20. Jahrhunderts, so spricht vieles für den japanischen Überfall auf die amerikanische Pazifikflotte in Pearl Harbor (Hawaii) am 7. Dezember 1941.

Die gesamtasiatische Zäsur der mittleren und späten vierziger Jahre, eine Folge von Pearl Harbor, war markant wie keine andere Epochenschwelle in der Geschichte des Kontinents: Ende des japanischen Imperialzyklus 1945, Dekolonisation des Nahen Ostens, Südasiens und des größeren Teils Südostasiens in den Jahren 1946 bis 1949, Gründung des Staates Israel 1948, Sieg der Kommunistischen Partei in China 1949, Verlust der tibetischen Unabhängigkeit 1950, Einbindung des 1948 geteilten Korea in die Blockstrukturen des Kalten Krieges.[74] Mit dieser wahrhaften Wendeperiode, die für die Welt zwischen Damaskus und Tokyo eine ähnliche Bedeutung hat wie die umwälzenden Jahrzehnte um 1800 für Europa und Amerika, endet für den Historiker Asiens »Neuzeit«.

Literatur

Benz, Wolfgang/Graml, Hermann (Hrsg.): Fischer Weltgeschichte Bd. 36: Weltprobleme zwischen den Machtblöcken, Frankfurt a. M. 1981.

Bray, Francesca: The Rice Economies. Technology and Development in Asian Societies, Oxford 1986.

Chapman, Graham P./Baker, Kathleen M. (Hrsg.): The Changing Geography of Asia, London und New York 1992.

Chaudhuri, K. N.: Asia before Europe. Economy and Civilisation of the Indian Ocean from the Rise of Islam to 1750, Cambridge 1990.

Farmer, Edward L., u. a.: Comparative History of Civilizations in Asia, 2 Bde., Reading/Mass. 1977.

Jeffrey, Robin (Hrsg.): Asia. The Winning of Independence, London und Basingstoke 1981.

Murphey, Rhoads: A History of Asia, New York 1992.

Osterhammel, Jürgen: Kolonialismus, München 1994.

Pye, Lucian W.: Asian Power and Politics. The Cultural Dimensions of Authority, Cambridge/Mass. und London 1985.

Reinhard, Wolfgang: Geschichte der europäischen Expansion, Bde. 1 und 3, Stuttgart usw. 1983/88.

Segal, Gerald: Rethinking the Pacific, Oxford 1990.

Weggel, Oskar: Die Asiaten, München 1989.

Paul Luft
Gottesstaat und höfische Gesellschaft
Iran im Zeitalter der Safawiden (16.–17. Jahrhundert)

I. Historische Voraussetzungen

»Die Königsherrschaft über das Land war nichts anderes als eine Aus-
und Angliederung an die Herrschaft des Fürsten über Haus und Hof. Was
Ludwig XIV. ... unternahm, war dementsprechend der Versuch, sein
Land als persönliches Besitztum, als Erweiterung des Hofhalts zu organisieren. Man kann das nur verstehen, wenn man sich vergegenwärtigt, daß
der Hof für ihn – und für ihn vielleicht in stärkerem Maße als für die
Könige, die noch an der Spitze ihres Heeres persönlich gegen ihre Feinde
kämpften – immer den primären und unmittelbaren Wirkraum darstellte,
das Land aber nur den sekundären und mittelbaren.«[1]

Diese Charakterisierung der höfischen Herrschaft, wie sie Norbert Elias
vornimmt, trifft in weiten Teilen auch auf die safawidischen Herrscher zu,
die zwischen 1501 und 1722 den Iran regierten. In dieser Zeit begann der
Iran sich erstmals als unabhängiger Staat aus der Erbmasse älterer Großreiche herauszuschälen, deren Herrschaft sich jahrhundertelang über
einen weiten Raum von Zentralasien bis nach Anatolien erstreckt hatte.
Obgleich der Iran, was sowohl die Lage als auch die Größe des Staatsge-
biets angeht, in den letzten Jahrhunderten erheblichen Veränderungen
ausgesetzt war, läßt sich sein territorialer Kern auf das Reich der Safawiden zurückführen.[2] Am Beginn der äußeren wie inneren Festigung der
iranischen Nation durch die Safawiden-Dynastie kann jedoch noch nicht
von einer nationalstaatlichen Ausformung oder auch nur von der Formu-
lierung eines Anspruchs auf nationale Staatlichkeit die Rede sein.
Der Begriff »Iran« findet sich bereits in der vorislamischen Periode und
hielt sich auch nach der Unterwerfung des sasanidischen Reiches durch
die islamischen Araber im 7. Jahrhundert. Dem Begriff entsprach jedoch
jahrhundertelang keine staatliche Wirklichkeit. Dynastien, die in Iran
oder von Iran aus regierten, waren bis auf wenige Ausnahmen Fremd-
dynastien. Diese von turkstämmigen Militäreliten errichteten politischen
Gebilde zerfielen nach einer anfänglich steil aufwärts führenden Erfolgs-

kurve schnell wieder. Wesentliche Elemente einer Staatlichkeit im neuzeitlichen Sinne konstituierten sich erst mit den Safawiden und haben bis
heute, mit Ausnahme der Monarchie, ihre Bedeutung nicht verloren: das
Staatsgebiet, die schi'itische Ausprägung des Islam und der persische
Staatsapparat.

Unter den Safawiden wurde die Persifizierung eines Großteils der Bevölkerung im heutigen iranischen Staatsgebiet eingeleitet. Die persische
Sprache war bereits seit dem 9. Jahrhundert zur dominierenden Kultur-
sprache der Region geworden. Während der nächsten 700 Jahre blieb es
Persisch (*Fārsī*) schreibenden Dichtern und Schriftstellern vorbehalten,
mit ihren Werken nicht nur eine bemerkenswerte literarische Kultur zu
entfalten, sondern auch Traditionen, die oftmals in die vorislamische Zeit
zurückreichten, zu bewahren und in den islamischen Rahmen einzufügen
bzw. sie ihm anzupassen.[3]

Die islamischen Großreiche, in denen das Territorium des heutigen Iran
aufging, bildeten keineswegs solch straff organisierte Staaten, wie man sie
in der Neuzeit kennt. Sie waren weniger verwaltungsintensiv, ihre Grenzen waren nicht scharf gezogen. Die politische Elite, die mit jeder Inthronisierung einer neuen Herrscherfamilie zur Macht kam, war in der Mehrzahl der Fälle nur locker mit der Verwaltung verbunden.

Im 16. und 17. Jahrhundert gab es im Bereich der islamischen Zivilisation
drei Großreiche, die zum Teil Ähnlichkeit mit den zur gleichen Zeit aufkommenden absoluten Monarchien Europas aufwiesen: das Osmanische
(türkische) Reich im Westen, das Safawidische (persische) Reich mit seinem Zentrum im iranischen Hochland und das Reich der Mogul-Dynastie
in Nordindien. Das geographisch mittlere der drei Reiche unterschied
sich – trotz zahlreicher struktureller Gemeinsamkeiten – in seiner gesellschaftlichen Basis, seinem kulturellen Fundament und seiner religiösen
Prägung erheblich von den beiden Nachbarstaaten. Iran scherte in dieser
Zeit aus der religiösen und kulturellen Einheit der islamischen Welt aus,
die ansonsten über die Jahrhunderte hinweg bis heute erhalten geblieben
ist. Die wichtigste Besonderheit des neuzeitlichen Iran ist die vollkom-
mene Schi'itisierung des Landes.

Die islamische Gemeinschaft wird generell in die mehrheitlichen Sunniten und die minderheitlichen Schi'iten eingeteilt. Der Ausdruck Schi'a
(= Partei) bedeutet im engeren Sinne die Minderheitenpartei von 'Alī,
dem Cousin und engen Gefährten des Propheten Muḥammad. Im Zentrum der Kontroverse zwischen den beiden islamischen Richtungen steht
die Frage (die letztlich eine politische ist), ob der Nachfolger des Propheten von der Gemeinde (*umma*) gewählt werden oder aus den Reihen der
Familie des Propheten kommen soll. Für Schi'iten ist es eindeutig, daß

'Alī der rechtmäßige Erbe der spirituellen wie politischen Herrschaft Mu-
ḥammads gewesen ist – dies sei von dem Propheten selbst auch so ge-
wünscht worden. Die Majorität der muslimischen Gemeinde hatte jedoch
einen anderen Mitstreiter des Propheten zum Nachfolger erkoren. Der
politische Anspruch, daß die Angehörigen des Hauses des Propheten *eo
ipso* berufen seien, dessen Nachfolge anzutreten, war damit bereits in
einer frühen Phase der islamischen Geschichte zurückgewiesen worden.
Neben diesen politischen Anspruch trat zunehmend der religiös begrün-
dete, daß bestimmte Mitglieder der Propheten-Familie göttlich inspiriert
seien und allein schon aus diesem Grunde eine Art Brücke für die göttliche Rechtleitung der Menschen bildeten. Diese Hinwendung zur religiösen Motivierung erfuhr im Märtyrertum von Ḥusain, dem jüngeren
Sohn 'Alīs, während der Schlacht von Karbala im Jahre 680 eine weitere
Bekräftigung. Dieses Ereignis wird von schi'itischen Autoren als Selbst-
opferung Ḥusains für die Verteidigung der Prinzipien Wahrheit und Gerechtigkeit verstanden, eine Vorstellung, welche die weitere Geschichte
des Islam nachhaltig beeinflussen sollte. Auf der einen Seite bewog die
Übermacht der Sunniten die Führer (Imāme) der schi'itischen Gemein-
de(n), sich einer direkten Herausforderung der bestehenden politischen
Ordnung, die bis ins 13. Jahrhundert durch den Kalifen vertreten wurde,
zu enthalten. Andererseits verstärkte die Erinnerung an die Tragödie von
Karbala in den folgenden Jahrhunderten die Heilserwartung unter den
Schi'iten. Alle Imāme fanden den Märtyrertod. Mit dem Verschwinden
des zwölften und letzten Imāms, des *Mahdī*, im Jahre 874 wurde nach
schi'itischer Auffassung die Errichtung einer gerechten Ordnung aus dem
Hier und Jetzt der jeweiligen Gegenwart herausgenommen und an das
Ende der Zeit verlegt, wenn der in der Verborgenheit lebende Imām zu-
rückkehren wird.

Das theoretische Gedankengebäude der Schi'a entwickelte sich erst in
den auf das Verschwinden des *Mahdī* folgenden Jahrhunderten und beeinflußte zunehmend auch Ritual und Rechtssystem. Vor allem aber unterscheidet die Schi'iten von den Sunniten der Heiligenkult, der sich um
die Imāme rankt. Jahrhundertelang wurde er nur von einem verhältnis-
mäßig kleinen Kreis von Muslimen gepflegt, die verstreut über die
islamische Welt in abgeschlossenen Gruppen oder Gemeinden lebten.
Erst durch die Gründung des safawidischen Staates fand die Schi'a eine
Art von politischer Heimstätte. Auch innerhalb der Schi'a gab und gibt es
unterschiedliche Richtungen. Am weitesten verbreitet war und ist die
12er oder »imāmitische« Schi'a. Während sie zwölf Imāme als rechtmäßig
anerkennt, lassen andere schi'itische Sekten nur fünf bzw. sieben legitime
Imāme gelten. Versuche, die Schi'iten Irans in den Schoß der sunniti-

schen Mehrheit zurückzuführen, wurden mit der allmählichen Entwicklung einer quasi-nationalstaatlich orientierten Identität der Schi'a in Iran weitgehend illusionär. Der Forderung Nādir Schahs, des iranischen Herrschers der Jahre 1736–1747, an den osmanischen Sultan und die sunnitische Geistlichkeit, die Schi'a als eine der offiziellen Rechtsschulen im Islam anzuerkennen und damit die Kluft zwischen Schi'a und Sunna zu überbrücken, wurde nicht nachgegeben.[4]

Der safawidische Staat ging aus einem mystischen *Ṣūfī*-Orden hervor, den Scheich Ṣafī al-Dīn (1252–1334) in Ardabil gegründet und dem er seinen Namen gegeben hatte. Der Scheich zeigte keine besondere Neigung zur Schi'a. Das Ordensheiligtum in Ardabil (Ost-Azarbaidschan) war nicht nur eine religiöse Institution; es entwickelte sich zu einem Sammelbecken für vorwiegend aus niederen Schichten stammende Muslime in der näheren Umgebung und zunehmend auch für die in Ostanatolien siedelnden schi'itischen Stämme, die sowohl religiöse Führung als auch politischen Schutz suchten. Die Ordensmeister verfügten durch ihre Position als »perfekte Führer« (*murshid-i kāmil*) nicht nur gegenüber ihren Schülern und Anhängern über große Autorität, sondern genossen auch bei den politischen Herrschern ihrer Zeit erheblichen Respekt.

Bis zur Mitte des 15. Jahrhunderts präsentierte sich der safawidische Orden als eine sunnitische *Ṣūfī*-Institution, die keine Ansprüche gegen die in West-Iran, Ost-Anatolien und Nord-Syrien herrschenden, locker organisierten turkmenischen Stammeskonföderationen geltend machte. Während dieser Zeit konsolidierte sich die wirtschaftliche Position des Ordens durch Schenkungen und durch den Erwerb von Besitz. In der zweiten Hälfte des 15. Jahrhunderts wandelte sich der Orden dann zu einer straff organisierten, militärischen Institution, die in der Folgezeit mit den benachbarten turkmenischen Herrschern in Konflikt geriet. Gleichzeitig missionierte man in größerem Umfang unter den türkischen Stämmen in Ost-Anatolien und Syrien. Die Masse der Anhänger des Ordens setzte sich fortan nicht mehr ausschließlich aus der Stadt- und Landbevölkerung Azarbaidschans zusammen, sondern wurde von extrem-schi'itischen turkmenischen Stammeskriegern gestellt.[5] Vor allem der Ordensmeister Ḥaidar (1460–1488) zeigte sich seinen Anhängern in zunehmenden Maße nicht nur als spiritueller, sondern auch als weltlicher Führer:

»Innerlich folgte er dem Beispiel der Scheichs und Gottesmänner und beschritt den Pfad der geistigen Rechtleitung und Glaubensverteidigung; nach außen führte er in der Art von Fürsten, die den Thron schmücken.«[6]

II. Gottesstaat und turkmenische Militärherrschaft

Im Jahre 1499 brach der in schiʻitischer Tradition erzogene zwölfjährige Sohn Ḥaidars, Ismāʻīl, von der am Kaspischen Meer gelegenen Provinz Gilan auf, um die Herrschaft der Turkmenen in Azarbaidschan zu beenden. Zwei Jahre später hatte er sein Ziel mit der Einnahme der Hauptstadt Tabriz erreicht, wo er 1501 als Schah Ismāʻīl gekrönt wurde.

»Der Sieger Ismāʻīl zog in Tabriz ein und bestieg den herrscherlichen Thron. Das Dogma der rechtmäßigen 12er Schiʻa wurde verkündet, ... das häretische Brauchtum der Irregeleiteten unterdrückt.«[7]

Damit war der Grundstein gelegt zur Einführung der Schiʻa als Staatsreligion, die oft von physischem und psychischem Terror begleitet war, und zur Errichtung des safawidischen Staates. Der Anspruch der safawidischen Herrschaft basierte auf drei legitimierenden Prinzipien: erstens der ʻalīdischen Abstammung, d. h. der Anbindung an die heilige Familie des Propheten Muḥammad, zweitens der vollkommenen Führerschaft der Ordensmeister, und drittens der Theorie vom Gottesgnadentum des Herrschers als »Schatten Gottes auf Erden«. Dieses letzte Prinzip war altiranisch, reichte also in seinen Wurzeln in die vorislamische Zeit zurück. Für die Safawiden bildete es einen integralen Bestandteil ihrer Herrschaftsvorstellungen.[8]

Der neue Staat stützte sich vor allem auf die militärisch-politische Macht der Emire, der »Herren des Schwertes«, aus den turkmenischen Stämmen. Sie hatten Statthalterschaften und hohe militärische Positionen am Hofe inne. Damit gewannen sie dominierenden Einfluß im neuen Staat. Ihr neuerworbener Reichtum half ihnen ebenfalls, ihre Stellung abzusichern. Obwohl sich im Verlauf der zunehmenden Bürokratisierung und Ausweitung des Staatsapparates die Clan- und Stammesloyalitäten zu verwischen begannen, blieben die Rivalitäten zwischen den einzelnen aristokratischen Emiren, die dem Schah unmittelbar dienten, ein wesentliches Merkmal des politischen Systems. Um seine eigene Stellung zu festigen, versuchte der Schah in steigendem Maße, diese Stützen seiner Herrschaft einer strengeren Kontrolle zu unterwerfen.

Während des 16. Jahrhunderts verminderten sich der Einfluß und die militärische Macht der Emire jedoch kaum, obwohl einzelne Clans aus der Führungselite eliminiert wurden. Der Schah war jedoch keineswegs allmächtig. Zunehmend schwächten sich seine charismatischen Eigenschaften ab, die ihm in der Ordenszeit von seinen turkmenischen Anhängern, den *qïzïlbaš* (»rote Turbanträger«), beigelegt worden waren.[9] Dies und die zahlreichen äußeren Krisensituationen stellten seine Autorität wiederholt in Frage.

Nach der Eroberungsphase widmete sich der Schah intensiv dem Aufbau des Verwaltungsapparates. Die Regierungsperioden der beiden ersten Safawiden-Herrscher waren von zwei Gegensätzen geprägt: zum einen dem Gegensatz zwischen der Krone und den turkmenischen Militärs, den *qïzïlbaš*, zum anderen dem Konflikt zwischen diesen und dem landbesitzenden persischen Verwaltungsadel. Gleichzeitig spielten Rivalitäten innerhalb der turkmenischen Stammesaristokratie eine wesentliche Rolle. Schah Ismāʿīl I. versuchte, die potentielle Unbotmäßigkeit der *qïzïlbaš* durch die Berufung persischer Notablen in höchste Verwaltungsämter zu kontrollieren. Seine fortdauernde Abhängigkeit von der militärischen Macht der turkmenischen Emire blieb jedoch ein ernstes Problem. Die Dreiecksbeziehung zwischen Schah, turkmenischer Militärelite und einheimischer persischer Verwaltungselite bestimmte die Struktur des safawidischen Staates im 16., teilweise auch noch im 17. Jahrhundert.

Das neue Regime übernahm ältere Verwaltungstraditionen. Allerdings mußte das politische System den theokratischen Grundlagen der safawidischen Herrschaft angepaßt werden. Der Schah blieb weiterhin Meister des fortbestehenden *Ṣūfī*-Ordens. Seine militärischen Anhänger waren wie zuvor dessen Mitglieder. Einen Großteil seiner Aufgaben im Orden übertrug er jedoch einem Stellvertreter. Den Emiren waren nach der Eroberung Irans Provinz-Statthalterschaften mit der Verpflichtung überlassen worden, im Kriegsfall dem Herrscher Truppen zur Verfügung zu stellen. Eine Reihe einflußreicher Clan- und Stammesführer übernahmen auch wichtige Funktionen in der zentralen Verwaltung und am Hof, »in der Nähe der Person des Schahs, der Quelle von Autorität und Patronage«.[10]

Die Emire, die ihre Statthalterschaften oft durch einen Stellvertreter verwalten ließen, fungierten als oberste Militärführer und standen der Zivilverwaltung und dem Gerichtswesen ihrer jeweiligen Provinz vor. Ihre Loyalität gegenüber dem Schah geriet nicht selten in Konflikt zu derjenigen gegenüber dem Clan. Dieses Unabhängigkeitsbewußtsein der Emire spielte jedoch nicht nur in ihrem Verhältnis zur Zentralverwaltung eine wesentliche Rolle, sondern auch in den oftmals heftig ausgetragenen Rivalitäten zwischen den einzelnen turkmenischen Stämmen. Dabei ging es in der Regel um den Zugang zu den Machtinstrumenten der politischen Administration. Die Unbotmäßigkeit der Emire gegenüber der Autorität des Monarchen war eine wesentliche Ursache der politischen Instabilität im safawidischen Iran des 16. Jahrhunderts.[11]

Traditionellerweise rekrutierte sich der Großteil der Zivilverwaltung aus den Reihen der einheimischen persischen Sekretärsklasse (*mīrzās*), der »Herren der Feder«. Ämter in der Staatskanzlei, der Finanzverwaltung sowie dem Gerichtswesen wurden mit Mitgliedern aus hohen iranischen Familien besetzt. Sie bildeten eine Art unabhängiger Aristokratie, ohne daß von einer geschlossenen Adelsschicht im europäischen Sinne gesprochen werden kann. Es handelte sich um landbesitzende Familien aus den Provinzen, die dem jeweiligen Machthaber ihre Dienste zur Verfügung stellten. Schah Ismā'īl war, ebenso wie seine turkmenischen Vorgänger, darauf angewiesen, sich der Vertreter dieser Schicht zu bedienen, um die Verwaltung so schnell wie möglich in normale Bahnen zu lenken. Mit der Ausweitung des Reiches vergrößerte sich entsprechend der administrative Apparat.[12]

Je mehr sich der Schah auf die »Herren der Feder« stützte, desto deutlicher wurde die Gegnerschaft zwischen diesen und den anfangs übermächtigen »Herren des Schwertes«, denen allein schon wegen der ständigen militärischen Kampagnen des Monarchen eine wichtige Rolle zukam. Es handelte sich dabei aber nicht um einen nationalen Gegensatz im modernen Verständnis, sondern um ethnisch-kulturelle oder auch gesellschaftliche Konflikte, die häufig auf der Perzeption des Andersartigen beruhten. Wichtig war dabei die Wahrnehmung eines Gegensatzes zwischen »kultiviert« und »barbarisch«.

Der Gründer des Safawidenstaates und sein Sohn und Nachfolger Schah Ṭahmāsp I. (reg. 1524–1576) mußten nicht nur ihre Herrschaft im Inneren konsolidieren. Sie sahen sich auch mit einer Reihe ernster außenpolitischer Probleme konfrontiert. Wesentliche Teile des Reiches, vor allem im Osten, mußten wiedergewonnen oder überhaupt erst erobert werden. Als Ismā'īl I. 1501 gekrönt wurde, kontrollierte er nur die im Nordwesten Irans gelegene Provinz Azarbaidschan. Er benötigte zehn Jahre, um den Rest des Landes unter seine Herrschaft zu bringen.[13] Damit waren die äußeren Widersacher jedoch keineswegs besiegt. Wann immer die safawidische Zentralmacht Schwächen zeigte oder ihre militärische Macht durch innere Unruhen paralysiert wurde, attackierten die uzbekischen Chane von Buchara in Zentralasien die östlichen Provinzen Irans; vor allem Harat und Maschad wechselten mehrfach den Besitzer.

Ebenso häufig griffen im Westen, oft gleichzeitig mit den Uzbeken, die Osmanen die ökonomisch und politisch wichtigen Provinzen Azarbaidschan und Irak an. Die aufstrebende Großmacht der Osmanen betrachtete den jungen Safawidenstaat nicht nur als ernsthaftes Hindernis ihrer expansiven Politik, sondern auch als ein destabilisierendes Element, das in die ostanatolischen Provinzen des osmanischen Reiches hineinwirkte.

1514 entschied Sultan Selim I., »der Eroberer«, in der Schlacht von Çaldīrān unter vollem Einsatz des osmanischen Militärapparates die Auseinandersetzung zu seinen Gunsten. Die auf traditionelle Weise kämpfende Reiterarmee türkisch-mongolischen Typs, wie sie Schah Ismāʿīl anführte, hatte gegen die mit Musketen und Feldartillerie ausgerüstete osmanische Armee in offener Feldschlacht keine Chance.[14] Mit dieser Niederlage endete im Prinzip die safawidische Expansion nach Westen, nicht jedoch die Auseinandersetzung zwischen den Osmanen und Safawiden. Dieser große Konflikt erreichte erst um die Mitte des 16. Jahrhunderts mit dem Friedensschluß zwischen Schah Ṭahmāsp und Sultan Süleyman ein vorläufiges Ende. Dies bedeutete für die Safawiden den endgültigen Verlust der Provinz Irak. Im Osten hingegen hatte Schah Ismāʿīl Chorasan erobern und damit die Grenze zu Afghanistan sichern können.

Iran in seinen heutigen Umrissen wurde wesentlich im frühen 16. Jahrhundert geformt. Das Bewußtsein, »iranisch« zu sein, das bis zur Gründung der Safawiden-Dynastie hauptsächlich, wenn nicht gar ausschließlich, auf den kulturellen Bereich beschränkt gewesen war, nahm daher in der Folgezeit stärker politische Konturen an.

III. Das schiʿitische Fundament des safawidischen Staates

Der unter Schah Ismāʿīl I. sich bildende Staat war eine Theokratie. Ihre Basis war die 12er oder Imāmī Schiʿa in einer besonderen »volksislamischen« Ausprägung. Es handelt sich dabei nicht um eine gelehrte und theologisch »reine« Ausprägung der 12erschiʿitischen Lehre, sondern um ein Gemenge recht heterogener Glaubensvorstellungen, die überwiegend mystischer Herkunft waren. Man kann diesen Volksislam jedoch deshalb als im Kern 12erschiʿitisch bezeichnen, weil er auf der Verehrung des ersten Imāms ʿAlī und der Anerkennung der folgenden elf Imāme beruhte. Charakteristisch für die turkmenischen Anhänger der Ordensmeister bis hin zu Ismāʿīl I. waren vor allem endzeitliche Vorstellungen. Diese waren oft mit der Vergöttlichung der Ordensmeister verbunden, die zunehmend mit der messianischen Figur des zwölften Imām, des *Mahdī*, verglichen oder gar gleichgesetzt wurden. In dieser besonders virulenten Form von Volksislam spielte die im Islam sonst so wichtige rationale Rechtslehre kaum eine Rolle. Es handelte sich um eine stark emotionalisierte, das »Herausspringen« aus der Geschichte betonende Richtung des muslimischen Glaubens.

Als im Herbst 1501 die 12er Schiʿa zur Staatsreligion erklärt wurde, folgte die Bevölkerung des iranischen Hochlandes in ihrer Mehrheit noch der

Sunna. Die Safawiden verbreiteten die Schi'a durch Missionierung und gewaltsame Bekehrungen, offensichtlich gegen erheblichen Widerstand der Bevölkerung, vor allem im Osten des Reiches.[15] Andererseits hat der weitverbreitete 'Alī-Kult mit dazu beigetragen, die Propagierung des neuen Dogmas zu erleichtern, zumindest was dessen formale Annahme betrifft.[16]

Die extremen Vorstellungen der Anhänger Schah Ismā'īls waren jedoch kaum ein geeignetes Fundament für die Errichtung eines dauerhaften schi'itischen Staatswesens. In dieser ersten Phase machte sich hinderlich bemerkbar, daß es im Iran keine schi'itische Theologenschicht gab, die sich gemeinsam mit dem Herrscher die Verbreitung des neuen Glaubens zur Aufgabe machen würde. Grundlegende Werke schi'itischer Autoritäten waren entweder überhaupt nicht oder erst nach mühevollem Suchen greifbar. Dieser Tatbestand bereitete nicht nur im theologischen, sondern auch im juristischen Bereich Schwierigkeiten, da eine der schi'itischen Schule folgende Rechtsprechung nicht gewährleistet werden konnte. Daher wurden Theologen aus dem Libanon, aus Irak und Bahrain an den iranischen Hof eingeladen. Aber auch eine Reihe sunnitischer Theologen im Iran traten freiwillig zur Schi'a über. Innerhalb kurzer Zeit bildeten sie eine einflußreiche Gruppe persischer religiöser Würdenträger, die ausersehen waren, hohe Positionen in der neuen politischen wie geistlichen Verwaltung einzunehmen. Einige bekleideten sogar das wichtige Amt des von der Zentralregierung ernannten Superintendenten für religiöse Angelegenheit (ṣadr), dem vor allem die Verwaltung der frommen Stiftungen (waqf) unterstand.[17]

Mit dem Aufstieg und der langsam fortschreitenden Verschmelzung der einheimischen und der zugewanderten Religionsgelehrten zu einer kohärenten Theologenschicht, die eng mit der Person des Herrschers und seinem Patronagesystem verbunden war, ging zunehmend eine Institutionalisierung des Klerus einher, die aber niemals die Stabilität und Differenziertheit einer kirchlichen Organisation christlichen Typs erreichte. Die seit dem Verschwinden – im Jahr 874 – des Mahdī, des zwölften und letzten Imāms, unter den Schi'iten vorherrschende passive Haltung gegenüber den Trägern politischer Herrschaft wich allmählich einer ethisch vertretbaren, verantwortungsbewußten politischen Teilnahme im Rahmen eines schi'itischen Staates. Eine Minderheit der Theologen betrachtete zwar jedwede politische Herrschaft schlechthin als illegitim, konnte sich mit dieser Doktrin jedoch nicht durchsetzen. Zweifellos war in den Augen einiger Theologen der Schah mit seinem Anspruch auf göttliche Inkarnation eine Herausforderung. Da aber seine Macht vor allem auf der Unterstützung durch seine militarisierten turkmenischen Anhänger

ruhte, deren »volksislamische« Glaubensvorlieben jenseits der orthodo-
xen schi'itischen Lehre lagen, stellte die Kritik von Vertretern der Geistlichkeit keine Gefahr für den Herrscher dar.

Schah Ṭahmāsp, der im Gegensatz zu seinem Vorgänger keinen Anspruch auf göttliche Inkarnation erhob, duldete zwar, daß sich der führende Theologe seiner Zeit, al-Karakī, als »Stellvertreter des *Mahdī*« bezeichnete. Jedoch waren die schi'itischen Rechtsgelehrten (*muǧtahids/
fuqahā*) in der Folgezeit nicht stark genug, um gegenüber dem Herrscher
diese Position aufrechtzuerhalten. Der Anspruch, Stellvertreter des
verborgenen Imām zu sein, wurde unter den Safaviden nicht institutionalisiert. Einige theologische Ämter wie die des Vorsitzenden des Gerichts-
wesens in Isfahan und des Superintendenten für religiöse Angelegenheiten wurden vom Schah selbst vergeben, der damit ein wichtiges Kontroll-
instrument über den Stand der Theologen und Rechtsgelehrten in der
Hand behielt. Unter Schah Ṭahmāsp begann auch der Niedergang des
schi'itischen Extremismus. In der sich absolutistisch gebenden Monarchie
war kein Platz mehr für endzeitliche Erwartungen.[18]

Erst im späten 17. Jahrhundert nahm eine Entwicklung ihren Anfang, die
dreihundert Jahre später Konsequenzen haben sollte. Die *muǧtahids* erzielten einen entscheidenden Durchbruch mit ihrem Anspruch, Stellvertreter des verborgenen Imām und daher die einzige rechtmäßige Autorität im safawidischen Iran zu sein. Der letzte Safawidenherrscher, Schah
Sulṭān Ḥusain (reg. 1694–1722) ernannte Bāqir al-Maǧlisī, den »*muǧtahid*
des Zeitalters«, zum Führer des gesamten klerikalen Standes.[19] Im
19. Jahrhundert kam es zum völligen Sieg dieser Richtung über ihre theologischen Rivalen, die für eine wesentlich bescheidenere Rolle der
Rechtsgelehrten eintraten. Der Führungsanspruch der *muǧtahids* setzte
sich dann 1979 auf staatlicher Ebene durch, als der radikale Flügel der
Geistlichkeit unter Ayatullah Ḥumainī (Khomeini) die politische Herrschaft im Iran übernahm.

IV. Die Reorganisation des Staatsapparates

Das politische System im Iran des 16. Jahrhunderts war letztlich nicht in
der Lage, die Spannungen zwischen der Krone und dem turkmenischen
Militäradel sowie die Gegensätze zwischen den Persern und Turkmenen
zu überbrücken. Schah Ṭahmāsp sah sich überdies des öfteren mit Rebel-
lionen aus den Reihen seiner eigenen Familie, nicht selten in Koalition
mit ehrgeizigen *qïzïlbaš*-Emiren, konfrontiert. Ebenso erging es seinen
Nachfolgern. Infolgedessen nahmen die Schahs nach 1590 davon Ab-

stand, Prinzen als Gouverneure in die Provinzen zu entsenden. In zahlreichen Fällen wurden die dem Thron nahestehenden Prinzen sogar ermor-
det, eine Gepflogenheit, die im 17. Jahrhundert ernste politische Folgen
zeigen sollte. Denn der bedeutendste aller Safawidenherrscher, Schah
'Abbās I. (reg. 1587–1629), verfolgte seine Nachkommen so gründlich,
daß ihm am Ende kein Sohn mehr blieb, den er zu seinem Nachfolger
hätte bestimmen können.[20]

Um die Mitte der Herrschaftsperiode von Schah Ṭahmāsp wurde eine
neue Gruppe in die safawidische Gesellschaft eingeführt: georgische,
tscherkessische und armenische Konvertiten, die der Schah von seinen
kaukasischen Feldzügen mitgebracht hatte.[21] Die Neuankömmlinge, die
überwiegend am Hofe aufgezogen wurden, waren eine soziale Gruppe
ohne ethnische oder kulturelle Bindungen im Iran. Die bis dahin vorherrschenden Gegensätze zwischen den turkmenischen und persischen Elementen innerhalb der safawidischen Oberschicht verschwanden zwar
nicht völlig, verloren aber angesichts des Aufstiegs dieser neuen »dritten
Kraft« an Gewicht. Nach dem Vorbild der osmanischen *devçirme* (Kna-
benlese) wollte der Herrscher eine zum Islam übergetretene Schicht für
den Dienst an der Dynastie aufbauen. Damit wurden die Grundlagen für
eine Um- und Neustrukturierung der politischen Elite geschaffen. Das
wichtigste Ziel der Krone bestand darin, die autonomen Machtbasen, die
sich weiterhin der Kontrolle des Hofes entzogen, zu schwächen und
außerdem schlagkräftige Militär- und Verwaltungskader an die Monarchie zu binden. Solche Reformen fanden mit nennenswerter Wirksam-
keit erst unter Schah 'Abbās I. statt. Er stellte ein Korps von »Herrschersklaven« (*ġulām*) auf, das allein dem Herrscher verpflichtet war und über
keine eigenständige Machtbasis verfügte.[22]

Bevor diese Reform des iranischen Verwaltungs- und Militärwesens begann, hatte das Land nach dem Tod von Schah Ṭahmāsp im Jahre 1576
über zehn Jahre lang schwere innere wie äußere Krisen zu überstehen.
Revolten der turkmenischen Emire, Einfälle der Uzbeken in Chorasan,
die Eroberung der ehemaligen Hauptstadt Tabriz durch die Osmanen
und eine unvorstellbare Mißwirtschaft am Hofe in Qazwin drohten die
Herrschaft der Safawiden zu zerstören. Die turbulenten 1520er und
1530er Jahre, in denen die mächtigen Emire mit dem Herrscher nach Be-
lieben verfahren konnten, schienen zurückgekehrt zu sein. Zwischen den
damaligen Ereignissen und jenen der 1580er und 1590er Jahre bestanden
jedoch erhebliche Unterschiede: Die 12er Schi'a hatte dem Land größere
innere Stabilität verliehen. Die Monarchie hatte sich außerdem als der
dominierende Ordnungsfaktor in den »von Gott beschützten Provinzen«
durchgesetzt. Es bedurfte nur eines energischen und vorausschauenden

Herrschers an der Spitze, um das Land in eine ruhigere Phase zu führen, die bürgerkriegsähnlichen Zustände zu beenden und die äußeren Gefahren abzuwenden. Der durch einen Staatsstreich zur Macht gekommene Provinzgouverneur 'Abbās Mīrzā, der als Schah 'Abbās I. 1587 den Thron bestieg, brachte die dafür erforderlichen Eigenschaften mit. Elf Jahre später verlegte er die Hauptstadt von Qazwin in das zentraler gelegene Isfahan.[23]

V. Das Reformwerk von Schah 'Abbās I.

Die Aufgaben im Inneren waren mit den Erfordernissen der auswärtigen Politik eng verzahnt. Diese duldeten keinen Aufschub. Größere Teile des Landes im Osten und Westen waren wieder von den Uzbeken und Osmanen besetzt worden. Selbst die Hauptstadt Qazwin war vor dem Angriff der Osmanen nicht sicher. Wenn ein militärischer Erfolg gegen die äußeren Gegner Bestand haben sollte, mußte die Instabilität beseitigt werden, die von den Aktionen der *qïzïlbaš*-Emire ausging. Dazu war es erforderlich, die absolute Autorität des Schahs wiederherzustellen. Aus der Sicht des Herrschers mußte die fatale Bindung der Krone an die militärische Unterstützung durch die Emire beseitigt werden. Dies bedeutete Veränderungen an der Basis des Regimes, vor allem die Schaffung militärischer Gegengewichte zu den *qïzïlbaš*. Damit hatten administrative Neuerungen einherzugehen, die einerseits die finanzielle Grundlage für Reformen schufen, andererseits die Durchsetzungsfähigkeit des Schahs erhöhten. Ein weiteres Ziel bestand darin, die Provinzen stärker der Kontrolle durch den Hof zu unterstellen. Der osmanische Staat mit seiner eindrucksvollen Verwaltungsorganisation und seinem schlagkräftigen militärischen Apparat, aber auch seiner gesellschaftlich konsolidierten politischen Elite, die als relativ homogener Verband über den Ethnien und religiösen Gruppen stand, wirkte als Vorbild für die Reformpolitik von Schah 'Abbās I.

Das osmanische System konnte aber – allein der unterschiedlichen ethnischen wie rechtlichen Strukturen wegen – nicht einfach kopiert werden. Schah 'Abbās I. hatte außer einer relativ kleinen turkmenischen Reitergarde (*qurchī*) zunächst kein stehendes Heer zu seiner Verfügung. Er organisierte daher mehrere bewaffnete Korps, die sich überwiegend aus am Hofe aufgezogenen kaukasischen »Herrschersklaven« zusammensetzten. Es handelte sich um Einheiten, die nicht, wie die Turkmenen, in Stammesverbänden organisiert waren, und die direkt aus dem Schatz des Herrschers besoldet wurden. Weiterhin ließ der Schah Musketier- und

Artilleriekorps aufstellen, die sich aus unterschiedlichen Teilen der Bevölkerung rekrutieren, insbesondere aus der einheimischen Bauernschaft. Mit diesen Maßnahmen verschob sich das Machtgleichgewicht von den weithin autonomen *qïzïlbaš* zu den neuen Militärkräften, die direkt vom Monarchen abhängig waren.

Die neue Truppe zählte ungefähr 37 000 Mann, die im Kriegsfall durch eine gleiche oder auch größere Zahl irregulärer Truppen verstärkt werden konnten. Die Angaben über das Militärwesen dieser Zeit müssen jedoch mit Vorsicht betrachtet werden.[24] Die meisten europäischen Beobachter sind sich darin einig, daß die »Herrschersklaven« aus dem militärischen Bereich bald in andere, zivile Ämter aufstiegen. Gegen Ende der Herrschaft von Schah ʿAbbās I. hatten sie mehr als ein Fünftel aller Spitzenstellungen in der Verwaltung des Hofes und der Provinzen inne.[25]

Dem Schah ging es indes nicht darum, die turkmenische Militärelite durch eine kaukasische zu ersetzen. Zwar stützte er sich militärisch und administrativ in erheblichem Maße auf die »Herrschersklaven«, doch erstrebte er letzten Endes die Verschmelzung der verschiedenen Elitegruppen, also – ethnisch gesehen – der Turkmenen, Perser und Kaukasier, sowie deren stärkere Bindung an den Hof.

Die durchgreifenden Reformen im militärischen Bereich hatten weitgehende Veränderungen des Verwaltungssystems zur Folge. Diese wiederum konnten nicht auf der Basis der früheren Finanzordnung durchgeführt werden. Man vergab zwar auch weiterhin die Verwaltung einiger Provinzen als Lehen an *qïzïlbaš*-Emire, doch wurde deren Handlungsspielraum zunehmend eingeschränkt. Die Staatsprovinzen wurden einer strikteren Kontrolle durch die Zentralmacht unterworfen, indem die Krone direkt ernannte Wesire in die Provinzmetropolen entsandte und dort auch Militäreinheiten stationierte, die nicht dem Provinzgouverneur unterstanden. Gelegentlich wurden auch »Herrschersklaven« mit der Leitung von politisch wichtigen Stämmen beauftragt. Das Ziel des Schahs bestand langfristig darin, in den Staatsprovinzen absolute Kontrolle auszuüben.

Diese Maßnahmen sollten nicht ohne Folgen für die militärische Schlagkraft der Safawiden bleiben. Der Machtzuwachs des Schahs und seines Hofes auf Kosten der bis dahin relativ selbständigen Stammesfürsten führte zur Schwächung der vormals so gerühmten militärischen Einsatzbereitschaft der *qïzïlbaš*. Negative Folgen zeigten sich jedoch erst, als in der zweiten Hälfte des 17. Jahrhunderts das Militär nicht mehr straff geführt wurde. Zu diesem Zeitpunkt hatte sich das gesamte politische Gewicht soweit auf den Hof verlagert, daß die Provinzen häufig nicht in der Lage waren, einen eigenständigen Beitrag zur Kriegführung zu leisten.

Außerdem betrachteten sich die von der Zentralregierung ernannten und kontrollierten politischen und militärischen Amtsträger in erster Linie als Vertreter der Hofaristokratie und waren daher nicht mehr bereit, sich mit den Interessen ihrer jeweiligen Provinz im gleichen Maße zu identifizieren, wie dies bei den *qïzïlbaš*-Emiren mit ihren Stammesanhängern der Fall gewesen war.

VI. Die neue Klasse

Eine wichtige Maßnahme von Schah 'Abbās I. und seinen Nachfolgern bei der Durchsetzung ihrer zentralistischen Politik war die Vermehrung des Kronbesitzes. Dieser Prozeß hatte in Ansätzen bereits unter Schah Ṭahmāsp begonnen, wurde aber erst unter Schah 'Abbās mit Nachdruck vorangetrieben. Dadurch verschafften sich die safawidischen Herrscher sowohl die für notwendig erachteten Finanzmittel als auch ein von der Stammesaristokratie unabhängiges Machtinstrument. Eine Reihe von Provinzen wurden zwischen 1588 und 1606 in Kroneigentum überführt. Daneben besaß die Krone auch ausgedehnten Landbesitz in den Staatsprovinzen. Das Steueraufkommen einer Reihe von Städten diente als Apanage für Mitglieder des Herrscherhauses; andere Orte führten ihre gesamten Einkünfte an die Schatzkammer des Schahs ab. Gestützt auf diese Ressourcen, war der Herrscher in der Lage, nicht nur die neu eingerichteten militärischen Einheiten zu besolden, sondern auch einen eigenen Verwaltungsapparat für die verschiedenen Belange der Krone aufzubauen, der teilweise parallel zur regulären Staatsverwaltung bestand. Ein Indiz für die Veränderung in der politischen Struktur ist die Aufwertung der Position des großköniglichen Privatsekretärs gegenüber derjenigen des Sekretärs der Staatskanzlei.[26] Es bestand aber häufig keine klare Trennung zwischen den Verwaltungen des Staates und des Hofes.

Die Kronprovinzen wurden in der Regel von Intendanten verwaltet, die oft aus den Reihen der nicht-iranischen »Herrschersklaven« stammten. Die Intendanten waren im Grunde weisungsabhängige Agenten der Krone. Nicht nur die am Kaspischen Meer gelegenen Gebiete, sondern auch weiter entfernt liegende und in der Vergangenheit schwer kontrollierbare Regionen im Süden und Südosten des Landes waren von diesen Maßnahmen betroffen. Einen gewissen Grad von Autonomie behielten nur die erblichen Vizekönige in Georgien, Kurdistan, Chuzistan und in einem Teil von Luristan.[27]

In den folgenden Jahrzehnten verschmolzen die drei ethnisch und sozial ursprünglich weit differierenden Gruppen innerhalb der iranischen Oberschicht tatsächlich, wie die Safawidenherrscher es erstrebt hatten, zu einer im wesentlichen homogen politischen Elite. Diese neue aristokratische Schicht war in allen Bereichen staatlicher Aktivität einsetzbar: »Es bildete sich, teils neben, teils innerhalb der alten eine neue Adelshierarchie, innerhalb derer die Distinktionen weit mehr durch den vom König bestimmten Titel und die damit verbundenen Geldrenten als durch das Herkommen bestimmt wurden.«[28] Norbert Elias' Analyse des französischen Absolutismus läßt sich auch in diesem Punkt gut auf den iranischen Fall übertragen.

VII. Großwesir versus Intendant

Mit dem Ausbau der zentralen Hofverwaltung gewann auch deren Leiter an Macht, der Großwesir. Zunehmend übte daneben auch der Harem Einfluß auf die Entscheidungen des Herrschers aus. Der Großwesir war der mit den am weitesten reichenden Befugnissen ausgestattete Würdenträger im safawidischen Iran des 17. Jahrhunderts. Für das Gelingen der Zentralisierungspolitik von Schah ʿAbbās I. und seinen Nachfolgern war die Aufwertung der Autorität des Wesiramtes unentbehrlich. Diesem Umstand trug der Schah nicht nur dadurch Rechnung, daß er den Großwesir als den höchsten Würdenträger im Staate anerkannte, sondern auch durch die Gepflogenheit, den Inhabern des Amtes statussteigernde Titel zu verleihen.

Gestützt auf die Staatskanzlei, führte der Großwesir alle innen- wie außenpolitischen Entscheidungen des Hofes aus, überwachte die Staatsfinanzen und bestätigte die Ernennung von Mitgliedern der Verwaltung. Ohne sein Siegel wurde keine Urkunde rechtskräftig. Der Großwesir war nicht nur der Chef der zentralen Verwaltung, sondern zugleich auch das Oberhaupt einer auf den Hof konzentrierten und mit dessen Aufgaben eng verbundenen Aristokratenschicht. Die Träger des Amtes hatten zwar unter früheren Dynastien ebenfalls weitreichende Vollmachten genossen, jedoch hatte es neben ihnen andere einflußreiche politische Kräfte gegeben. Unter den Safawiden hingegen begann eine stärker formalisierte Hierarchisierung, die den Großwesir unverkennbar an der Spitze des Systems plazierte.

Unter einem starken, persönlich die Regierungsgeschäfte bis ins Detail gestaltenden Schah – ʿAbbas I. ist dafür das eindrucksvollste Beispiel – war der Großwesir hauptsächlich ein ausführendes Organ. Sobald ein Herrscher jedoch am Regieren weniger Interesse fand, war die Macht des Großwesirs nahezu unbeschränkt. Der ständige und direkte Zugang zum

Monarchen gab ihm die Möglichkeit, die Informationsströme innerhalb der Hofgesellschaft zu überwachen. Freilich war selbst ein mächtiger Großwesir völlig auf das Vertrauen des Herrschers angewiesen. Der Schah sah in ihm den Garanten für die Kontrolle über die diversen politischen Kräfte im Lande sowie für die finanzielle Stabilität der Krone. Dieses Vertrauen war jedoch in einer von Intrigen und politischen Ränkespielen gesättigten Hofwelt ständig in Gefahr. Der deutsche Gelehrte Engelbert Kaempfer, der sich 1684–1688 im Iran aufhielt, schrieb dazu:

»Ständig schwebt ein Damoklesschwert über dem Haupt des Reichshofkanzlers, doch weiß er nie, wann der todbringende Augenblick bevorsteht. Die Last der Staatsgeschäfte bedeutet zugleich einen ständigen Gefahrenherd; ein Zufall, eine versäumte Gelegenheit kann den verhängnisvollen Richterspruch auslösen.«[29]

Diese drastische Schilderung entsprach jedoch nicht völlig der Realität. Während des 17. Jahrhunderts sind nur zwei Fälle von Hinrichtungen bekannt. Weitaus häufiger kam es vor, daß ein in Ungnade gefallener Großwesir zur Verbüßung seiner »Missetaten« in eines der safawidischen Heiligtümer verbannt wurde, von wo man ihn zuweilen wieder auf seinen alten Posten zurückberief. Einige revanchierten sich für die durch den Schah erlittenen Demütigungen und Mißhandlungen, indem sie sich nach Hause zurückzogen und den Dienst verweigerten. Dies hatte für das Volk erhebliche symbolische Bedeutung. Ihr beispielhafter frommer und enthaltsamer Lebensstil verschaffte diesen Männern in einer die Normen des islamischen Gesetzes oft verletzenden höfischen Welt den Respekt der Bevölkerung. Der französische Reisende Jean Chardin, der Iran in den 1660er und 1670er Jahren mehrfach bereiste, bestätigte dies: »Oftmals wird so der religiöse Eifer des Großwesirs den Sieg über die Raserei seines Herrn davongetragen haben.«[30]

Die Ausweitung und zugleich Zentralisierung der iranischen Verwaltung stärkte nicht nur die Rolle des Großwesirs, sondern rief auch Gegenkräfte auf den Plan. Mit der forcierten Ausweitung des Kronbesitzes vermehrte sich das direkt von der Krone abhängige Personal. Vor allem der Aufbau eines umfangreichen Hofmanufakturwesens bedeutete einen weiteren wichtigen Schritt in der Ausdehnung der Aktivitäten von Herrscher und Hof. Der Generalintendant der Hofmanufakturen (*nāẓir-i buyūtāt*) hatte ursprünglich nur die Manufakturen und Werkstätten der Krone zu beaufsichtigen. Am Ende der Regierungszeit von Schah 'Abbās II. (reg. 1642–1666) hatte er aber auch maßgeblichen Einfluß auf die Verwaltung des gesamten Kronguttes. Neben seinen direkten Aufga-

ben scheint er auch weitergehende Kontrollfunktionen ausgeübt zu
haben. Zwangsläufig verliehen ihm der tägliche Umgang mit dem Herrscher sowie die Verfügungsgewalt über die Einnahmen der Krone beträchtliche Macht, auch wenn dies in seinem Rang am Hof keinen ent-
sprechenden Ausdruck fand.

Großwesir und Generalintendant standen in einer Art gegenseitigem
Überwachungsverhältnis, das wohl mehr fließender als regulär institutio-
nalisierter Natur war. Der Großwesir war dabei der Seniorpartner in der
safawidischen Gesellschaft ohne Haftung. Doch der Generalintendant
stand ihm an Kompetenzen kaum nach. »Der Generalintendant«, so
schrieb Chardin, »ist der erste Minister oder Beamte des Herrschers, der
Kontrolleur seiner Finanzen, des Wirtschaftens in seinem Reich, der Fi-
nanzeinnahmen sowie seines mobilen wie immobilen Besitztums.«[31]

Es hat nicht an Versuchen der Großwesire gefehlt, den steigenden Einfluß der Generalintendanten einzudämmen. Das stark formalisierte Ver-
waltungssystem der späteren Safawidenherrschaft bot genügend Mecha-
nismen, um den Machtzuwachs einzelner zu kontrollieren. Entscheidend
vor allen anderen Faktoren waren aber die persönlichen Qualitäten des
Schahs. Nur der Herrscher selbst konnte letzten Endes den Apparat effi-
zient halten und das Gleichgewicht zwischen den verschiedenen Gruppen
innerhalb des safawidischen Systems gewährleisten. Die Monarchie wurde
dabei freilich in manchem Sinne ein Opfer ihrer eigenen Erfolge. Je geringer die Bedrohung war, die von der politischen Elite ausging, je erfolgrei-
cher also die Aristokratie gezähmt worden war, desto nachlässiger scheinen die späteren Safawidenherrscher ihre Aufgaben wahrgenommen zu
haben. Zunehmend gewannen damit Inhaber von Ämtern, die den persönlichen Bedürfnissen und Anliegen des Schahs dienten, Einfluß auf die
personellen und sachlichen Entscheidungen der Krone. Während in der
ersten Hälfte des 17. Jahrhunderts die Vertrauenspersonen des Schahs
ihre Machtpositionen vor allem in den von ihnen verwalteten Provinzen
hatten, war für den Hofjägermeister unter Schah ʻAbbās II., eine für diese
Periode charakteristische Figur, die ihm verliehene Statthalterschaft
nichts weiter als eine Pfründe. Er hielt sich ständig bei Hofe auf und
konnte dort zum Gegenspieler des Großwesirs aufsteigen. Der zeitgenös-
sische Hofchronist Ṭāhir Waḥīd charakterisiert einen typischen Höfling
dieser Epoche als einen vielseitig kultivierten Amateur: »jung, von schö-
ner Gestalt und lobenswertem Charakter, im Umgang mit Pferden ver-
ständig, von scharfem Intellekt, mit mancherlei Talent ausgestattet, ein
unübertrefflicher Maler, in der Musik und der Wissenschaft nicht unkun-
dig; er besaß ein gutes Wesen, war gottesfürchtig ohnegleichen und im
Erfassen der Vorgänge wie in seiner Demut überragend.«[32]

Weder starke Religiosität oder untadeliger Lebenswandel noch profunde Kenntnis der komplexen Verwaltungspraxis zählten in der veränderten Hofwelt unter den beiden letzten Safawidenherrschern, Schah Sulaimān (reg. 1666–1694) und Schah Sulṭān Ḥusain (reg. 1694–1722), zu den wesentlichen Voraussetzungen, um Spitzenämter in der safawidischen Hof- und Staatsverwaltung ausüben zu können.

VIII. Der Aufstieg der Muǧtahids am Hof

Das intellektuelle Leben am Hofe von Schah 'Abbās II. in Isfahan wurde von Vertretern philosophisch-mystischer Schulen bestimmt, die aber in der Regel keinen politischen Ehrgeiz hatten und die damit ganz im Gegensatz zu den extrem-mystischen Vorstellungen in der Frühzeit der Safawiden oder zu dem Anspruch der Juristen (*fuqahā*) auf Vertretung des *Mahdī* standen. Es hat den Anschein, als ob die mystisch-philosophische Gruppe unter den Theologen in einen erbitterten Streit mit den Juristen verwickelt gewesen sei. Jedenfalls hat 'Abbās II. sich mit seiner ganzen Autorität auf die Seite der Mystiker gestellt. Dies geschah offenbar nicht ohne taktischen Grund, denn mehrere *muǧtahids* hatten die Frage der Vertretung des verborgenen Imāms wieder aufgeworfen, allerdings ohne die Legitimation der existierenden Herrschaft in Frage zu stellen. Die religiöse Autorität wurde dagegen den *fuqahā* vorbehalten, basierend auf dem Dogma, daß in Abwesenheit des *Mahdī* die Gemeinde in zwei Gruppen eingeteilt sei: diejenigen, die befähigt sind, auf Fragen nach einem normativen Verfahren Lösungen zu finden (*muǧtahids*), und die anderen, die keine Möglichkeiten haben, selbständig Entscheidungen zu treffen, da sie nicht genügend ausgebildet sind und deshalb den *muǧtahid* folgen müssen.

Obwohl diese Doktrin unter den Religionsgelehrten der späteren Safawidenzeit nicht unumstritten blieb und zu heftigen dogmatischen Auseinandersetzungen führte, gewann sie unter den Herrschern Sulaimān und Sulṭān Ḥusain bestimmenden Einfluß im safawidischen Staat. Geführt von Bāqir al-Maǧlisī, organisierten die *fuqahā* eine unnachsichtige Verfolgungskampagne gegen *Ṣūfīs*, Sunniten und nicht-muslimische Gruppen. Nicht nur die Mystiker, sondern auch die Philosophen litten unter der vom Schah geduldeten antihäretischen Kampagne. Obwohl die *fuqahā* sich schließlich als die dominierende Gruppe unter den Theologen etablieren und erheblichen Einfluß auf die Staatsgeschäfte ausüben konnten, legitimierte Bāqir al-Maǧlisī ohne Einschränkung die politische Autorität des Schahs.[33] Der radikale Flügel der schi'itischen Theologen hatte offenbar noch nicht gesiegt, nicht zuletzt deshalb, weil diese in einem nicht unerheblichen Maße selbst Bestandteil des safawidischen Systems waren. Auch wenn sie radikale Ansichten über den usurpatorischen Charakter des safawidischen Herrschertums äußerten, bewegten sie sich überwiegend auf einer rein theologischen Ebene, der vorerst die politischen Realisierungschancen fehlten. Den Durchbruch zu politischer Macht erzielten die Theologen erst im 19. Jahrhundert, als die Lähmung der zentralen Herrscherposition deutlich wurde.

Wie die letzten fünf Jahrzehnte der Safawidenherrschaft zeigten, blieben diese Auseinandersetzungen jedoch nicht ohne Einfluß auf die Beziehungen zwischen den einzelnen Gruppen am Hof und im Lande. Den beiden letzten Herrschern der Dynastie mangelte es, verglichen mit ihren Vorgängern, an der Fähigkeit, die aufkommenden Gegensätze zwischen den Kerngruppen am Hof auszubalancieren. Sie verfügten weder über charismatische Eigenschaften, noch konnten sie sich mit diesen Gruppen auf gemeinsame Zielprojektionen einigen. Solange jedoch keine äußeren Gefahren drohten, hielt der Staatsverband notdürftig zusammen.

IX. Der Zusammenbruch des safawidischen Reiches

Maßnahmen zur innenpolitischen Reform und neuerlichen Festigung der Herrschaft wurden jedoch auch dann nicht für notwendig erachtet, als sich die Monarchie zunehmend mit Unruhen in den Randgebieten des Reiches konfrontiert sah. Die mangelnde Kontrolle der Schahs über die inneren Verhältnisse, insbesondere der fehlende Schutz der Unterschichten gegen Übergriffe der immer dreister werdenden Elite, gegen Ausbeutung und gegen eine Korruption, die sich zunehmend von traditionellen und informellen zu stärker institutionalisierten Formen entwickelt hatte, führte zu verbreiteter Lethargie gegenüber den Belangen des Staates. Die Dynastie verlor, was immer sie an Popularität im Volke genossen hatte.

Eine unmittelbare Voraussetzung für das Ende der Dynastie war der Verfall des Militärapparates. Die militärische Schwächung hatte mehrere Ursachen, ist aber hauptsächlich auf die Ausschaltung der *qïzïlbăs* als Kriegerkaste und die folgende »Zivilisierung« der höfischen Gesellschaft Irans zurückzuführen. Vor allem die Verwaltung und Kontrolle der Provinz Afghanistan entwickelte sich zur Achillesferse der safawidischen Verteidigung. Diese lag überwiegend in den Händen von Georgiern. Einer der bedeutendsten iranischen Historiker des 19. Jahrhunderts schrieb den Zusammenbruch dem mangelnden kämpferischen Geist der politischen Elite zu:

»Sie gaben mehr für die Koketterien der schönen Frauen als für tartarische Pfeile (und Bogen) aus. Die Tänzer von Kabul waren für sie lieblicher als die Helden von Zabol. Die Sänger von Schiraz waren respektabler als die Recken vom Kaukasus.«[34]

Sunnitische Opposition, militärische Überlegenheit der afghanischen Stammeskrieger, in steigendem Maße auch innere Revolten sowie die Inkompetenz der Zentralverwaltung: dies waren die Gründe dafür, daß das safawidische System zusammenbrach, als 1722 die Afghanen vor den Toren der Hauptstadt Isfahan erschienen.[35]

Mit der afghanischen Eroberung Irans und dem Sturz der Safawidendynastie ging ein Zeitalter zugrunde. Mit ihm verschwanden viele seiner Errungenschaften. Die entscheidenden konstituierenden Elemente des modernen Iran haben dennoch ihren unverkennbaren Ursprung im 16. und 17. Jahrhundert. Eine bis dahin im wesentlichen kulturell-politische Idee von »Iran« erhielt durch den safawidischen Absolutismus staatspolitische Konturen. Das Territorium der späteren iranischen Nation wurde in der Zeit der Safawiden erstmals umrissen. Das persische Element fungierte nun nicht mehr – wie in den früheren türkisch bestimmten Großreichen – als »politischer Kitt«, sondern bildete ethnisch wie gesellschaftlich den Grundstock der Bevölkerung in einem neuen Staatsgebilde, in das die turkmenischen und andere nicht-persische Gruppen zunehmend integriert wurden. Die Safawiden fügten ein weiteres, bis heute entscheidendes Element hinzu: die 12er Schi'a. Im 19. Jahrhundert folgte schließlich die Idee einer iranischen Nation, die sich, obwohl ein integraler Bestandteil der islamischen Welt, deutlich von ihren Nachbarstaaten abhebt.

Literatur

Arjomand, Said Amir: The Shadow of God and the Hidden Imam, Chicago 1987.

Ende, Werner/Udo Steinbach (Hrsg.): Der Islam in der Gegenwart. Entwicklung und Ausbreitung, 3. Aufl., München 1991.

Endreß, Gerhard: Der Islam, 2. Aufl., München 1991.

Glassen, Erika: Die frühen Safawiden nach Qāżī Aḥmad Qumī, Freiburg i. Br. 1970.

Jackson, Peter/Laurence Lockhart (Hrsg.): The Cambridge History of Iran. Bd. 6: The Timurid and Safavid Periods, Cambridge 1986.

Lapidus, Ira M.: A History of Islamic Societies, Cambridge 1988.

Lockhart, Laurence: The Fall of the Safavi Dynasty and the Afghan Occupation of Persia, Cambridge 1958.

Morgan, David: Medieval Persia, 1040–1797, London und New York 1988.

Röhrborn, Klaus-Michael: Provinzen und Zentralgewalt Persiens im 16. und 17. Jahrhundert, Berlin 1966.

Roemer, Hans Robert: Persien auf dem Weg in die Neuzeit. Iranische Geschichte von 1350 bis 1750, Darmstadt 1989.

Savory, Roger M.: Iran under the Safavids, Cambridge 1980.

Reinhard Wendt
Kultureller Konflikt, kulturelle Mischung
Die Philippinen unter spanischer und
amerikanischer Kolonialherrschaft

I. Von Eisbechern, kultureller Vielfalt und Identitätskrisen

Halo-halo ist kein philippinischer Gruß, Halo-halo erfrischt bei tropi-
scher Wärme. Der Name stammt aus dem Tagalog, der verbreitetsten der
über 100 philippinischen Sprachen und Dialekte, bedeutet Mischmasch
und bezeichnet eine Art Eisbecher. Kleingeschnittene Früchte gehören
zu den Zutaten, Mango etwa, Papaya, Banane, Jackfruit, Melone oder
das Fleisch der jungen Kokosnuß; dazu kommen in Sirup gekochte Boh-
nen, Maiskörner, Würfel aus Wurzelgemüse wie Camote oder purpurfar-
benem Ube, gefärbte, aromatisierte Gelatine oder Sago. Das Ganze wird
mit geraspeltem Eis vermengt, gezuckert, mit Dosenmilch oder Kokos-
nußwasser übergossen und mit Reiscrispies gekrönt. Japanische Immi-
granten sollen die kühle Köstlichkeit in den zwanziger Jahren dieses
Jahrhunderts als »mongo con hielo« (span.: Mungobohnen mit Eis)
popularisiert haben. Vorbild war das »mitsumame« (wörtlich »viele Boh-
nen«) ihrer einstigen Heimat.[1]
Halo-halo symbolisiert treffend zwei zentrale Facetten der philippinischen Kultur: In ihr verbinden sich zum einen verschiedenste Bestand-
teile zu einer unverwechselbaren Mischung. Zum anderen besteht dieses
Amalgam aus einheimischen und fremden Ingredienzen. Halo-halo ist
– wie die gesamte Küche des Landes – ein Mikrokosmos, in dem sich die
Einflüsse widerspiegeln, denen die Philippinen im Laufe ihrer Geschichte
ausgesetzt waren. Dem Grundstock einheimisch-malaiischer Gerichte
wie »sinigang« oder » suman« fügten die Spanier, die das Land 1521 »ent-
deckten« und von 1565 bis 1898 beherrschten, beispielsweise »paella«,
»embutido« oder »leche flan« hinzu. Die Chinesen, deren wirtschaftliche
Aktivitäten und Arbeitskraft das Überleben dieses entlegensten Teils des
spanischen Weltreichs sicherten, steuerten etwa »pansit« oder »lechon«
bei. Zu den Zutaten der Amerikaner, die Spanien als Kolonialmacht ab-
lösten und die Philippinen bis zur Unabhängigkeit 1946 kontrollierten,
gehörten Steaks, Salate aller Art und »pies«.[2]
Nicht nur die Speisekarte, sondern nahezu alle Lebensbereiche der Phil-

ippinen wurden von den ehemaligen Kolonialmächten entscheidend beeinflußt, ja das Land insgesamt ist ein Produkt des Kolonialismus. Hätten
die Spanier den südostasiatischen Archipel nicht in ihr Weltreich einge-
gliedert, dann trügen die Inseln heute nicht den Namen des spanischen
Königs Philipp II. und hätten politisch sicherlich eine andere Gestalt. Die
starke kulturelle Prägung durch den Westen ließ bei vielen Filipinos
Zweifel aufkommen, ob das Land zum Orient oder zum Okzident gehöre,
und verankerte das Gefühl eigener Unter- und westlicher Überlegenheit
tief im philippinischen Bewußtsein. Für Nick Joaquin beispielsweise,
einen der bekanntesten zeitgenössischen Schriftsteller des Landes, sind es
weniger die asiatischen Nachbarregionen als vielmehr die westlichen Kolonialmächte gewesen, die das Land kulturell befruchteten. Der Historiker Renato Constantino versteht Kultur als Instrument des westlichen
Imperialismus; sie erzeuge in den Köpfen eine koloniale Mentalität, die
auch nach der Selbständigkeit des Landes die Abhängigkeit von den einstigen Herren garantiere.[3] Andererseits gehört es zu den Werbestrategien
des Tourismusministeriums, die Philippinen als »Fiesta Islands« zu ver-
kaufen. »Fiesta« wird dabei ganz offensichtlich nicht als Inbegriff spanischer, sondern als Herzstück einheimischer Kultur verstanden.
Sind die Filipinos Opfer eines kulturellen Imperialismus? Haben sie ihre
asiatischen Wurzeln vergessen? Oder waren sie kulturell kreativ, eigneten sich an, was ihnen zusagte, und schufen daraus etwas Eigenständiges,
typisch Philippinisches? Im folgenden sollen die Themenkreise »Kirche
und Mission« sowie »Urbanisierung und Städtebau« und aus dem Bereich
der Volkskultur die zentralen Aspekte »Fiesta« und »Jeepney« auf äußere Einflüsse, einheimische Traditionen und eigenständige dynamische
Entwicklungen untersucht werden.

II. Kirche und Mission

Die Philippinen sind heute das einzige christliche Land Asiens. Die einst
fremde, westliche Religion wurde von den Spaniern auf die Inseln gebracht. Nicht nur die Hoffnung, am lukrativen Gewürzhandel teilzuha-
ben und reiche Edelmetallvorkommen zu finden, bewog sie, in Südostasien Fuß zu fassen; sie kamen auch, um das Christentum zu verbreiten.
Kirche und Mission waren sowohl ein Grund für die Anwesenheit der
Spanier als auch die wichtigste Stütze ihrer Kolonialherrschaft, zu deren
Errichtung das Christentum entscheidend beitrug.
Die Spanier fanden eine in zahllose kleine Dorf- und Sippengemeinschaf-
ten zersplitterte Inselwelt vor, deren Bewohner nicht nur eine Vielzahl

von Göttern und Göttinnen, sondern auch die Geister der Ahnen, Sonne und Mond, Tiere oder Pflanzen verehrten.[4] Besonders die Chroniken der Missionare zeichneten die Einheimischen als ein Volk »ohne Gott, ohne Gesetz und ohne König«, das seine »Launen und Leidenschaften« zur Richtschnur des alltäglichen Verhaltens genommen habe. Es herrschten »barbarische« Verhältnisse, denen die Spanier mit der Mission und dem Aufbau politisch-administrativer Strukturen begegnen wollten. Beiden Vorhaben stand die zerstreute Siedlungsweise der Einheimischen entgegen. Wollte man sie bekehren und kontrollieren, mußten sie in größere Ortschaften, sogenannte Reduktionen, umgesiedelt werden. Dies zu erreichen war die Aufgabe der Mönche.[5] Sie machten sich mit einem breiten Spektrum von Missionstechniken an die Arbeit, die von vorbildlicher, bescheidener Lebensweise über Verführung und sanften Druck bis hin zu Erpressung, Einschüchterung und physischer Gewalt reichten. Anders als in Lateinamerika jedoch wurden militärische Mittel nur in wenigen Ausnahmefällen eingesetzt. Die Mönche halfen bei Hausbau und Feldarbeit, behandelten Krankheiten, boten begehrte Waren an und offerierten hochtrabende staatliche Titel und Ehrenzeichen. Die eindrucksvollen Zeremonien des Katholizismus lockten die Einheimischen ebenso in die Reduktionen wie der dort gebotene Schutz vor Übergriffen von Soldaten. Gelegentlich wurde eine drohende Militäraktion auch nur zum Schein ins Gespräch gebracht.[6]

Die Mönche schreckten allerdings auch nicht davor zurück, drastischere Mittel anzuwenden, um Missionserfolge zu erzielen. So gehörte es beinahe zum Standardrepertoire, Götterfiguren und Idole zu zerschlagen, zu verbrennen oder in Latrinen zu werfen. Erschlug ein Blitz den Dieb eines Kreuzes, verheerten Heuschrecken die Felder derjenigen, die vom rechten Glauben abgefallen waren, oder fraßen Wildschweine die Ernte, die man an einem Sonntag gesät hatte, wurde dies als göttliche Strafe für religiöses Fehlverhalten propagandistisch ausgeschlachtet. Die Datus, die politisch-militärischen Anführer der vorkolonialen Gemeinwesen, fügten sich in die neuen Verhältnisse, als ihnen – wenn auch mit Einschränkungen – ihr sozialer Status gesichert wurde. Die traditionellen Priester und Priesterinnen dagegen leisteten stärkeren, gelegentlich auch bewaffneten Widerstand. Um sie von der Bevölkerung zu isolieren, sie besser kontrollieren und vermutlich auch umziehen zu können, internierte man sie manchmal in besonderen Häusern.[7] Auf Menschen, die sich nicht umsiedeln lassen wollten, wurde gelegentlich regelrecht Jagd gemacht.

Missionsarbeit und Reduktionen veränderten die Siedlungsstrukturen, Lebensformen und Moralvorstellungen der Filipinos von Grund auf. Die Mönche gewannen der Kirche neue Seelen und zugleich der Krone neue

Untertanen, indem sie die Einheimischen in die religiösen und politischen
Strukturen des spanischen Weltreichs einbanden. Nicht nur im geistlichen Leben der Philippinen spielten sie zudem eine zentrale Rolle, sondern auch im weltlichen: Als einzige Spanier in den Provinzen waren sie
unverzichtbares Bindeglied zwischen Zentrum und Peripherie. Der Gou-
verneur in Manila konnte seine Politik nur mit ihnen, nicht gegen sie
durchsetzen. Im Laufe der Zeit erwarben die Orden eine beinahe uner-
schütterliche Machtposition, die sie auch dazu nutzten, legal oder illegal
ökonomische Macht – etwa in Form ausgedehnten Grundbesitzes – zu
erwerben oder die Arbeitskraft ihrer Gemeindemitglieder auszubeuten.
Filipinos hielten sie aus ihren Reihen fern, was eine Art religiöser Klas-
sengesellschaft entstehen ließ.
Der Katholizismus kann als Instrument eines politischen und auch eines
kulturellen Imperialismus verstanden werden. Doch ist dies nur eine
Seite der Medaille. Welche Formen und Funktionen das Christentum auf
den Philippinen annahm, wurde zu einem guten Teil von den Einheimischen mitbestimmt. Eine Handvoll Missionare – 1591 kamen 140 Mönche
auf knapp 700000 Filipinos – konnte eine große, verstreut lebende Bevölkerung im Grunde nur dann erfolgreich bekehren, wenn bei dieser eine
gewisse – durchaus selektive – Aufnahmebereitschaft bestand. Akzeptiert und integriert wurden besonders die zeremoniellen und emotionalen
Aspekte des Christentums. Die Filipinos fanden rasch Gefallen an der
Prunkentfaltung und Farbenpracht kirchlicher Rituale, an feierlicher
Musik und beeindruckenden Lichterprozessionen mit funkelnden gold-
und juwelengeschmückten Heiligenbildnissen. Etliche christliche Bräu-
che nahmen vorspanische Traditionen auf oder vermischten sich mit einheimischen Glaubensvorstellungen. So rührte der extensive Gebrauch
von Weihwasser wohl von der Freude der Filipinos an ausgiebigem Baden
und vom Glauben an die Heilkraft des Wassers her. Die rituellen, teils
durch Blutpakte geschlossenen Verwandtschaftsbeziehungen, die ein wesentliches Strukturmerkmal der vorkolonialen Zeit darstellten, mögen
ihren adäquaten Ersatz in kirchlichen Patenschaften gefunden haben.
Und die inbrünstige Verehrung von Heiligen sowie der intensive Wun-
derglaube des einheimischen Katholizismus wurden selbst von manchen
Geistlichen als Rückfall in heidnische Praktiken kritisiert.
Die christliche Religion war das erste Band, das die isolierten Inseln und
Ethnien über alle Wasserstraßen und Volksgruppengrenzen hinweg ver-
einte und so die Voraussetzung für eine philippinische Identität schuf.
Die Botschaften von Leiden und Erlösung und von der Gleichheit aller
Menschen entfalteten eine beträchtliche politische Sprengkraft. Zahlrei-
che Aufstände gegen Kolonialmacht und Kirche, aber auch gegen die

einheimische Elite waren christlich-religiös inspiriert. Die Forderung, philippinische Priester mit spanischen Ordens- und Weltgeistlichen gleichzustellen, die in der zweiten Hälfte des 19. Jahrhunderts immer lauter artikuliert wurde, entwickelte eine sozialpolitische Dynamik, die weit über den religiösen Bereich hinaus wirkte.[8]

Während die Spanier mit der christlichen Mission die geistlich-religiöse Befreiung der Filipinos aus heidnischem Aberglauben betrieben, traten die Amerikaner mit dem Vorsatz an, ihre Kolonie, die sie nach militärischen Siegen zunächst über die Spanier, dann über die Einheimischen erworben hatten, auf ein höheres Niveau weltlicher Zivilisation zu heben. Ein flächendeckendes Schulsystem mit Englisch als Unterrichtssprache wurde aufgebaut, so daß die Sprache sich in wenigen Jahren zur Lingua Franca des Archipels entwickelte. Körperliche Ertüchtigung, Gesundheitsfürsorge und eine allgemeine Verbesserung der hygienischen Verhältnisse führten zu einer höheren Lebensqualität. An die Stelle der katholischen Theokratie trat Religionsfreiheit. Verbesserte Infrastruktur und eine leistungsfähige Wirtschaft sollten einen ökonomischen Aufschwung einleiten. Mit einem neuen politischen System wollten die Amerikaner allen Filipinos gleiche Rechte und Chancen gewähren und das Land auf eine künftige Selbstverwaltung vorbereiten. Wohlwollen und patriarchalische Fürsorge, so die offizielle Selbsteinschätzung, waren die Leitlinien der amerikanischen Kolonialpolitik auf den Philippinen. »Niemals zuvor in der Weltgeschichte hat eine mächtige Nation einer schwächeren gegenüber eine solche Haltung eingenommen.«[9]

Doch auch die zivilen Missionare der US-Verwaltung mußten erkennen, »daß nicht alles, was im Westen wächst und gedeiht, seien es Pflanzen oder Regierungssysteme, erfolgreich in den Fernen Osten umgesetzt werden kann«.[10] Zwar entstanden im Lauf der Zeit beispielsweise die Institutionen einer parlamentarischen Demokratie nach dem Muster der USA mit politischen Parteien, allgemeinem Wahlrecht für Männer und Frauen und Zweikammerparlament, die auch die unabhängige Republik nach 1946 erbte. Doch wurde immer deutlicher, daß unterhalb der äußeren Form eines politischen Systems westlichen Zuschnitts eine personenorientierte Politik nach philippinischer Tradition weiterlebte. Deren zentrale Funktionsprinzipien waren und sind vertikal strukturierte Patron-Klient-Beziehungen sowie der Austausch von Leistung und Gegenleistung. Persönlichkeiten und die materiellen und immateriellen Ressourcen, die sie zu verteilen haben, entscheiden über Wahlausgänge, nicht Parteien, Programme oder Weltanschauungen. Amerikanische Beamte und westliche Beobachter verstanden dieses System oft als Korruption

und erkannten nicht, daß die sozialen Verpflichtungen und fürsorglichen
Aspekte, die es auch enthielt, für seine breite gesellschaftliche Akzeptanz
sorgten.[11]

III. Urbanisierung, Städtebau und Architektur

Die Reduktionen, die die spanischen Mönche anlegten und die zum
Brennpunkt ihrer Evangelisationstätigkeit wurden, waren die Keimzel-
len von Stadt und urbaner Lebensweise auf den Philippinen. Die Spanier
brachten damit nicht nur neue Siedlungsgrundrisse, Haustypen und Baumaterialien auf die Inseln, sondern auch neue Formen menschlichen Zu-
sammenlebens und eine Funktion von Architektur, die durchaus als Instrument der Herrschaftssicherung verstanden werden kann. Besonders
im kolonialen Kontext ist eine Stadt mehr als die Summe von verbautem
Stein, Holz oder Beton, sondern »sichtbare Ankündigung einer unver-
rückbaren Präsenz fremder Herren, Denkmal für die neuen Besitzverhältnisse, Motor für die Ausbreitung neuer Einflüsse...«[12]
In vorspanischer Zeit lebten die Menschen in kleinen, durch Regenwäl-
der, Berge und Meer weitgehend voneinander isolierten Dörfern. Die
Häuser standen alleine, umgeben von einem Garten mit Bananenstauden
oder anderen Nutzpflanzen. Sie waren aus Naturmaterialien wie Bambus, Nipagras, Lianen und Stricken aus Naturfasern errichtet und ruhten
auf Pfosten, was nicht nur vor Überschwemmungen und Ratten schützte,
sondern auch für kühlende Luftzirkulation sorgte und einen schattigen
Platz schuf, um Kleintiere zu halten oder häusliche Arbeiten zu verrich-
ten. Der Boden ihrer zwei bis drei Räume, die als Küche, kombinierter
Eß-, Wohn- und Schlafbereich sowie als Lagerraum genutzt wurden, war
mit polierten Hartholzplanken oder Bambussspleißen bedeckt, die mit
1–1,5 cm Abstand angebracht wurden. Dadurch entstand ein »Fenster
zum Boden«, das wie eine natürliche Klimaanlage funktionierte.[13]
Herzstück des spanischen Kolonialismus mußte es sein, die zerstreute
Siedlungsweise zu überwinden, um das politisch-religiöse Programm von
Christianisierung und Hispanisierung zu verwirklichen. Nur im urbanen
Umfeld, so glaubten die Spanier, konnten Menschen ihre Fähigkeiten
voll entfalten, und nur in überschaubaren Siedlungen war die Kontrolle
möglich, die der Aufbau neuer politischer und soziokultureller Strukturen erforderte. Da viele Filipinos lieber isoliert in unmittelbarer Nähe
ihrer Felder als in größeren Ortschaften lebten, war sowohl der sanfte
Druck der Verführung durch christlichen Ritus oder mönchische Fürsorge als auch der stärkere der Einschüchterung nötig, um wenigstens ein

Grundgerüst von Reduktionen entstehen zu lassen. Ein Siedlungsmuster bildete sich heraus, das so etwas wie einen Kompromiß zwischen spanischen Idealen und vorkolonialen Traditionen darstellte: Um den Hauptort mit der Kirche als Mittelpunkt scharte sich ein Kranz von Dörfern, deren Kapellen der Priester periodisch besuchte, meist zum Patronatsfest. Zu diesem Anlaß strömten auch die Bewohner der Weiler zusammen, die noch weiter entfernt vom Hauptort lebten.

Für die Anlage von Städten und Reduktionen standen Mustergrundrisse zur Verfügung, für die eine Schachbrettstruktur mit Plaza als Herzstück charakteristisch war. Die Plaza war Kristallisationskern des wirtschaftlichen, politischen, religiösen und sozialen Lebens der Stadt. An ihr standen Kirche und Pfarrhaus, Gericht und Rathaus sowie die Wohnungen der führenden Familien. Die lokale Elite imitierte den Baustil der Hauptstadt Manila, die die Spanier an der Stelle des vorkolonialen Maynila errichtet hatten. Wie die Einheimischen bauten die Spanier ihre Häuser dort zunächst aus Naturmaterialien, dann folgten sie den Traditionen ihrer Heimat. Doch feuchtheißes Klima und häufige Erdbeben machten Anpassungen an die lokalen Gegebenheiten erforderlich, so daß sich ein spanisch-philippinischer Baustil entwickelte. Vom vorkolonialen philippinischen Haus wurde die tragende Holzstruktur übernommen. Stein- oder Ziegelmauern mit lediglich schmückender Funktion verkleideten das Erdgeschoß. Zwischen Mauerwerk und Holzkonstruktion konnte ein Zwischenraum von bis zu 30 cm bestehen. Das gewährte dem Gebäude ausreichende Flexibilität, um Erdbeben standzuhalten. Im Erdgeschoß befanden sich Pferdeställe, Abstellplätze für Kutschen, Schlafräume für Dienstpersonal, aber auch Läden und Lagerräume. Eine breite, repräsentative Treppe führte ins Obergeschoß, wo Küche, Wohn-, Eß- und Schlafräume untergebracht waren. Es erhielt eine hölzerne Umfassung mit großen Schiebefenstern, die kühlen Luftzug ermöglichten. Die Fenster bestanden aus einem kleingekammerten, hölzernen Rahmen, der mit durchscheinenden Muscheln gefüllt war. Unterhalb der Fenster baute man weitere Öffnungen ein, die das traditionelle »Fenster zum Boden« ersetzten und die Ventilation intensivieren sollten. Das Dach wurde mit roten Ziegeln gedeckt.

Der Grundriß der kolonialspanischen Stadt spiegelte die zentralistischen Prinzipien des Absolutismus wider. Die neue Architektur grenzte sich von der vorkolonialen Zeit mit deren Häusern aus rasch vergänglichen Baumaterialien ab und symbolisierte Beständigkeit und dauerhaften Besitzanspruch. Je mehr man sich jedoch von der Plaza entfernte, je weiter man sich von Manila in die Provinzen begab, desto schwächer wurde die ordnende architektonische Hand Spaniens, desto stärker machten sich traditionelle philippinische Siedlungsstruktur und Bauweise bemerkbar.[14]

Die Stadtplanung der Amerikaner spiegelt zentrale Grundsätze ihrer Politik wider. Zum schmutzigen, engen und dunklen spanischen Manila, in dem die neuen Herren nichts als einen ungesunden Hort von Krankheitserregern sahen, wurde ein deutlicher Trennungsstrich gezogen. Übersichtlichkeit und Offenheit, Weite, Transparenz und Helligkeit kamen im neuen Stadtentwicklungsplan zum Ausdruck, in dem klare Strukturen, große Achsen, breite Boulevards und Behördenbauten in klassizistischem Stil mit monumentalen Schaufassaden inmitten von Parkanlagen dominierten. Wer es sich leisten konnte, verließ das Zentrum und zog in neuerschlossene Vororte, wo Bungalowsiedlungen im US-Stil entstanden. Auf dem Land wurde das Schulhaus zum Symbol der amerikanischen Kolonialherrschaft, so wie Kirche und Pfarrhaus die spanische Periode verkörpert hatten. Ansonsten hielt dort die neue Zeit – wenigstens in architektonischer Hinsicht – langsamer Einzug als in Manila.[15]

Das alte spanische Manila fiel den Bomben des Zweiten Weltkriegs zum Opfer und verödete; erst in jüngerer Zeit unternahm man Wiederbelebungsversuche. Die unabhängige Republik folgte nach 1946 den ererbten architektonischen Traditionen und schuf als Manifestation der Selbständigkeit das neue Regierungsviertel Quezon City, noch weitläufiger, noch großräumiger als das Vorbild aus amerikanischer Zeit, etwas außerhalb und höher als Manila gelegen, darum luftiger, kühler und gesünder. Funktionale und soziale Differenzierung verstärkten sich. Banken- und Geschäftszentren schossen weit entfernt vom traditionellen Manila aus dem Boden. Am Stadtrand verschanzten sich die Reichen in Villenvierteln hinter Mauern und Stacheldraht. Alte, zentrale Stadtteile verfielen, wurden Wohngebiete der Unterschichten. Auf unbebauten Arealen breiteten sich Squatterviertel in Recycling-Bauweise aus, bei der alles Verwendung fand, was sich zu vier Wänden und einem Dach über dem Kopf zusammennageln ließ. Während der Marcos-Zeit kam es zu einem Boom öffentlicher Monumentalbauten. Besonders Imelda Marcos, die Frau des diktatorisch regierenden Staatspräsidenten, wollte sich in den siebziger Jahren als Gouverneurin des Großraums Manila mit Hotels, Kulturzentrum und Spezialkliniken Denkmäler setzen, aber auch nach außen und nach innen die sich ständig verschlechternde soziale Lage kaschieren und das Bild eines modernen, selbstbewußten, eigenständigen Staates präsentieren.

Philippinische Architekten bauten mit den Materialien und in den Stilrichtungen, die auch in anderen Teilen der Welt üblich waren. In neuerer Zeit wurde von verschiedenen Seiten versucht, traditionelle Elemente in die moderne Architektur zu integrieren und ihr so ein landestypisches Flair zu verleihen. Dazu gehört das »Schweben über dem Boden«, das man nun auch bei modernen Großbauten zu verwirklichen suchte. Außerdem wurden etwa bei Dachkonstruktionen vorkoloniale Formen und Linienführungen aufgenommen und verstärkt einheimische Baustoffe verwendet. Aber auch kolonialspanische und -amerikanische Elemente tauchten wieder auf, da manche Architekten ihre Arbeit als Fortführung einer hybriden Tradition verstanden. Mit wachsender Distanz von den Städten wird jedoch heute wie seit jeher vor allem mit Bambus, Holz, den Blättern der Nipa-Palme und anderen Naturmaterialien gebaut – weniger aus der Entscheidung für eigene Traditionen heraus als vielmehr unter dem Druck wirtschaftlicher Verhältnisse, der keine Alternativen zuläßt.[16]

IV. Die Fiesta Filipina [17]

Die Spanier machten die Fiesta, das Fest des Schutzheiligen einer Kirche oder eines Ortes, auf den Philippinen populär. Das Patrozinium wurde einerseits Brennpunkt missionarisch-religiöser Aktivitäten, entwickelte sich aber andererseits schnell zum zentralen gesellschaftlichen Ereignis in Städten und Dörfern. Herzstück der Fiesta waren also religiöse Zeremonien, nämlich Novenen, Messen, Predigten und Prozessionen. Besonders viele Menschen kamen zum Patronatsfest in die Kirche, um Kinder taufen zu lassen, zu beichten und die Kommunion zu empfangen. Da die Mönche sich aber bemühten, die Botschaft der Bibel möglichst anschaulich und vielfach auch unterhaltsam zu vermitteln, regten sie selbst die weltlichen Lustbarkeiten an, die bald unverzichtbarer Bestandteil jedes Patroziniums wurden. Musik, Tanz, Theater, Bankette, Glücksspiele und Feuerwerke gingen auch in die Programme staatlicher Feiertage[18] und eigentlich rein religiöser Festlichkeiten ein, mit denen etwa die Orden ihrer Märtyrer, Heiligen oder Gründungsväter gedachten.[19]
Schon am Vorabend des Festes zierten verschiedenfarbene Tücher und leuchtendbunte Wandbehänge – häufig chinesischer Herkunft – die Häuser. Mit Blumen, Zweigen und Früchten dekorierte Bambusbögen überspannten die Straßen und schmückten die Vorhöfe der Kirchen, bizarre Phantasiearchitektur wie Tempel oder Säulenhallen, aber auch Nachbildungen berühmter Bauwerke, des Eiffelturms etwa, der Giralda von Sevilla oder der New Yorker Freiheitsstatue, zogen die Blicke auf sich.[20] Altäre, Heiligenbilder und Prozessionswagen wurden mit üppigen Blumenarrangements verschönt.
Die Klänge einer Musikkapelle und das Läuten der Glocken weckten die Gläubigen am Morgen der Fiesta und riefen sie zur Kirche. Festtagsgewänder wurden aus Schränken und Truhen geholt. Entweder nach der

feierlichen Messe oder am späten Nachmittag und frühen Abend fand eine eindrucksvolle, aufwendige Prozession statt. Die mitgeführten Heiligenbilder, die z. T. Privatleuten gehörten, waren so schön und kostbar wie möglich mit Roben und Juwelen herausgeputzt. An den Straßenrändern standen oft kunstvoll mit Spitzenvorhängen, Spiegeln, Heiligenbildern und Kerzen dekorierte Altäre. Kirchliche und weltliche Melodien erklangen, unter die sich das Krachen von Feuerwerkskörpern oder Artilleriesalven mischte. Abendliche Prozessionen erstrahlten im Glanz zahlloser Kerzen. Bei den weltlichen Feierlichkeiten ersetzte meist ein Umzug oder eine Parade die Prozession. An die Stelle der religiösen Figuren und Figurengruppen traten Festwagen mit allegorischen Gestalten oder Fabelwesen, spanische Galeonen, chinesische Dschunken oder Triumphwagen mit Bildnissen von König oder Königin. In amerikanischer Zeit und nach dem Zweiten Weltkrieg waren auf den Festwagen häufig Szenen mit politischen Botschaften zu sehen.

Zu den Hauptattraktionen einer Fiesta gehörten stets Konzerte sowie Theater- oder Operettenaufführungen. Die Mönche hatten die Musikleidenschaft der Einheimischen gefördert, hatten sie gelehrt, europäische Instrumente zu spielen und Chorwerke zu singen. Sie gründeten Musikkapellen, zu deren Repertoire geistliche wie weltliche Weisen gehörten. Religiöser Natur waren auch die ersten Theaterstücke, die auf den Philippinen aufgeführt wurden, meist Heiligenviten oder Szenen der Leidensgeschichte. Die Passion zu singen oder die Kreuzwegstationen nachzuspielen, ist bis heute in vielen Orten fester Karwochenbrauch. Schon frühzeitig jedoch etablierte sich neben dem religiösen ein weltliches Theater als Fiestaattraktion, chinesische Opern etwa oder die sogenannten Moro-Moro-Spiele spanischen Ursprungs, bei denen sich als Mauren und Christen verkleidete, mit Lanzen, Krummsäbeln und Rundschilden bewaffnete Akteure einen stundenlangen, choreographisch spektakulären Kampf lieferten.

Fahrende Händler und Schausteller bauten zur Fiestazeit einen Jahrmarkt auf, der Waren anbot, die sonst nicht zu haben waren, und mit Vergnügungen lockte, auf die man sich das ganze Jahr freute. Seit dem ausgehenden 19. Jahrhundert fanden gelegentlich kleine Landwirtschafts- oder Gewerbeausstellungen statt, die die Amerikaner besonders förderten, um der Fiesta einen ökonomischen Sinn zu geben. Sie machten aus den Geschicklichkeitsspielen der spanischen Zeit Sportwettkämpfe, um – mit begrenztem Erfolg – den Reiz von Glücksspielen zu mindern. Die blutigen Konflikte der Bergstämme suchten sie bei Festen in sportliche Auseinandersetzungen zu kanalisieren. Doch Glücksspiele ebenso wie Hahnenkämpfe, deren Wurzeln in vorkoloniale Zeit zurückreichen und bei denen hohe Wetteinsätze riskiert werden, sind bis heute bei einer Fiesta so unverzichtbar wie die Messe in der Kirche. Stierkämpfe dagegen, ohne die in Spanien keine Fiesta denkbar ist, erfreuten sich auf den Philippinen nie besonders großer Popularität. Die philippinischen Stiere waren zu klein und zu sanftmütig, als Toreros standen nur Amateure zur Verfügung. Dennoch gehörten zu spanischer Zeit Stierkämpfe gelegentlich zum Programm politischer und selbst religiöser Festlichkeiten.

Nach Einbruch der Dunkelheit illuminierten bunte gläserne Öllampen und kleine Papierlaternen die Bögen und Tempelchen der Fiesta-Architektur. Leuchtgemälde wurden nun von innen erhellt und entfalteten ihren ganzen Zauber. Hunderte von Lichtern erstrahlten an den Fassaden von öffentlichen Gebäuden, Kirchen und Privathäusern. Festive Architektur, Dekoration und Illumination sind – von wenigen Ausnahmen abgesehen – heute wesentlich schlichter geworden oder ganz ausgestorben. Alljährlich zu Weihnachten jedoch leben diese Traditionen in Form von großen Krippen, meterhohen, sternförmigen Laternen oder Fassadengemälden aus Lichterketten wieder auf.

Einer der Höhepunkte der Fiesta war zweifellos das Feuerwerk, bei dem besonders die Chinesen großen Einfallsreichtum bewiesen. Türmchen- und zinnenbesetzte »castillos de fuego« beispielsweise waren über und über mit den verschiedensten Feuerwerkskörpern gespickt. Eine Lunte verband sie, über die sie nach und nach gezündet wurden. Sonnenräder drehten sich, gleißende Lichtfontänen sprühten, Böller krachten, Raketen zeichneten bunte Funkenflüge in den Nachthimmel. Bei religiösen Feierlichkeiten ließ man Figuren explodieren, die Häresie, Unglauben oder Laster verkörperten; bei weltlichen Feierlichkeiten malten Feuerwerkskörper patriotische Parolen in die Dunkelheit.

Zur Fiestazeit standen die Türen aller Häuser offen, und die Gäste wurden verschwenderisch mit kulinarischen Köstlichkeiten bewirtet, die das übrige Jahr nicht auf den Tisch kamen. Die Elite lud zu üppigen Banketten und rauschenden Bällen, bei denen in neuerer Zeit manchmal eine »beauty queen« gekrönt wird. Weltliche Tänze waren einst von den Geistlichen selbst in die Fiestas integriert worden, und Tanzdarbietungen aller Art lockerten auch stets die Programme rein religiöser Festlichkeiten auf. Doch haben sich bis heute auch rituelle Tänze – selbst innerhalb der Kirchen – als eine Art der Verehrung oder des Gebets erhalten.

Die Fiesta drückte Frömmigkeit, Dankbarkeit und Freude aus, trug aber gleichzeitig dazu bei, die Filipinos an die christliche Religion und den spanischen Kolonialstaat zu binden. Novenen, Predigten und Theaterstücke belehrten und ermahnten, verdammten die vorkoloniale Religion und priesen die neuen Tugenden und ihre vorbildhaften Vertreter.[21]

Die Moro-Moro-Spiele kündeten immer wieder aufs neue von der Überlegenheit des Christentums gegenüber dem Islam, der im Süden der Philippinen Fuß gefaßt hatte. Säkularisiert zum Staatsfest, an dem alle Bevölkerungsgruppen aktiv und passiv teilnahmen, suchte die Fiesta eine integrierende Klammer zwischen Kolonialmacht und Untertanen zu schaffen.

Doch führten die christlichen Fiestas auch vorkoloniale Traditionen weiter. Man bat dabei um Fruchtbarkeit der Felder, dankte für eine reiche Ernte, erflehte Glück und Gesundheit, beschwor die Zusammengehörigkeit von Familie und Clan. Traditionelle Lieder, Tänze und Spiele gingen in das Festprogramm ein. Alkoholgenuß und Konsum von Fleischspeisen gehörten zu vorspanischen Ritualen ebenso wie zu katholischen Fiestas.[22] Selbst vorchristliche Zeremonien wurden in einem Umfang weitergegeben, daß sogar in jüngerer Zeit noch manch ausländischer Priester an Sinn und Erfolg seiner Tätigkeit zweifelte.[23]

Die Elite demonstrierte bei einer Fiesta ihren Reichtum. Eine Musikkapelle zu sponsern, ein Feuerwerk zu bezahlen oder ein Bankett auszurichten vergrößerte das Sozialprestige beträchtlich. Wer außerhalb seiner Heimatstadt lebte, kehrte zur Fiesta dorthin zurück. Der Grundbesitzer besuchte seine Pächter oder seine Landarbeiter zu ihrer Dorffiesta, übernahm einen Teil der Kosten oder stiftete ein gebratenes Schwein. Fiestas festigten den sozialen Zusammenhalt einer Gruppe, boten die Möglichkeit, Kontakte zu pflegen oder zu knüpfen. Doch auch wenn Patrone ihre Klientel verschwenderisch bewirteten – die soziale Position jedes einzelnen blieb stets sichtbar. Feierten Mitglieder der Elite und Angehörige unterer Schichten im gleichen Haus, so ließen es sich jene im Obergeschoß wohlsein, während diese in den unteren Räumlichkeiten bewirtet wurden. Bei Prozessionen, Umzügen oder Gottesdiensten waren Sitz- und Marschordnungen festgelegt, die sich nach dem sozialen Status richteten.[24]

Fiestas und einige ihrer Attraktionen wie zum Beispiel Theateraufführungen, aber auch Dichtwettstreite, boten eine Plattform für politische Kritik an der Kolonialmacht. Die Symbolik der Passion Christi, die überall auf den Philippinen während der Karwoche gesungen wurde, sank so tief in das Bewußtsein der breiten Bevölkerung, daß etliche politisch-religiöse Führer von Aufstandsbewegungen und chiliastischen Gruppierungen in den Bildern der Leidensgeschichte bewußt oder unbewußt ein ideales Instrument der Mobilisierung fanden.[25] In der kurzen Zeit der Freiheit zwischen spanischer und amerikanischer Herrschaft tauchten revolutionäre Symbole im Festschmuck auf, und Festwagen feierten die spanische Niederlage gegen die Amerikaner in der Bucht von Manila. Für heutige Politiker sind Festreden oder die Grußadressen gedruckter Fiesta-Programme eine gute

Gelegenheit, die eigene Person zu profilieren, die Verdienste eines lokalen Abgeordneten herauszustreichen oder die Arbeit einer Partei ins
rechte Licht zu rücken.[26]
Die Fiesta trug also durchaus dazu bei, die spanische Herrschaft zu festigen. Doch was einst Mittel der kulturellen Kolonisation war, das eigneten
sich die Filipinos im Laufe der Jahrhunderte an und integrierten es in
Struktur und Funktionsweise ihrer Gesellschaft. Im Laufe des Adoptions-
prozesses wurde die Mischung zum zentralen Merkmal der Fiesta – und
vielleicht der philippinischen Gesellschaft überhaupt. Verschiedene kulturelle Traditionen, einheimische wie oktroyierte, verbanden sich zu
einem neuen Gewebe, dessen Textur zwar auch koloniale Zwänge erkennen läßt, aber doch wesentlich von einheimischen Voraussetzungen und
Bedürfnissen geprägt ist. Fiestas passen zudem auf ideale Weise in eine
Gesellschaft, deren Umgang mit hartem Arbeitsalltag, Wirtschaftskrise,
politischer Unterdrückung und selbst Naturkatastrophen – vielleicht als
besondere Überlebensstrategie – von zahlreichen spielerischen Elementen geprägt ist.

V. Vom Jeep zum Jeepney[27]

Wie mit Verspieltheit und Freude an Dekor, Farben und Licht ein grauer
Alltag erhellt wird, zeigen besonders deutlich die Jeepneys. Sie heißen
»King of the Road«, »Street Hero« oder »Highway Star«, aber auch »Im-
maculate Conception« oder »Santo Niño«, »Joanne of Arc«, »Rommel«
oder – mit Aktualitätsbezug – »Desert Storm«, und ohne sie würde der
Nahverkehr in Manila und in den Provinzen zusammenbrechen. Wie der
Phönix aus der Asche gingen sie leuchtend bunt und metallisch funkelnd
aus den nüchternen, rein zweckbestimmten amerikanischen Armeejeeps
hervor, die 1945 nach der erfolgreichen Rückeroberung der Philippinen
von den japanischen Besetzern nicht mehr gebraucht wurden. Auf Straßen, die mit Schlaglöchern übersät oder verschlammt waren, hatten sie
ihre Lebenstüchtigkeit bewiesen. Nur die Form der Fahrzeuge schien
nicht überzeugend. Schmucklose Sachlichkeit verwandelte sich daher in
Hinterhofwerkstätten mittels Stahl, Blech, Plastik und Farbe in Pop-Ba-
rock. Bei der Namensgebung standen »jeep« und «jitney« Pate, ein bil-
liges öffentliches Verkehrsmittel der Vorkriegszeit. Die ornamentalen
Ursprünge des Jeepney dürften zu einem guten Teil im Fiestaschmuck
liegen: im Dekor der Bambusbögen, in Stickereien von Prozessions-
gewändern, in der Ornamentik der Festwagen oder in der Illumination
von Hausfassaden.

Um das Militärfahrzeug den Erfordernissen des zivilen Transports anzupassen, machte man das Heck zu einem Eingang, verlängerte die Lade-
fläche und baute spartanisch gepolsterte, gegenüberliegende Sitzbänke
parallel zur Fahrtrichtung ein. Zahlreiche Aluminiumpferdchen und ver-
chromte Spiegel zieren die Kühlerhaube traditioneller Jeepneys. Meter-
hohe, funktionslose Antennen oder elastische, mit Plastikbändchen be-
setzte Stäbe schwingen im Rhythmus der Fahrt. Neue Fahrzeuge bieten
einen etwas nüchterneren Anblick. Der verspielte Zierat ist weitgehend
verschwunden, dafür hat man die vordere Stoßstange weit vor die Kühlerhaube gezogen und mit stählernen Abfanggittern gekrönt. Dadurch
entstanden Platz und Befestigungsmöglichkeiten für ganze Scheinwerfer-
batterien, die allerdings vorwiegend dekorativen Zwecken dienen. Viel-
farbige Schluß- und Blinklichter tragen weiter zum poppigen Outfit
bei. Die Seiten sind mit Ornamenten aus Metall und Chrom geschmückt
und mit Hahnenkampfszenen, ländlichen Idyllen, Blumenmotiven oder
Comicfiguren bemalt. Dieses liebevolle Dekor weicht allerdings mehr
und mehr serienmäßig erstellten Aufklebern verschiedenster Art, Größe,
Form und Farbe. Gehäkelte Borten, Blumengirlanden, Heiligenbilder,
Aufkleber mit Segenswünschen oder manchmal sogar ein Minialtar ver-
schönen die Fahrerkabine. Heute ist sie oft zu einem jetähnlichen Cockpit
geworden, deren Elektronik jedoch nicht mehr tut, als zahlreiche Lämp-
chen blinken zu lassen, manchmal im Rhythmus der Musik aus Radio
oder Kassettenrekorder. Pin-up-Girls sorgen gelegentlich für einen Ma-
cho-Touch, den der satte, röhrende Sound des Motors unterstreicht.
Zunehmende Serienproduktion und die katastrophale Wirtschaftslage
dürften dafür verantwortlich sein, daß Jeepneys heute weniger individuell
und verspielt aussehen als noch vor einigen Jahren. Dennoch gilt weiterhin, daß Jeepneys philippinischen Einfallsreichtum symbolisieren, aber
auch die Fähigkeit, ständig mit der Improvisation zu leben. In mancher
Beziehung setzen sie das spanische Erbe fort, das lateinasiatische Natu-
rell der Filipinos: die Liebe für leuchtende Farbigkeit und überquellende
Ornamentik, die barocke Gefühlswelt. Im Jeepney verbindet sich zudem
der iberische Strang der philippinischen Kultur mit dem angloamerika-
nischen: Nüchternheit mit Verspieltheit, Zuverlässigkeit und Regelmä-
ßigkeit mit Improvisation und Leben für den Augenblick. Nicht zuletzt
stehen die Jeepneys auch für philippinische Heiterkeit, Lebensfreude und
Optimismus: ihre bunten Farbtupfer erhellen die tägliche Mühsal, origi-
nelles Design und pulsierende Musik stellen sich offensiv gegen Tristesse
und Hoffnungslosigkeit.

VI. Koloniale Mentalität oder Indigenisierung westlicher Kultur?[28]

Nach Renato Constantinos Meinung äußert sich die starke kulturelle Prägung der Philippinen durch Spanien und die USA in einem deformierten
und beschädigten Selbstwertgefühl der Einheimischen. Spanier wie Amerikaner eroberten nicht nur das Land, sondern auch die Seelen und
Köpfe. Westliche Kultur schlug tiefe Wurzeln im philippinischen Bewußtsein und erzeugte eine geistige Abhängigkeit, die so stark war, daß
die Betroffenen sie entweder gar nicht wahrnahmen oder als naturgege-
ben akzeptierten. Mit katholischer Kirche, amerikanischem Schulwesen
und ganz besonders englischer Sprache, heute mit Medien, Kino und
Werbung, die von multinationalen Konzernen kontrolliert werden, floß
ein breiter Strom westlicher Kultur ins Land, der einheimische Traditionen überlagerte und die Filipinos ihrer Geschichte und Herkunft ent-
fremdete. Die kulturelle Kolonisation wurde schließlich zur Basis der
ökonomischen: Man bevorzugte ausländische Waren, die im Austausch
gegen einheimische Rohstoffe bezogen wurden, um Konsumgewohnhei-
ten und Lebensstil der Kolonialherren nachahmen zu können. Diese kulturelle Außenorientierung und die durch sie erzeugte Abhängigkeit
bestanden auch nach der formalen Selbständigkeit des Landes 1946
weiter.
Kulturelle Dekolonisation ist deshalb Constantinos Lösungsvorschlag für
die Probleme, die sich aus der geistigen und ökonomischen Dependenz
des Landes ergeben. Darunter versteht er weder eine Glorifizierung der
vorkolonialen Verhältnisse noch eine an den Bedürfnissen des Tourismus
orientierte folkloristische Wiederbelebung von Festen und Gebräuchen.
Er will eine nationale Kultur schaffen, die sich an den Interessen einer
breiten Bevölkerung orientiert, ihre Geschichte und ihre Gegenwart
ebenso wie ihre Gefühle, Gedanken und Werte umschließt, ihre historischen Bemühungen und Kämpfe um Freiheit widerspiegelt. Sie soll die
»Negation einer Kultur« darstellen, die nichts weiter ist als ein Appendix
oder ein Abklatsch der fremden Kultur, die die eigene auslöschte.
Kultur fungierte zweifellos als Herrschaftsinstrument im Sinne Constantinos. Doch war diese westliche Kultur auch stets einem Prozeß der Phil-
ippinisierung ausgesetzt. Die Filipinos waren nicht ausschließlich passive
Opfer eines spanischen und amerikanischen Imperialismus, sondern
wirkten im Rahmen der Möglichkeiten, die die kolonialen Herrschafts-
verhältnisse zuließen, an der Ausgestaltung ihres Landes mit. Trotz aller
westlichen Einflüsse ist also die philippinische Kultur stärker einheimisch
geprägt, als Constantino annimmt.
Diese Doppelrolle westlicher Kultur im außereuropäischen Umfeld ist

bei Kirche und Mission besonders deutlich zu erkennen. Die katholische Religion war zentrale Säule der spanischen Macht. Sie veränderte das Wertesystem der Filipinos, überlagerte und verdrängte einheimische Traditionen. Doch andererseits gingen in sie auch vorspanische Glaubensvorstellungen ein, führte eine selektive Übernahme zur Entwicklung eines Katholizismus philippinischer Prägung. Und schließlich wurde das Christentum sogar zu einer wesentlichen Wurzel des einheimischen Widerstands gegen die Kolonialmacht.

Ähnliche Indigenisierungsprozesse lassen sich in vielen anderen gesellschaftlichen Bereichen beobachten. So wälzten beispielsweise die Eigentumsvorstellungen des Römischen Rechts die Grundbesitzstrukturen auf den Philippinen völlig um. Privateigentum verdrängte die bis dahin vorherrschende gemeinschaftliche Bodennutzung. Die Krone wurde oberster Grundherr, die spanischen Mönchsorden akkumulierten die ausgedehntesten Haciendas. Gleichzeitig aber akzeptierten Teile der einheimischen Gesellschaft die fremden Rechtsvorstellungen mühelos, als sie in einem bestimmten Stadium der wirtschaftlichen Entwicklung des Landes ihre mobilitätsfördernde Wirkung erkannten. Eine einheimische Grundbesitzerklasse entwickelte sich, die bis heute eine zentrale gesellschaftliche Rolle spielt.[29] Das politische System der Philippinen hat im Laufe der Kolonialherrschaft westliche Formen angenommen. Doch seine Akteure richten sich nicht nur nach westlichen, sondern zu einem beträchtlichen Teil auch nach einheimischen Spielregeln. Mit der Mission entwickelten sich Urbanisierung und Städtebau, in denen neue Besitz- und Machtverhältnisse zum Ausdruck kamen. Spanische und amerikanische Kolonialherren ebenso wie einheimische Machthaber nutzten die Architektur, um ihre Machtposition psychologisch abzusichern. Zwar folgten Urbanisierung und Städtebau westlichen Vorbildern, doch ist andererseits auch ein Fortdauern philippinischer Traditionen unübersehbar.

Die Volkskultur zeigt in aller Deutlichkeit, daß sich in der philippinischen Nation mehrere kulturelle Stränge verflochten haben. Malaiische Traditionen stehen neben chinesischen Einflüssen sowie spanischen und amerikanischen Hinterlassenschaften. Nicht mehr spürbar ist, daß die Fiesta einst Herrschaftsmittel war, daß der Jeep militärische und keine zivilen Funktionen hatte. Die Fiesta wurde zum jährlichen Höhepunkt des gesellschaftlichen Lebens, und im Jeepney scheinen sich Erbstücke einheimischer, spanischer und amerikanischer Kultur auf volksnahe Weise zu verbinden.

Westliche Kultur hat die Philippinen geprägt, hat sie geöffnet für ausländische Domination. Doch die Elemente, die ins Land kamen, entwickelten dort ein Eigenleben, dessen Ziele Filipinos mitbestimmten. Sie haben

– wenn auch vielleicht oft nicht freiwillig – westliche Kultur übernommen und dann, so gut es ging, einen modus vivendi zwischen Neu und Alt gefunden. Heute hat diese Mischung vielfach eine eigene Qualität gewonnen und – so erscheint es wenigstens dem ausländischen Besucher, der nicht unmittelbar teilhat an philippinischer Mentalität und Denkweise, – ihren kolonialen Beigeschmack verloren. Die Entwicklung einer nationalen Kultur, wie sie Constantino fordert, scheint unerläßlich, um Minderwertigkeitsgefühle und Orientierungslosigkeit zu überwinden. Es ist jedoch zu fragen, ob nur *der* Weg zu diesem Ziel führt, der in äußeren Einflüssen nichts als Entfremdung von den eigenen Wurzeln zu erkennen vermag, der glaubt, sich nur durch ihre Negierung von geistigen Fesseln befreien zu können. Die vorangegangenen Überlegungen könnten auch einen anderen Kurs nahelegen. Die kulturelle Prägung durch koloniale Mächte ist Teil der philippinischen Geschichte und damit in gewisser Weise unabänderlich. Vielleicht sollte sie akzeptiert werden als etwas Besonderes, Einmaliges, das die Filipinos von ihren Nachbarvölkern unterscheidet. Diese Akzeptanz könnte sich mit einem Selbstbewußtsein verbinden, das sich zum einen gründet auf die asiatisch-malaiischen Traditionen, die die Filipinos als Grundströmung in die Mischkultur einbrachten. Zum anderen waren Filipinos die Akteure im Prozeß, der die Mischkultur hervorbrachte. Und schließlich ist das Amalgam der verschiedenen Ingredienzen alles andere als eine Billigversion Spaniens oder der USA. Es macht die Philippinen zu einem unverwechselbaren Land, in dem nicht mehrere Kulturen neben-, sondern mit- und ineinander existieren.

Literatur

Agoncillo, Teodoro A./Guerrero, Milagros C.: History of the Filipino People, 5. Aufl., Quezon City 1978.

Constantino, Renato: The Philippines. A Past Revisited, 9. Aufl., Quezon City 1986.

Corpuz, Onofre D.: The Roots of the Filipino Nation, 2 Bde., Quezon City 1989.

Dahm, Bernhard: Emanzipationsversuche von kolonialer Herrschaft in Südostasien – die Philippinen und Indonesien. Ein Vergleich, Wiesbaden 1974.

Daus, Ronald: Manila. Essay über die Karriere einer Weltstadt, Berlin 1987.

Driesch, Wilhelm von den: Grundlage einer Sozialgeschichte der Philippinen unter spanischer Herrschaft (1565–1820), Frankfurt a. M. usw. 1984.

Hall, D. G .E.: A History of South-East Asia, 4. Aufl., Basingstoke 1981.

Karnow, Stanley: In Our Image. America's Empire in the Philippines, London 1990.

McCoy, Alfred W./de Jesus, Ed. C.: Philippine Social History. Global Trade and Local Transformations, Quezon City 1982.

Phelan, John Leddy: The Hispanization of the Philippines. Spanish Aims and Filipino Responses 1565–1700, Madison/Wisc. 1967.

Siebert, Rüdiger: 3mal Philippinen, München und Zürich 1989.

Tarling, Nicholas (Hrsg.): The Cambridge History of Southeast Asia, 2 Bde., Cambridge 1992.

Sabine Dabringhaus
Machtkämpfe auf dem Dach der Welt
Tibet zwischen chinesischem und britischem
Imperialismus (18.–20. Jahrhundert)

I. Die Formierung der tibetischen Kultur im indisch-chinesischen Kontext

Über kein Land Asiens hat sich der Mythos einer unzugänglichen, märchenhaften, geschichtslosen Kultur so sehr bewahrt wie über Tibet. Das von europäischen Reiseberichten seit dem Ende des 18. Jahrhunderts[1] geprägte Bild vom »Dach der Welt« mit seinen Mönchen und Pilgern inmitten einer erhabenen Bergwelt verstellt den Blick auf die Geschichte eines Landes, das trotz seiner extremen geographischen Lage eine durchaus nicht immer nur passive Rolle in der asiatischen Geschichte spielte.

Die Entstehung der tibetischen Kultur im 7. Jahrhundert, als das Land erstmals unter einem König geeint wurde[2], wäre ohne die Einflüsse Chinas und Indiens undenkbar. Heiratsallianzen mit Nepal und China brachten die Tibeter mit dem Buddhismus in Berührung, der sich zuvor von Indien aus in China verbreitet hatte. Sein Einfluß beschränkte sich zunächst auf die tibetischen Hofkreise. Für das chinesische Kaiserreich war das Königtum nicht nur ein buddhistisches Missionsfeld, sondern auch ein ernstzunehmender Rivale bei der Expansion nach Zentralasien. Doch aufgrund interner Machtkämpfe zerfiel das tibetische Königtum in der Mitte des 9. Jahrhunderts in zahlreiche Fürstentümer. Der Buddhismus überlebte in Tibet dank des Patronats einzelner Fürsten, aber auch, weil es ihm gelang, sich durch die Aufnahme von Elementen aus dem tibetischen Volksglauben, der sog. Bon-Religion, und aus dem indischen Tantrismus der einfachen Bevölkerung zu öffnen. So entstand in den folgenden Jahrhunderten die für Tibet typische Form des Buddhismus, der Lamaismus. Als die indischen Klosterzentren im 12. Jahrhundert von muslimischen Eroberern zerstört wurden, war der Lamaismus bereits zum bestimmenden Faktor der tibetischen Gesellschaft geworden. Mit der Kompilation des tibetischen Kanons und seiner Textanalyse begann eine völlig eigenständige Entwicklung. Es kam, zugespitzt und modern gesprochen, zu einer ersten »Nationalisierung« der tibetischen Kultur. In einer der kreativsten Perioden der tibetischen Geschichte entstanden zwi-

schen dem 12. und dem 16. Jahrhundert die großen Werke der lamaistischen Literatur, die der tibetischen Zivilisation ihre betont religiöse
Prägung verliehen. Den unterschiedlichen Traditionen ihrer indischen
Lehrmeister gemäß hatten sich in Tibet sieben mächtige Klosterzentren
entwickelt, aus denen die großen Sekten des Lamaismus hervorgingen.[3]
Politisch blieb Tibet weiterhin zersplittert. Die Einheit des Landes unter
der Führung der Saskya-Sekte überlebte den Machtverfall ihrer Patrone, der mongolischen Khane, nicht. Diese hatten während ihrer
Herrschaft über China (1206–1368)[4] den Saskya-Mönchen zur Vormachtstellung in Tibet verholfen und deren Oberhaupt nicht nur zum
Kaiserlichen Lehrer ernannt, sondern auch zum höchsten buddhi-
stischen Geistlichen des mongolischen Weltreichs erklärt.[5] Mit dem
Ende der Mongolenherrschaft zerfiel auch die Machtstellung der Saskya-Sekte in Tibet. Kontakte einzelner tibetischer Mönche zum chinesischen Kernland ermöglichten es in der Folgezeit dem chinesischen
Kaiserhof der Ming-Dynastie (1368–1644), die diplomatische Fiktion tibetischer »Tributgesandtschaften« aufrechtzuerhalten. Solche Gesandt-
schaften waren ein zentraler Bestandteil der ost- und zentralasiatischen
Weltordnung. Der chinesische Kaiser sah durch den »Tribut«, d. h.
durch Geschenke und Huldigungsgesten, seinen Machtanspruch anerkannt; für die tibetischen Mönche brachten die Reisen an den Kaiserhof
eine innenpolitische Stärkung ihres jeweiligen Klosterzentrums. Sie vertraten keineswegs ein geeintes Tibet. Nicht zu vergessen ist auch der
wirtschaftliche Aspekt: Die chinesischen Gegengeschenke übertrafen
häufig den materiellen Wert des Tributs und trugen beträchtlich zum
Wohlstand der einzelnen Klöster bei.
Auch die Einladung des mongolischen Kontrahenten der Ming-Dynastie,
Altan Khan (1507–83), an den Abt der im 15. Jahrhundert entstandenen
tibetischen Gelupga-Sekte im Jahre 1578 bedeutete nichts Außergewöhn-
liches. Sie entsprach der damaligen innerasiatischen Diplomatie. Doch
wurde mit dem aus europäischer Sicht rein formalen Austausch von Eh-
renbezeichnungen zwischen dem mächtigsten mongolischen Herrscher
und dem Oberhaupt der reformerischen Gelupga-Sekte die Tradition der
mongolischen Yuan-Kaiser wiederbelebt, die mit den Vertretern der
Saskya-Sekte in einem ähnlichen Patron-Priester-Verhältnis gestanden
hatten. Sowohl Altan Khan als auch der fortan von ihm als »Dalai Lama«
(Ozean der Weisheit) verehrte tibetische Abt gewannen durch ihr Bünd-
nis außen- und innenpolitisch an Ansehen. So entstand am Ende des
16. Jahrhunderts im östlichen Zentralasien eine Art von Mächtedreieck
zwischen China, der Mongolei und Tibet.
Nach Jahrhunderten politischer Spaltung gelang dem 5. Dalai Lama

(1617–1682), einem geschickten Taktiker, mit militärischer Hilfe seines mongolischen Patrons Gushri Khan (1582–1656) im Jahre 1642 eine erneute Einigung Tibets.[6] Damit waren die Grundlagen der tibetischen Theokratie gelegt, welche die Universalität der Religion als Symbol der nationalen Identität auch machtpolitisch zum Ausdruck brachte.

Die Theokratie war in eine Gesellschaft eingebettet, die oft als »feudalistisch« bezeichnet wird.[7] Charakteristisch für Tibet ist seine dezentrale Struktur als ein Wirtschaftsraum, der sich in landwirtschaftlich nutzbare Flußtäler und verstreut gelegene, von Nomaden bewohnte Hochebenen teilt. Eine kleine Grundherrenschicht aus dem Adel, den Klöstern und der Beamtenschaft der Regierung von Lhasa herrschte über die leibeigenen Bauern und Nomaden, die zu Steuerleistungen sowie zu Arbeits- und Transportdiensten verpflichtet waren. Die überragende Machtstellung der Klöster beruhte nicht nur auf ihrem steuerfreien Grundbesitz und den umfangreichen Spenden der Pilger aus dem gesamten zentralasiatischen Raum, sondern auch auf der Tatsache, daß bis zu 20 % der männlichen Bevölkerung Tibets dem Mönchsstand beitraten[8], der zudem die Hälfte der Beamtenschaft in Lhasa stellte. Der Adel spielte eine eher untergeordnete Rolle. Die ca. 150–200 tibetischen Adelsfamilien nahmen typologisch eine Mittelstellung ein zwischen der politisch weitgehend autonomen grundbesitzenden Aristokratie Europas und der rein bürokratischen, ganz vom kaiserlichen Staat abhängigen chinesischen Machtelite. Nur die wenigsten konnten sich auf Ahnen aus der Zeit des tibetischen Königtums berufen. Zumeist handelte es sich um die Familien der Dalai Lamas und um Angehörige der Regierungsbeamten in Lhasa.[9] Von einer »feudalen Theokratie« läßt sich insofern sprechen, als Tibet von der Zentralregierung des Dalai Lama in Lhasa und einem dezentralen Machtsystem zahlreicher klösterlicher und adliger Grundherrschaften beherrscht wurde. Die Integration der einfachen Bevölkerung in den theokratischen Herrschaftsapparat auf der untersten Stufe des Mönchswesens sicherte die Loyalität der tibetischen Gesellschaft gegenüber dem Regierungssystem. Volksaufstände waren selten. In einem Prozeß der Absorption kultureller Einflüsse aus dem Osten (China) und aus dem Südwesten (Indien) entwickelte sich in Tibet bis zum 17. Jahrhundert eine Kultur völlig eigenständiger Identität und Gesellschaftsform.

II. Tibets Eingliederung in das sino-mandschurische Imperium

Nachdem der mongolische Fürst Gushri Khan dem 5. Dalai Lama zur
Einigung Tibets verholfen hatte, blieben die Mongolen in den darauffolgenden siebzig Jahren als militärische Stütze des Dalai Lama in Tibet. Die
reale Macht lag jedoch zunächst in den Händen des tatkräftigen 5. Dalai
Lama, der mit der Wahl des Potala-Palastes, der ehemaligen Residenz
der tibetischen Könige, als Regierungssitz symbolisch an die Herrschafts-
tradition eines geeinten Tibet anschloß.

Das theokratische Oberhaupt der Tibeter erwies sich als schlauer Politiker. Er griff aktiv in die mandschurisch-mongolischen Kämpfe um die
Vorherrschaft in Zentralasien ein. Mit den Mandschuren war im Nord-
osten Chinas ein neuer Machtfaktor entstanden. Aufgrund ihrer geographischen Nähe zu China, die ihnen die Übernahme bürokratischer Strukturen des chinesischen Kaiserreiches erleichterte, und dank der Hilfe
übergelaufener Chinesen gelang den Mandschuren 1644 die Eroberung
Beijings. Gleichzeitig hatte sich die Qing-Dynastie, wie sich das man-
dschurische Herrscherhaus seit 1636 nannte, mit Bündnissen und Heiratsallianzen die schrittweise Unterwerfung der mongolischen Völkerschaf-
ten gesichert. Der mongolischen Komponente wurde im Qing-Imperium
durch die Gründung eines Ministeriums zur Verwaltung der Grenzvölker
(*Lifanyuan*) Rechnung getragen, das sich unabhängig von den traditionellen chinesischen Regierungsämtern zunächst nur um die Mongolen,
später auch um die Tibeter und die Turkvölker Xinjiangs zu kümmern
hatte.[10] In einer Zeit des nahezu weltweiten Ausbaus absoluter Monarchien, aber auch des beginnenden Staatszerfalls in Asien (Iran nach
1666, Indien nach 1707) stärkte dieses multi-ethnische Element das chinesische Kaiserreich und ließ seine Imperialmacht nochmals aufleben.
Grundlage dieser Entwicklung war der Übergang der Mandschuren von
der passiven Tributpolitik Chinas zu einer aktiven Expansionsstrategie
mit dem Anspruch, daß sich ihrer Universalherrschaft auf dem chinesischen Kaiserthron auch die zentralasiatischen Völker zu unterwerfen hätten.[11] Damit verwandelten sie die Stabilität der zentralasiatischen Gebiete, die bis dahin stets ein grenzpolitisches Problem Chinas gewesen
waren, in eine *innere* Angelegenheit des Qing-Imperiums.

Die Qing-Dynastie betrachtete Tibet als Teil ihres Herrschaftsbereichs,
ohne einstweilen dort einen Machtanspruch zu aktualisieren. Tibets Bedeutung lag in seiner wichtigen Rolle als religiöses Zentrum des Lamaismus, zu dem sich inzwischen auch die Mongolen bekannten.[12] Solange
sich die vom Dalai Lama und dem mongolischen Khan Gushri gemeinsam
gebildete Regierung als stabil erwies, beschränkte sich die Qing-Dynastie

auf symbolische Ehrungen des Dalai Lama und die Anerkennung des tibetisch-mongolischen Machtbündnisses. Damit hatten alle Seiten erreicht, was sie wollten: Der Dalai Lama konnte dank der militärischen Hilfe der Mongolen und dem kaiserlichen Rückhalt aus Beijing seine Autorität über ganz Tibet festigen; der Mongolenkhan sicherte sich Einfluß auf die Regierung in Tibet und hatte mit dem Dalai Lama und dem Qing-Kaiser die beiden mächtigsten Herrscher des kontinentalen Ost- und Zentralasien auf seiner Seite; dem chinesisch-mandschurischen Kaiser schließlich wurden durch diese Allianzen die Hände frei zum Kampf gegen die Ming-Loyalisten im Süden Chinas.

Am Ende des 17. Jahrhunderts komplizierten sich die Machtverhältnisse. Der Regent [13], dem die Ausführung der Regierungsgeschäfte oblag, verheimlichte 1682 den Tod des 5. Dalai Lama und sympathisierte mit den Dzungaren, den letzten verbliebenen Kontrahenten der Mandschuren in Zentralasien. Erst als es dem Qing-Kaiser Kangxi (reg. 1661–1723) im Jahre 1696 gelungen war, die Dzungaren zu besiegen, erfuhr er durch dzungarische Kriegsgefangene vom Tod des 5. Dalai Lama. Der Regent bestimmte nun zwar unverzüglich einen Nachfolger als 6. Dalai Lama, hatte jedoch beim Kaiser verspielt.[14] Seine Ermordung im Jahre 1706 durch einen innenpolitischen Gegner, einen Nachfahren Gushri Khans, geschah mit Kangxis Duldung. Da die Qing-Regierung weder einen offiziell vertretbaren Grund noch die militärischen Mittel für einen massiven Eroberungsfeldzug gegen Tibet besaß, mußte sich Beijing auf derartige Taktiken verlegen. Die Niederlage der Dzungaren in den 1690er Jahren sowie das Mißfallen, das die damalige tibetische Politik am Kaiserhof erregte, führten dennoch zu dem mandschurischen Entschluß, stärker in Tibet zu intervenieren.

Dabei kam dem Kaiser sehr zustatten, daß sich das Verhältnis zwischen Tibetern und Mongolen in Lhasa nach dem Tod des 5. Dalai Lama und unter dem amtierenden Mongolenkhan zunehmend verschlechterte. Als der Khan nach der Ermordung des Regenten auch noch die Absetzung des 6. Dalai Lama (1683–1706) erzwang, der auf dem Weg in die Verbannung starb,[15] nutzte Kaiser Kangxi die gespannte Lage in Tibet, um dem Khan zunächst einen ständigen Beobachter zur Seite zu stellen. Damit zeichnete sich bereits in Umrissen ab, was ein Jahrzehnt später institutionalisiert werden sollte: das Amban-System, eine kaiserliche Statthalterschaft in Tibet, die bis zum Untergang der Qing-Dynastie im Jahre 1911 die chinesisch-mandschurischen Interessen in Tibet vertreten würde.[16]

Überraschend erschienen nun weitere Anwärter auf die Herrschaft in Tibet: die Dzungaren, die sich von ihrer militärischen Niederlage gegen den

Qing-Kaiser wieder erholt hatten und sich gegenüber dem expandieren-
den Qing-Reich zu behaupten suchten. Sie taten dies auf Kosten der Tibeter. Ihre Armee fiel 1717 in Tibet ein, um mit der lamaistischen Oberschicht auch einen wichtigen Machtfaktor in der mongolischen Welt unter
ihre Kontrolle zu bringen. Gegen ihre Unterdrückungspolitik formierte
sich jedoch unter Führung des Aristokraten P'o-lha-nas (1689–1747) von
Westtibet aus der einheimische Widerstand. Gleichzeitig setzte der Qing-
Kaiser seine Truppen von Osten her nach Tibet in Marsch. Ihnen gelang
es im Herbst 1720 nicht nur, Lhasa von der dzungarischen Besatzungs-
macht zu befreien, sondern mit der Rückführung des jugendlichen 7. Dalai Lama (1708–1757) auch einen religionspolitisch-propagandistischen
Erfolg zu erringen.

Erstmals in der Geschichte der Beziehungen zwischen Tibet und der
Qing-Dynastie griff die kaiserliche Regierung nun direkt in die Verwaltung Tibets ein. Eine kaiserliche Armee wurde in Lhasa stationiert und
das Land im Osten und Süden territorial beschnitten. Kangxi beauftragte
einen Ministerrat aus zunächst drei, später fünf Vertretern der tibetischen
Aristokratie mit der Regierungsbildung.[17] Diese Politik scheiterte jedoch
an den lokalen Machtverhältnissen. Der tibetische Adel, der mit einer
solchen ministerialen Regierungsform erstmals in der Geschichte in die
politische Verantwortung einbezogen worden war, zerfiel in rivalisie-
rende Machtgruppen. Mit der Ermordung des Vorsitzenden des Minister-
rates endete im Jahre 1727 der Versuch einer kollegialen Adelsherrschaft
unter Umgehung des lamaistischen Apparates.

Die eigentlich rein innenpolitische Auseinandersetzung[18] wurde vom
neuen Qing-Kaiser Yongzheng (reg. 1723–1735) zum Anlaß genommen,
um die Autorität der Qing-Regierung in Tibet stärker zur Geltung zu
bringen. Im Jahre 1728 wurde abermals ein Expeditionskorps entsandt.
Im Sinne des kaiserlichen »divide et impera« übertrug Yongzheng außerdem die weltliche Herrschaft über Teile Südwesttibets an den Panchen
Lama, das zweite lamaistische Oberhaupt der Tibeter.[19] Der 7. Dalai
Lama wurde ins Exil geschickt (1728–1735) und das Amban-System durch
die permanente Präsenz zweier kaiserlicher Ambane endgültig etabliert.
Tibet stand nun erstmals unter einem – anfangs noch locker gehandhab-
ten – mandschurisch-chinesischen Protektorat. Die politische Macht erhielt P'o-lha-nas, der treue Verbündete des Kaiserhofes. Er war bis zu
seinem Tod im Jahre 1747 der letzte weltliche Herrscher Tibets.

Tibets Stellung zwischen den Fronten des Qing-Imperiums und seiner
dzungarischen Widersacher besiegelte Mitte des 18. Jahrhunderts schließlich sein weiteres Schicksal als chinesisches Protektorat. Um einen endgültigen militärischen Schlag gegen die »widerspenstigen« Dzungaren

führen zu können, mußte der Frieden in Tibet gewährleistet sein. Als P'o-lha-nas' Sohn und Nachfolger gegen die chinesisch-mandschurische Oberherrschaft rebellierte, griff Kaiser Qianlong (reg. 1736–1796) zu einem rigorosen Mittel: Der Unruhestifter wurde von den beiden Amba-nen in Lhasa kurzerhand umgebracht. Diese fielen zwar danach selbst den aufgebrachten Anhängern des Ermordeten zum Opfer, doch es folg-ten ein neuerlicher chinesischer Truppeneinmarsch und eine kaiserliche Rachejustiz gegenüber den Aufständischen. Der Kaiserhof schien nun aus seiner über ein Jahrhundert währenden Tibetpolitik praktische Leh-ren zu ziehen und mischte sich zum dritten Male und direkter denn je in die innere Verwaltung Tibets ein.

Nachdem die Qing-Regierung bei ihren ersten beiden Eingriffen versucht hatte, nur mittelbar, mit Hilfe der verschiedenen lokalen Kräfte des Adels und des Klerus, zu regieren, bediente sie sich nun einer direkteren Herrschaftsmethode: der wachsenden Beteiligung ihrer kaiserlichen Am-bane an der Regierung Tibets, die formal durch zwei Statuten der Jahre 1751 und 1793 durchgesetzt werden sollte. Gleichzeitig wurde der Dalai Lama zur propagandistischen Unterstützung der Ambane politisch reak-tiviert; ihm wurde eine theokratische Herrschaftsgewalt über ganz Tibet zuerkannt. Bestimmt wurde der neue Dalai-Lama von nun an durch Aus-losung aus einer Vorauswahl von Kandidaten. Als Exekutive diente ein Kabinett aus vier Ministern, das wie die gesamte Administration Tibets unter der gemeinsamen Aufsicht des Dalai Lama und der kaiserlichen Ambane stand. Zumindest pro forma war damit ein weiterer Schritt zu einer direkten Herrschaft der Qing-Kaiser in Tibet vollzogen. Nach dem außenpolitischen Schock zweier Einfälle nepalesischer Truppen in der Zeit zwischen 1788 und 1791, die zum vierten chinesischen Truppenein-satz in Tibet binnen eines Jahrhunderts führten, wurde der Handlungs-spielraum des Dalai Lama weiter eingeschränkt und der kaiserliche Amban zu einer Art Kolonialgouverneur erhöht.[20] Als letztes der inner-asiatischen Grenzgebiete fand sich nun auch Tibet am Ende des 18. Jahr-hunderts im festen Griff der chinesisch-mandschurischen Imperial-macht.

III. Tibets Rolle im »Great Game« des 19. Jahrhunderts

Dem schon am Ende des 18. Jahrhunderts im chinesischen Kernland ein-setzenden Machtverfall der Qing-Dynastie ist es zuzurechnen, daß die kaiserliche Herrschaft über Tibet keinen Bestand hatte, sondern bald an Kraft verlor.

Während des 19. Jahrhunderts fiel Tibet immer mehr in Isolation und politische Stagnation. Es wurde von seiner theokratischen Oberschicht beherrscht[21] und blieb während der Regierungszeiten der 9. bis 12. Dalai Lamas (1808–1875), die alle sehr jung starben, ohne starke politische Führung. Jedoch wurde bei keinem der jungen Dalai Lamas ein unnatürlicher Tod nachgewiesen.[22] Offen und gewalttätig trugen die mächtigen Klosterzentren ihre Streitigkeiten mit den einzelnen Regenten des Dalai Lama und den kaiserlichen Ambanen aus. Im Jahre 1862 führten die Auseinandersetzungen innerhalb der tibetischen Theokratie sogar zum Einsatz der dem Amban unterstehenden tibetischen Armee.[23]

Die Qing-Regierung zeigte sich im 19. Jahrhundert gegenüber Tibet jedoch eher zurückhaltend. Ihre von den kaiserlichen Ambanen vollzogenen Eingriffe in die tibetische Politik beschränkten sich auf die Überwachung der Wahlen eines neuen Dalai Lama, die Ernennung seines jeweiligen Regenten und die Durchsetzung der außenpolitischen Abschirmung Tibets. Der Kaiserhof war von den großen innerchinesischen Krisen des 19. Jahrhunderts, die mit dem Opium-Krieg (1840–42) und dem Taiping-Aufstand (1851–1864) begannen, absorbiert und überließ die Kontrolle Tibets den insgesamt 81 Ambanen, die im Verlauf des 19. Jahrhunderts nach Tibet entsandt wurden.[24] Dabei handelte es sich oftmals um auf anderen Posten straffällig gewordene Beamte, die sich auch in Tibet nicht besonders engagierten, sondern ihre Kontrollaufgaben im Bereich der Grenzverteidigung und Finanzverwaltung vernachlässigten.[25] Da Tibet sich bis Ende des 19. Jahrhunderts noch erfolgreich gegen die Zugriffe der europäischen Imperialmächte abkapseln konnte, gehören die Reiseberichte und Throneingaben der kaiserlichen Ambane zu den wenigen zeitgenössischen Zeugnissen über Tibet aus dieser Epoche.[26]

Nur zweimal erreichten europäische Reisende im 19. Jahrhundert überhaupt Lhasa: der britische Arzt Thomas Manning (1811) und die beiden Lazaristenpatres Huc und Gabet (1845/46).[27] Keinem der zahlreichen Forschungsreisenden von Przevalskij (1872) bis Sven Hedin (1900/1901), die sich zum Teil als lamaistische Pilger verkleideten, gelang der Vorstoß in die tibetische Hauptstadt. Aus dieser Zeit stammt der Mythos des »verschlossenen« Tibet, der die Phantasie der Europäer seither so sehr beflügelt hat.

Gleichzeitig wurde der Kreis der imperialistischen Mächte um Tibet immer enger gezogen. Die Briten hatten schon in der ersten Hälfte des 19. Jahrhunderts begonnen, ihre Vormachtstellung im Himalaya durch Bündnisverträge (Nepal 1816, Bhutan 1835) und direkte Oberhoheiten (Kaschmir 1846, Sikkim 1861) systematisch auszubauen. Den Durchbruch nach Lhasa erzielte zunächst Nepal, das 1854 ins tibetische Grenzland einfiel. Der nach zwei Kriegsjahren geschlossene Friedensvertrag, in dem beide die Oberherrschaft der Qing-Regierung anerkannten, sicherte den Nepalesen wichtige Handelsprivilegien wie die Errichtung einer offiziellen Niederlassung in Lhasa mit den üblichen kolonialen Rechten von Steuerfreiheit und Exterritorialität ihrer Kaufleute.[28] Dieser Erfolg Nepals motivierte auch die Briten in ihrem Bemühen um die Öffnung Tibets als kontinentalem Knotenpunkt im britisch-indischen Handel mit China. Die Qing-Regierung weigerte sich zunächst beharrlich, den Briten ähnliche Rechte zuzugestehen, wurde aber 1876 dazu gezwungen.

Daß der Einfluß des ohnehin geschwächten Kaiserhofes auch in Tibet an Wirkung verloren hatte, zeigte sich im Jahre 1886, als eine britische Mission unter Leitung Colman Macaulays trotz der von China zugesicherten Einreiseerlaubnis am tibetischen Widerstand scheiterte.[29] Um ein weiteres Vordringen der Briten zu verhindern, entschlossen sich die Tibeter zum Präventivschlag und errichteten innerhalb des Grenzgebiets von Sikkim, dessen im Jahre 1861 erzwungene Unterwerfung unter britische Oberhoheit auch von chinesischer Seite nie anerkannt worden war, einen Militärposten. Nach dem Scheitern einseitiger diplomatischer Bemühungen der Briten erfolgte zwei Jahre später ihr militärischer Gegenzug, der die Qing-Regierung zur Aufnahme von Verhandlungen über den Status von Sikkim zwang, ungeachtet der Tatsache, daß der Kaiserhof praktisch keine Macht mehr über Tibet besaß. Dennoch erkannte Beijing nicht nur im britisch-chinesischen Vertrag von 1890 die britische Oberhoheit über Sikkim und die Festlegung seiner Grenzen an, sondern gestand in einem Zusatzabkommen von 1893 den Briten sogar eine Handelsniederlassung im südtibetischen Yarlung-Tal zu.

Als nach 1895 die mit der chinesischen Niederlage gegen die Japaner beschleunigte Desintegration des Qing-Reiches immer bedrohlicher wurde, verstärkte sich das Bedürfnis der britischen Seite, durch die Schaffung von Pufferzonen im Himalaya-Gebiet gemeinsame Grenzen mit den anderen Imperialmächten zu verhindern.[30] Die Briten suchten erneut den Kontakt zu den Tibetern, die sich aber weiterhin nicht verhandlungsbereit zeigten und die Briefe des Vizekönigs von Britisch-Indien ungeöffnet zurückwiesen (1901).[31]

In Tibet war mit dem 13. Dalai Lama (1876–1933) im Jahre 1895[32] ein schlauer und realistischer Machtpolitiker in den Potala eingezogen, der geschickt versuchte, Tibet aus seiner passiven religiösen Selbstisolierung zu lösen und eine aktive Diplomatie tibetischer Unabhängigkeit zu betreiben. Aus einer Position der Schwäche heraus lavierte er zwischen den britischen, russischen und chinesischen Imperialkräften. Diese Taktik erlaubte es ihm, sowohl mit dem für Tibet zuständigen britisch-indischen

Kolonialbeamten, Sir Charles Bell (1870–1945)[33], freundschaftlich verbunden zu sein, als auch sich in dem Burjat-Mongolen Dorjieff (geb.
1849) eines persönlichen russischen Beraters zu bedienen, den er ab 1898
mehrfach zum Zaren schickte.

Gerade dieses Jonglieren mit mehreren Bällen mußte den Argwohn der
ausländischen Rivalen verstärken. Obwohl sich Tibet allen fremden
Einflüssen von außen zu entziehen schien, wurde es durch die sich ver-
schärfende britisch-russische Rivalität in das asiatische »Great Game«
hineingezogen, das schon seit den 1830er Jahren auf unterschiedlichen
Schauplätzen, besonders im westlichen Teil Asiens, »gespielt« wurde.[34]
Vor allem George Nathaniel Curzon, der ehrgeizige britische Vizekönig
von Indien (reg. 1898–1905), zeigte sich durch Dorjieffs Aktivitäten alar-
miert und entschloß sich zum Präventivschlag, der als Younghusband-
Expedition von 1904 in die Geschichte einging.[35] Die militärische Expedition begann im Juli 1903 offiziell als »Tibetische Grenzkommission« mit
dem Einmarsch in Tibet. Schon beim ersten Zusammenstoß der 8000
Mann starken Armee mit den Tibetern gab es auf tibetischer Seite 700
Tote. Von zahlreichen, für die schlecht bewaffnete tibetische Armee ver-
lustreichen Gefechten begleitet, erreichte Captain Francis Younghusband im Sommer 1904 Lhasa. Der Dalai Lama floh in die Mongolei. Der
kaiserliche Amban zeigte sich ohne militärischen Beistand aus Beijing
machtlos, weigerte sich jedoch, das ihm von Younghusband vorgelegte
»Abkommen« zu unterzeichnen. Die Briten erzwangen daraufhin den
Abschluß mit Vertretern der tibetischen Regierung. Insgesamt aber erwies sich die »präventive« Vorwärtsstrategie Curzons und Younghus-
bands als Fehlschlag und stieß selbst bei der Regierung in London auf
Mißbilligung. Man verzichtete auf die Okkupation Tibets. Schon im
Jahre 1906 gestand London gegenüber dem Qing-Hof durch eine vertrag-
liche Anerkennung der chinesischen Oberhoheit über Tibet den Pyrrhus-
sieg der Younghusband-Expedition ein und beendete im darauffolgenden
Jahr in der sog. Asien-Konvention mit Rußland das anglo-russische
»Great Game«.

Auch die Qing-Regierung hatte jedoch aus der Younghusband-Expedition ihre Lehren gezogen und zeigte sich entschlossen, Tibet wieder
stärker unter chinesische Kontrolle zu bringen. Kham, der östliche Teil
Tibets, wurde administrativ an die chinesische Provinz Sichuan angepaßt.
Der Dalai Lama mußte 1908 auf seiner Rückreise aus der Mongolei nach
Tibet zunächst nach Beijing kommen und wurde dort zum Kniefall vor
der Kaiserinwitwe, der tatsächlichen Machthaberin im Reich, gezwungen, also zu einer schweren symbolischen Demütigung.[36] Kaum war er
1909 nach Lhasa zurückgekehrt, als er nach wenigen Monaten wieder flie-

hen mußte,[37] nun aber vor den sich der tibetischen Hauptstadt nähernden chinesischen Truppen in Richtung Indien. Wie schon 1904 nach seiner Flucht in die Mongolei, entzog ihm die Qing-Regierung auch dieses Mal seine theokratische Autorität über Tibet.

Dies sollte die letzte Demonstration kaiserlicher Willkür gegenüber Tibet sein: 1911 stürzten chinesische Revolutionäre nicht nur die Qing-Dynastie, sondern mit ihr das ganze mehr als 2000 Jahre alte kaiserliche System. Sun Yatsen (1866–1925) rief die Republik aus. Die überall in China ausbrechenden militärischen Wirren erreichten auch Tibet, wo die Soldaten der chinesischen Armee den mandschurischen Amban vertrieben und Anhänger der Dynastie gegen Republikaner kämpften.[38] In dieser Krisensituation rehabilitierte General Yuan Shikai (1859–1916), der im März 1912 zum (einstweilen noch provisorischen) Präsidenten der Chinesischen Republik gewählt worden war, den Dalai Lama und forderte die tibetische Regierung zur Teilnahme an der chinesischen Nationalversammlung auf. Alle chinesischen Vertreter wurden aus Tibet abgezogen. Nach dreijährigem Aufenthalt im indischen Darjeeling, wo er durch die Freundschaft mit Charles Bell viel über moderne Diplomatie erfahren und mit eigenen Augen die Wirkung einer effektiven Bürokratie und Armee erlebt hatte, kehrte der Dalai Lama noch im Jahre 1912 nach Lhasa zurück und proklamierte die Unabhängigkeit seines Landes.[39]

IV. Die tibetische Unabhängigkeit (1913–1951)

Anders als die Mongolei, die bei ihrem Schritt in die Unabhängigkeit auf russische Hilfe zählen konnte, hatten die Tibeter keine »Anlehnungsmacht«. Die Briten zeigten sich, nachdem sie in der Simla-Konvention von 1914 nochmals ihren Einfluß in Tibet zum Ausdruck gebracht hatten, nun gelassener. Sie hatten im nordindischen Simla zwar keine Einigung im chinesisch-tibetischen Konflikt über Status und Grenzen Tibets erreicht, sich aber mit ihrem Konzept einer Teilung des Landes in ein äußeres, vom Dalai Lama unter nomineller chinesischer Suzeränität regiertes Zentral- und Westtibet und in eine innere, die ethnisch tibetischen Gebiete an der Grenze zu Sichuan umfassende Zone durchsetzen können. Da die chinesische Seite britische Exterritorialitätsrechte in Tibet und die Verschiebung der indisch-tibetischen Grenze (der sog. McMahon-Linie) ablehnte, unterzeichneten die Briten den Vertrag nur mit Tibet.[40] Damit sahen sie den Status quo in Tibet für die nächsten Jahrzehnte als gesichert an und schlossen jegliches weitergehende Engagement für Tibet aus. Weil der Druck der Chinesen, deren Position sich durch die Simla-Konvention nicht verändert hatte, auf die sich als selbständig betrachtenden Tibeter zunahm, war die tibetpolitische Zurückhaltung Großbritanniens selbst im eigenen Lager umstritten. London befand sich in der Tat in einem Dilemma: Eine aktive Einmischung in Tibet konnte je nach Standpunkt als »Befreiung« von chinesischer Zudringlichkeit oder als imperialistische Intervention gegen ein wehrloses Land interpretiert werden. Vor allem engagierte »men on the spot«, etwa Charles Bell, traten für eine energischere britische Unterstützung Tibets gegenüber China ein. Die Regierung in London verhielt sich jedoch ablehnend, insbesondere bezüglich der von den Tibetern geforderten Waffenhilfe.

Im Grunde war Tibet während der gesamten ersten Hälfte des 20. Jahrhunderts in einem Teufelskreis gefangen, aus dem es sich selbst nicht befreien konnte: Eingeschlossen zwischen Britisch-Indien und China, die beide ernstere Sorgen hatten als die Tibetfrage und sich dort nach 1914 nicht mehr in größerem Umfang engagierten, sah sich die tibetische Regierung – ohne nennenswerte ausländische Hilfe – der objektiven Notwendigkeit zur Modernisierung und damit außenpolitischen Stärkung des Landes gegenüber, die sie aber aufgrund interner Widerstände nicht verwirklichen konnte. Das traditionale tibetische Gesellschaftssystem erwies sich als völlig ungeeignet für den Aufbau des von den weitsichtigen politischen Kräften um den 13. Dalai Lama angestrebten unabhängigen Staates. Es verfügte weder über ein Steuersystem, mit dem die Reformen hätten finanziert werden können, noch über ein funktionierendes Post- und Polizeiwesen oder eine effektive Armee. Die Abgaben aus dem aristokratischen und staatlichen Grundbesitz wanderten größtenteils in die Kassen der Klöster.[41]

Der Dalai Lama war zur Durchsetzung seines Modernisierungsprogramms auf die finanzielle Unterstützung der reichen Klosterzentren angewiesen, die durch die Reformen jedoch ihre Machtstellung bedroht sahen. Offene Aufstände einzelner Klöster gegen die Reformpolitik des Dalai Lama waren die Folge.[42] Sie konnten nur durch die Drohung mit dem Einsatz der Armee beendet werden. Die Situation spitzte sich zu, als der Panchen Lama, der über den größten Grundbesitz außerhalb Lhasas verfügte, sich im Jahre 1923 aus Protest gegen die geplanten Steuererhöhungen ins chinesische Exil absetzte. Die tieferen Ursachen lagen in dem traditionellen Machtkonflikt zwischen den beiden einflußreichsten theokratischen Herrschergestalten Tibets, dem Dalai Lama und dem Panchen Lama.

Obwohl die Erschließung alternativer Einnahmequellen durch die Errichtung eines Zollsystems am britisch-indischen Widerstand scheiterte, hielt der Dalai Lama an der Steuerreform fest.[43] Nicht zuletzt dem Engagement von Charles Bell, der sich 1920 ein Jahr lang in Lhasa aufhielt und seine Heimatregierung immer wieder zur Unterstützung Tibets aufforderte, ist es zu verdanken, daß der Dalai Lama einige Modernisierungsprojekte tatsächlich verwirklichen konnte.[44] 1921 wurde zwischen Lhasa und Gyantse eine Telegraphenleitung errichtet, zwischen 1922 und 1925 wurden für tibetische Offiziere spezielle Ausbildungskurse abgehalten, in Lhasa löste ein Polizeiapparat der Regierung die klostereigenen Mönchsmilizen ab (1922/23), und in Gyantse entstand für Kinder der tibetischen Aristokratie eine englische Schule (1924). Daher kann für die zwanziger Jahre durchaus von positiven Ansätzen einer Entwicklungsdynamik innerhalb der tibetischen Gesellschaft gesprochen werden. Die vor allem ökonomisch-infrastrukturellen und militärischen Maßnahmen wurden von einer westlich (vor allem britisch) orientierten Gruppe im Umfeld des 13. Dalai Lama getragen.

Nach dessen Tod im Jahre 1933 verschärfte sich der Konflikt der Reformer mit den konservativen Kräften innerhalb der tibetischen Regierung. Hinter den Konservativen standen vor allem die mächtigen Klöster. Das folgende Interregnum von siebzehn Jahren war geprägt von internen politischen Machtkämpfen, denen die kaum begonnenen Modernisierungsansätze zum Opfer fielen. Allein ihre erfolgreiche Fortführung hätte der 1912 propagierten Unabhängigkeit Tibets eine reale Grundlage gegeben. Wieder einmal kapitulierte Tibet vor seiner politischen Uneinheitlichkeit, über die auch die Einheit der lamaistischen Religion nicht hinwegtäuschen konnte. Achtunddreißig Jahre einer De-facto-Unabhängigkeit verstrichen (1912–1950), in denen die klerikale Übermacht innerhalb der tibetischen Gesellschaft die von westlich orientierten Vertretern der Aristokratie und dem 13. Dalai Lama getragenen Modernisierungsmaßnahmen abzublocken verstand. Für die konservative lamaistische Elite lag die Existenz Tibets allein in der Erfüllung und Verbreitung der Lehren Buddhas begründet. Anders als die konservativen Kreise der Qing-Regierung in Beijing am Ende des 19. Jahrhunderts, die eine Synthese zwischen technischer Modernisierung und geistiger Tradition zumindest versucht hatten, entschied sich die theokratische Führung Tibets gegen das Wagnis von Reformen jeder Art, da sie diese als eine Bedrohung ihres Weltbildes und ihrer Interessen empfand. Ihr Widerstand verhinderte jedoch nicht nur die ökonomische Entwicklung des Landes, sondern vereitelte auch die Chance seiner dauerhaften staatlichen Unabhängigkeit. Gleichzeitig fehlte Tibet in seinem ständigen Kampf gegen die chinesische Übermacht ein einflußreicher Faktor, der wiederholt in seine Geschichte eingegriffen und seine Position gegenüber China gestärkt hatte: Hilfe von dritter Seite. Diese blieb während der ersten Hälfte des

20. Jahrhunderts aus. Zwar betrachtete sich Großbritannien auf der Grundlage der Simla-Konvention von 1914 weiterhin als Protektor Tibets, doch dachte es nicht an ein militärisches Eingreifen und beschränkte sich auf bilaterale Handelsvereinbarungen, ohne Tibet auch nur de jure als von China unabhängig anzuerkennen. Daß dann aber diese Abkommen direkt mit China hätten geschlossen werden müssen, überging die britische Regierung. Sie kleidete die Widersprüchlichkeit ihrer Tibet-politik in die Formel einer »tibetischen Autonomie unter chinesischer Suzeränität«. Diese Formel ermöglichte es London schließlich auch 1950, die mit der kommunistischen Machtergreifung in China veränderten Verhältnisse anzuerkennen und im Rahmen der UNO eine Stellungnahme zugunsten Tibets hinauszuzögern.

Ebenso versäumten es die Tibeter selbst, international auf sich aufmerksam zu machen und für ihre staatliche Anerkennung zu werben. Sogar der 13. Dalai Lama unterschätzte diese Notwendigkeit. Noch im Jahre 1922 wandte er sich gegen den Beitritt Tibets zum Völkerbund: aus Furcht vor der Auseinandersetzung mit fremden »Eindringlingen«, denen sich das Land dann unweigerlich hätte öffnen müssen. Außerdem bezweifelte er, daß die Großmächte Tibet im Falle einer Invasion durch das Völkerbundsmitglied China unterstützen würden.[45] Und genau so kam es auch, als sich die Tibeter unter der Drohung des chinesischen Einmarschs mit einem Hilferuf an die Weltöffentlichkeit wandten. Die tibetische Unabhängigkeit scheiterte nicht nur an der eigenen Schwäche der theokratischen Gesellschaft, sondern auch am internationalen Desinteresse an den Ereignissen auf dem »Dach der Welt«.

V. Der Weg zur kommunistischen Machtergreifung

Mit dem Einmarsch der chinesischen »Volksbefreiungsarmee« im Winter 1951/52 schien sich die tibetische Geschichte des 18. Jahrhunderts in der Mitte des 20. zu wiederholen: Das Unvermögen der tibetischen Aristokratie (bis 1933 geführt von einem reformorientierten Dalai Lama), sich gegen den Klerus durchzusetzen und weltliche politisch-administrative Strukturen aufzubauen, führte letzten Endes zum Eingreifen des übermächtigen chinesischen Nachbarn. Beijing begnügte sich allerdings nicht mehr – wie unter der Qing-Dynastie in den Jahren 1751 und 1793 – mit der Durchsetzung seiner eher nominellen Oberherrschaft, sondern begann nach dem militärischen Einmarsch 1951 mit der Vernichtung der lamaistischen Kultur und der völligen Eingliederung Tibets in den gesamtstaatlichen sozialistischen Umgestaltungsprozeß.

Bei der Besetzung Tibets handelte es sich nicht um eine Wende innerhalb der chinesischen Tibetpolitik, sondern nur um die Durchsetzung alter Ansprüche mit neuartigen Machtmitteln. Schon Sun Yatsen hatte unmittelbar nach dem Sturz der Qing-Dynastie unmißverständlich verkündet, daß die Unabhängigkeitserklärungen der Tibeter wie der Mongolen nur der untergegangenen Qing-Dynastie gegolten hätten, sie aber ebenso wie die Provinzen des chinesischen Kernlandes Teile des chinesischen Nationalstaates seien.[46] Daher mißbilligte die republikanische Regierung das selbständige Auftreten Tibets als Vertragspartner der Briten in der Simla-Konvention von 1914 und ermahnte die Tibeter, trotz ihrer inneren Autonomie die Oberherrschaft Chinas anzuerkennen.[47] Da es im chinesischen Kernland nach der Revolution von 1911 nicht gelang, den proklamierten Nationalstaat durchzusetzen und China statt dessen nach dem Tod des Präsidenten Yuan Shikai 1916 in regionale Militärherrschaften einzelner Generäle zerfiel, folgten aus den verbalen Zurechtweisungen gegenüber Tibet jedoch keine tatsächlichen Disziplinarmaßnahmen.

Erst als es General Jiang Kaishek (1887–1975) in den Jahren nach 1928 gelang, die Herrschaft der Nanjinger Nationalregierung auf weite Teile Chinas auszudehnen, begann eine aktivere Phase chinesischer Tibetpolitik. Auch für Jiang war Tibet ein integraler Bestandteil der chinesischen Republik. Dies unterstrich man durch die Gründung einer Mongolisch-Tibetischen Kommission, der Tibet unterstellt war.[48] Nicht zuletzt der im chinesischen Exil lebende Panchen Lama drängte die Nationalregierung zum Handeln.[49] 1930 ließ Jiang Kaishek zunächst durch zwei tibetische Gesandte die Lage in Lhasa erkunden.[50] Zu einem konkreten Dialog kam es erst nach dem Tod des 13. Dalai Lama im Rahmen einer chinesischen Kondolenzmission des chinesischen Generals Huang Musong (1934).[51] Dieser konnte die Tibeter zwar nicht zur Aufgabe ihres Unabhängigkeitsanspruchs überreden, ließ jedoch in der tibetischen Hauptstadt eine chinesische Vertretung zurück. Unverrichteter Dinge kehrte auch eine weitere chinesische Mission unter der Leitung von Wu Zhongxin[52] im Jahre 1940 nach Beijing zurück. Sie hatte die Inthronisierung des 14. Dalai Lama (geb. 1935) als Anlaß zu einem erneuten Vorstoß genommen.

Die folgenden Jahre wurden für Tibet verhängnisvoll: Der innenpolitische Machtkampf klerikaler Rivalen um die Regentschaft zerstörte die Einheit der tibetischen Regierung und machte sie auch außenpolitisch handlungsunfähig. Die Ausweisung aller Chinesen aus Tibet im Oktober 1949 war nur eine hilflose Reaktion auf den revolutionären Umschwung in Beijing.

Wie schon der Sturz der Monarchie 1911, brachte auch der ungleich radi-

kalere Systemwechsel zur Volksrepublik keine Veränderungen des sino-
zentrischen Weltbildes mit sich, in dem Tibet als integraler Bestandteil
des chinesischen Herrschaftsverbandes betrachtet wurde. Für die »antiimperialistisch« eingestellte kommunistische Führung in Beijing galt die
Rückeroberung Tibets außerdem als eine ideologische Notwendigkeit, da
seine faktische Unabhängigkeit während der Republikzeit auf den Einfluß des britischen Imperialismus zurückgeführt wurde.

Die kommunistische Regierung forderte die Tibeter auf, ihre Zugehörig-
keit zu China einzugestehen und Beijing Verteidigung und Außenpolitik
zu überlassen. Gleichzeitig erfolgte im Juli 1950 eine militärische Provokation im Ostteil Tibets. Dort stießen die chinesischen Truppen auf die
Gegenwehr der als kämpferisch geltenden Khamba-Nomaden, die jedoch
von der tibetischen Regierung in Lhasa nicht unterstützt wurden und der
chinesischen Übermacht nicht gewachsen waren. Lhasa selbst war in eine
pro-chinesische und eine für die Flucht des Dalai Lama nach Indien plä-
dierende Gruppe gespalten. Auch die Übernahme der Regierungsgeschäfte durch den erst sechzehnjährigen Dalai Lama im November 1950
konnte über die bestehende Uneinigkeit der tibetischen Regierung nicht
hinwegtäuschen. Hinzu kam ihre Isolierung angesichts der fehlenden Re-
sonanz in der UNO. Daher scheint die Unterzeichnung eines 17-Punkte-
Abkommens im Mai 1951 in Beijing, das die Aufgabe der tibetischen Unabhängigkeit endgültig besiegelte, unabwendbar gewesen zu sein. Im
Herbst des gleichen Jahres begann der Einmarsch der chinesischen Armee.

Es war zwar nicht das erste Mal, daß Tausende von chinesischen Soldaten
Tibet besetzten, doch unterschied sich der Einmarsch der Volksbefreiungsarmee im Jahre 1951 grundlegend von den vier militärischen Inter-
ventionen des 18. Jahrhunderts. Den Qing-Kaisern war es um eine Anerkennung ihres universalen Herrschaftsanspruchs gegangen. Sie griffen in
die regionalen Geschehnisse nur ein, wenn sie ihre Autorität durch Unruhen und Krisen bedroht sahen. Die Aufrechterhaltung von Ruhe und
Ordnung war ihr Motiv. Die chinesischen Kommunisten waren 1951 viel
radikaler. Ihnen ging es bei der Integration Tibets in den chinesischen
Gesamtstaat um die Zerstörung der traditionellen tibetischen Kultur und
den Aufbau einer völlig neuen Weltordnung. Als die Tibeter im Verlauf
der fünfziger Jahre der Totalität dieses Anspruchs gewahr wurden, versuchten sie mit der Flucht ihrer Symbolfigur die Substanz ihrer Kultur zu
retten. Seit März 1959 lebt der 14. Dalai Lama nun im Exil.

Literatur

Bishop, Peter: The Myth of Shangri-La. Tibet, Travel Writing and the Western Creation of Sacred Landscape, Berkeley/Cal. 1989.

Dabringhaus, Sabine: Das Qing-Imperium als Vision und Wirklichkeit. Tibet in Laufbahn und Schriften des Song Yun (1752–1835), Stuttgart 1994.

Goldstein, Melvyn C.: A History of Modern Tibet, 1913–1951. The Demise of The Lamaist State, Berkeley/Cal. 1989.

Goldstein, Melvyn C./Beall, Cynthia M.: Nomads of Western Tibet. The Survival of a Way of Life, Berkeley/Cal. 1990.

Grunfeld, Tom A.: The Making of Modern Tibet, Armonk und London 1987.

Heissig, Walter: Die Religionen Tibets und der Mongolei, Stuttgart 1970.

Michael, Franz: Rule by Incarnation. Tibetan Buddhism and Its Role in Society and State, Boulder/Col. 1982.

Shakabpa, W. D.: Tibet. A Political History, London 1967.

Snellgrove, David/Richardson, Hugh: A Cultural History of Tibet, Boston und London 1986.

Stein, R. A.: Tibetan Civilization, Stanford/Cal. 1972.

Wylie, Turrel V.: Tibet's Role in Inner Asia, Bloomington/Ind. 1975.

Michael Mann
Ökonomie und Ökologie
Nordindien unter britischer Herrschaft in
der ersten Hälfte des 19. Jahrhunderts

I. Die britische Kolonialmacht in Nordindien

Der indische Subkontinent ist nicht durch gezielte Militäraktionen und
Angriffskriege der englischen Krone unterworfen, sondern von der East
India Company seit 1765 nach und nach erobert worden. Die Handelsgesellschaft East India Company (EIC) war von der englischen Königin
Elisabeth I. 1600 mit einem Privileg zum Monopolhandel mit den Ländern
östlich vom Kap der Guten Hoffnung ausgestattet worden. Das Handels-
unternehmen engagierte sich ab dem Ende des 17. Jahrhunderts in Indien
zunehmend auch militärisch gegenüber seinen europäischen Handels-
rivalen und den einheimischen Fürstentümern. Im Verlauf des Siebenjäh-
rigen Krieges (1756–1763) gelang es der EIC, der französischen Präsenz
auf dem indischen Subkontinent ein Ende zu bereiten. Gleichzeitig
mischten sich die Kaufleute der Handelsgesellschaft vermehrt in die inneren Angelegenheiten lokaler Machthaber ein. Schließlich gelang der
Company 1765 in Bengalen der erste Schritt zur Territorialherrschaft.
Handelsinteressen und Eroberungskriege der EIC zogen die Errichtung
von direkten und partiell auch indirekten Herrschaftsverhältnissen nach
sich. Von ihren drei Stützpunkten Bombay, Madras und Kalkutta aus
trieb sie ihre Eroberungen ins Landesinnere voran. In Nordindien drang
die EIC nach 1765 von Bengalen aus im Gangestal vor, annektierte 1775
das Territorium des *Raja* von Benares und zu Beginn des 19. Jahrhunderts
das Zweistromland (Doab) von Ganges und Jamna (sprich Dschamna)
sowie angrenzende Gebiete bis zum Himalayarand. Damit fiel das Kern-
gebiet des kaum mehr existierenden Mogulreiches an die Engländer.
Die EIC war mit ihren permanenten Eroberungsfeldzügen in Indien, vor
allem zwischen 1790 und 1805, in arge finanzielle Nöte geraten. Um die
Schuldenlast aufzufangen, benötigte sie erstens wirtschaftlich ertragrei-
che Gebiete, in denen Nutzfrüchte (*cash crops*) für den Weltmarkt angebaut werden konnten, und zweitens die Steuereinnahmen aus diesen Gebieten. Der indische Steuerzahler finanzierte also die Eroberung seines
Landes. Den Engländern war daran gelegen, die neu annektierten Land-

striche so rasch wie möglich unter eine für sie effiziente Steuerverwaltung zu stellen. Unter den gegebenen Voraussetzungen hieß das, ein Maximum an Steuern festzusetzen und sie auch in voller Höhe einzutreiben. Zugleich wollten sie den Steuermodus, d. h. die Art der Festlegung und Eintreibung, in ihren indischen Territorien so einheitlich wie möglich gestalten. Das war aber aufgrund der jahrhundertelang unterschiedlichen Entwicklung in den einzelnen indischen Reichen nicht realisierbar. Wenn im präkolonialen und im frühen kolonialen Kontext von Steuern gesprochen wird, so sind damit die Grundsteuern gemeint, die sich nach den agrarischen Erträgen und deren Erlös richteten.

In Bengalen konnte sich die EIC auf das unter den dortigen Fürsten, den Nawabs, ausgearbeitete Steuersystem stützen und es modifizieren. Die Engländer griffen hier auf den *Zamindar* zurück, einen Grundbesitzer, der in einem bestimmten Gebiet die Oberaufsicht über die Steuereintreibung hatte. Der Nawab von Bengalen vergab das Recht zur Steuereintreibung periodisch an den Meistbietenden. Nach der Übernahme der Steuerverwaltung (*Diwani*) in Bengalen durch die EIC 1765 forcierte Generalgouverneur Warren Hastings dieses System, indem er ab 1772 alljährlich das Recht zur Grundsteuereintreibung versteigern ließ. Die *Zamindare* jedoch waren keineswegs nur Mittelsmänner, die – zunächst vom Nawab, dann von der EIC – zur Steuereintreibung eingesetzt wurden, sondern in beträchtlichem Umfang auch Grundeigentümer. Die Briten brauchten für ihr Steuersystem verläßliche Partner, die unter Umständen bei Steueraußenständen zur Verantwortung gezogen werden konnten. Da die jährliche Auktionierung der Steuerbezirke keine dauerhaft befriedigende Lösung bot, nahmen die Briten den aus dem Mutterland bekannten »landlord« zu Hilfe, d. h. den Großgrundbesitzer, der aus der Pachtsumme seiner Bauern die Grundsteuer an den Staatsschatz abzuführen hatte. Die Briten erklärten die *Zamindare* 1793 kurzerhand zu den Grundeigentümern ihres Steuereinzugsgebietes, welches um ein Vielfaches größer war als ihr eigentlicher Grundbesitz. Damit hatte die EIC ihr Rechtsverhältnis zu den *Zamindaren* geklärt. Sie waren nun für die gesamten Grundsteuern verantwortlich, und bei Steueraußenständen konnte ihr privater Besitz, worunter auch ihr ehemaliger Grundbesitz fiel, zur Begleichung herangezogen werden. Dies war für Indien neu. Indem die *Zamindare* zu Grundherren gemacht wurden, sanken die bis dahin selbständigen Bauern zu Pächtern herab. Das Rechtsverhältnis zwischen diesen beiden Gruppen interessierte die EIC nicht. Zunächst hatte diese Regelung für die Bauern auch keine direkten Konsequenzen, da es genügend Land gab. Es konnte ihnen gleichgültig sein, ob sie Steuern oder Pacht entrichteten. Als jedoch in den 1830er Jahren das Ackerland aufgrund des Bevölkerungszuwachses knapp wurde und die Bauern auf ihren immer kleiner werdenden Parzellen nicht mehr in der Lage waren, die Pacht zu erwirtschaften, konnten sie einfach vertrieben werden, da sie keinen Rechtsanspruch bzw. Rechtstitel auf »ihr« Land hatten. Sozialer Sprengstoff sammelte sich hier schon frühzeitig an.

In England fanden zur gleichen Zeit Diskussionen über die Art der Grundsteuerveranlagung in Indien statt. Vor allem die Frage der dauerhaften Festlegung der Steuersätze, das sogenannte *Permanent Settlement*, war bis 1793 immer wieder heftig umstritten. Die EIC konnte sich in Indien zum einen keine alljährlichen Berechnungen des Grundsteuersatzes leisten – dazu gab es weder ausreichend Personal noch genügend Landeskenntnisse –, zum anderen brauchte sie schnell langfristig kalkulierbare »Staatseinkünfte«. Nicht zuletzt die permanente Kriegsführung der EIC in Indien verlangte das *Permanent Settlement* als Einnahmequelle, so daß man 1793 die Grundsteuerveranlagung mit den *Zamindaren* für alle Zeiten festlegte.[1]

Als die Engländer 1801 und 1805 das Doab von Ganges und Jamna annektierten und es verwaltungstechnisch als Ceded and Conquered Provinces der Bengal Presidency eingliederten, hatten sich erste Defekte des *Permanent Settlement* bemerkbar gemacht. Die Steuersätze waren bei weitem zu hoch, die Art der Eintreibung war unflexibel und dem indischen Ökonomiekreislauf nicht angepaßt. Zudem entwickelte die Madras Presidency in Südindien gerade eine Grundsteuerveranlagung direkt mit den Bauern, also unter Ausschaltung von Mittelsmännern, wie es in Nordindien die *Zamindare* waren.[2] In Indien drängte die koloniale Verwaltungsspitze auf eine umfassende Einführung des *Permanent Settlement*, in England aber waren den verantwortlichen Direktoren bereits erste ernsthafte Zweifel am Sinn dieser Steuerveranlagung gekommen.

Langfristig wollte die EIC ein *Permanent Settlement* auch in den Ceded and Conquered Provinces einführen. Doch die verschiedenen Eigentums-, Nießbrauch-, Gemein- und »Sippen«-Rechte in dieser Region verhinderten letztlich dessen Durchsetzung. So blieb den Briten nichts anderes übrig, als mit den alteingesessenen Steuerpartnern Kontrakte zur Grundsteuerveranlagung abzuschließen.

Vor diesem Hintergrund muß die ökonomische und ökologische Entwicklung in der ersten Hälfte des 19. Jahrhunderts gesehen werden. Die EIC war bemüht, sowohl die bestehenden Eigentums- als auch die allgemeinen Wirtschaftsverhältnisse zu erfassen. Zahlreiche Berichte nach Kalkutta legen Zeugnis von diesem Unterfangen ab. Dieses Material bildet auch die Grundlage für das folgende Fallbeispiel.

Die EIC hatte ein ausgeprägtes Interesse an der Ökologie ihrer eroberten

Gebiete. Ihre Herangehensweise war jedoch aufgrund der eben geschilderten Bedingungen anders, als wir sie heute an den Tag legen würden. Die Engländer wollten sich sehr wohl Kenntnisse über Bodenqualität, Brunnenanlagen, Grundwasserspiegel, Wälder, Bevölkerungsdichte usw. verschaffen. Da jedoch ihr materielles Interesse alleine in der Grundsteuerrealisierung lag, waren auch die Erkenntnisse einseitig von dieser Prämisse geprägt.

An den Wäldern Indiens läßt sich das demonstrieren. Die EIC teilte sie in ökonomisch nutzbare und nicht nutzbare ein. Die ersteren wurden als »forests« bezeichnet, letztere oft als »Ödland« (waste land) und »ackerbaulich nutzbares Land«.[3] Unter die erste Kategorie fiel Nutzholz für Schiffsmasten und Schiffbaumaterial, während die zweite lediglich als ein störendes Element bei der Expansion der landwirtschaftlichen Nutzfläche behandelt wurde. Über den Bestand von tropischen Harthölzern (vor allem Teak) wurden daher auch schon früh detaillierte Berichte verfaßt; ebenso gibt es erste Ansätze zu einer gezielten Forstpolitik. Die unter dem Gesichtspunkt der Landwirtschaft »hinderlichen« Wälder verschwanden hingegen in den Berichten der EIC-Angestellten, weil sie ökonomisch unprofitabel schienen. Schließlich waren nach wenigen Jahrzehnten der Kolonialherrschaft die Wälder tatsächlich von der Erdoberfläche verschwunden.

Um den agrarökonomischen Wandel unter der britischen Herrschaft verdeutlichen zu können, ist die Konzentration auf einen begrenzten Raum notwendig. Am Beispiel des mittleren oder »Central Doab« soll exemplarisch die Transformation einer präkolonialen Landwirtschaft zu einer kolonialen dargestellt werden.

II. Traditionelle Anbaumethoden

Bevor wir zu den Anbaumethoden im Doab kommen, soll ein kurzer Überblick über die geographischen und geologischen Bedingungen gegeben werden. Das Zwischenstromland von Ganges und Jamna erstreckt sich über eine Länge von mehr als 500 km vom Himalayarand in einer Biegung nach Osten. Die beiden Flüsse, die auf einer Breite von 80–120 km mehr oder weniger parallel zueinander fließen, kommen bei Allahabad zusammen. Der Boden ist Überschwemmungsland. Beide Ströme mäandrieren stark und hinterlassen so einen breiten Ufersaum. Die Zwischenstromplatte ist unterteilt in die sogenannten »Central Lowlands« und die sandigen Erhebungen zum Rand hin, die durch Anschwemmungen entstanden sind. Diese geologische Formation ist zwi-

schen Saharanpur und Etawah vorherrschend. Tote Flußarme bilden
Seen, die sich alljährlich zur Monsunzeit erneut mit Wasser füllen. Die
Drainage der Zwischenstromplatte erfolgt nur über dort fließende klei-
nere Flüsse.[4]

Die indischen Bauern lebten zumeist am Rande des Existenzminimums.
Im mittleren Doab gab es zum Zeitpunkt der britischen Annexion ein
differenziertes Drei-Kreise-Anbausystem. Neben den natürlichen Bo-
denkategorien teilte die Landbevölkerung den agrarisch genutzten Boden in artifizielle Zonen ein. Ein innerer Ring schloß sich um das Dorf,
auf dem die intensivste Landwirtschaft betrieben wurde. Der Boden erfuhr so weit wie möglich Düngung und wurde bewässert, folglich waren
dort die höchsten Erträge möglich. Diese Anbauzone machte zwar nur
6–8 Prozent der gesamten Anbaufläche aus, brachte aber die wertvollsten
Lebensmittel wie Gemüse und Weizen hervor und erzielte die höchsten
Erträge. Für die mittlere Zone gab es weitaus geringere Bewässerungsmöglichkeiten, und sie wurde auch kaum gedüngt. Hülsenfrüchte konnten dennoch gut gedeihen. Dieser Ring umfaßte ca. 8–12 Prozent der
Anbaufläche. Der äußere Kreis konnte weder bewässert noch gedüngt
werden. Der Boden dieser Anbauzone war ganz auf die natürlichen Re-
generationskräfte angewiesen.[5] Düngung fand nur rudimentär statt; die
meisten britischen Darstellungen schildern Idealfälle, die in der Realität
kaum vorzufinden waren.[6] Bis zu 25 Prozent der Ackerfläche lag unter
den traditionellen Anbaumethoden brach. Um die Bodenkräfte intensiver nutzen zu können, betrieb man einen Mischanbau, d. h. auf einem
Acker wurden z. B. Hafer, Erbsen und Ölsamen angebaut, die ungefähr
zur selben Zeit reiften. Dies war auch eine höchst wirksame Methode, um
die Ackerfrüchte vor Schädlingsbefall zu schützen.

Die Ganges- und Jamnaniederungen boten ackerbaulich nutzbares Land
im Überfluß. Außerhalb dieser Anbaustreifen hingen die Erträge stark
von den Bewässerungsmöglichkeiten ab. Künstliche Bewässerung wurde
bis weit in das 19. Jahrhundert mit Hilfe von Brunnen betrieben, auch
nach der Einführung der Kanalbewässerung blieben in vielen Regionen
die Brunnen weiter in Betrieb. Man unterschied zwischen ungemauerten
(*kacha*) und gemauerten (*pakka*) Brunnenschächten. Erstere waren
leicht und kostengünstig herzustellen, da sie lediglich einen Holzzylinder
besaßen, der mit Fortschreiten des Aushebens mit in den Schacht hinab-
gelassen wurde. Letztere waren mit hohen Konstruktionskosten verbunden, da der Schacht zunächst vollständig ausgehoben werden mußte, bevor er ausgemauert werden konnte. Die Haltbarkeit und Effizienz des
kacha-Brunnens war weit geringer als die des *pakka*-Brunnens. Dennoch
waren um 1880 gerade 10 Prozent der Brunnenanlagen fest gemauert.[7]

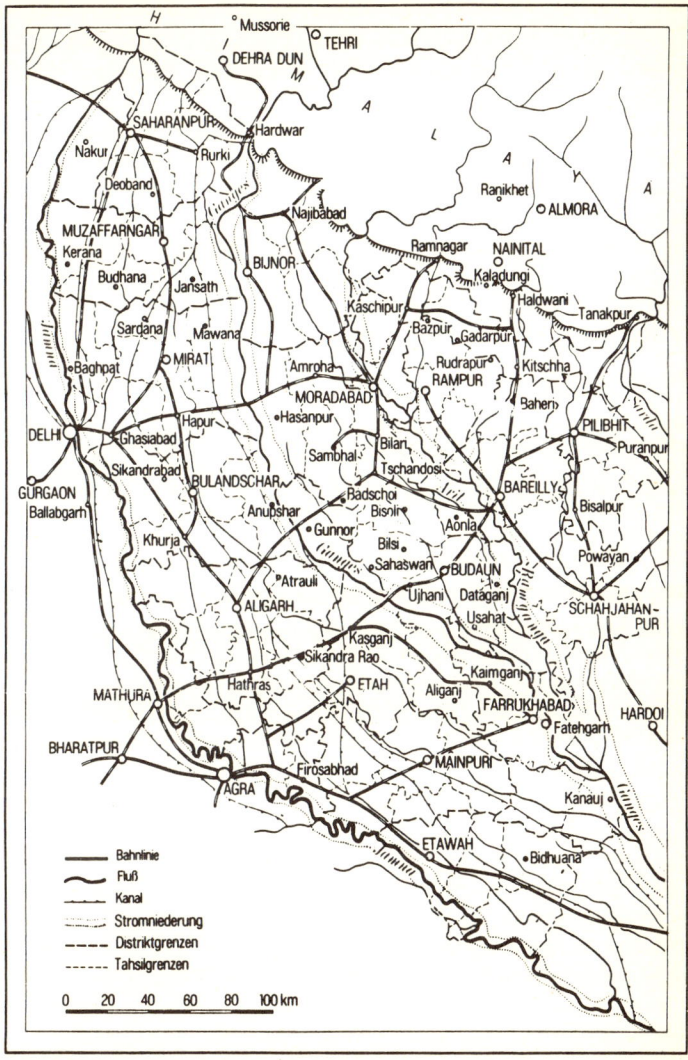

Quelle: Hans-Jürgen Nitz, Formen der Landwirtschaft und ihre räumliche Ordnung in der oberen Gangesebene. Steiner Verlag, Wiesbaden 1971. (Heidelberger Geographische Arbeiten, Heft 29), Abb. 1.

Die Brunnenbewässerung ist gegenüber der Kanalbewässerung ökologisch angepaßter und wirtschaftlicher, da das Wasser in Maßen auf den Feldern verteilt wird, ohne diese zu überfluten. Zudem ist das Problem der Bodenversalzung längst nicht so akut.

Die Briten leiteten 1807/08 eine erste Bestandsaufnahme der agrarökonomischen Situation in die Wege, um die Möglichkeiten einer Einführung des *Permanent Settlement* in den Ceded and Conquered Provinces auszuloten. Eine eigens dafür geschaffene Kommission versuchte mittels einer Fragebogenerhebung Informationen über den Zustand der Bevölkerung, den Entwicklungsstand der Landwirtschaft, die Fortschritte bei der Steuerveranlagung, die Eigentumsverhältnisse und die Infrastruktur zu erhalten.[8] Danach war die Landwirtschaft grundsätzlich ertragreich, wenn auch in einzelnen Distrikten durch Dürren und Krieg beeinträchtigt. Der Ackerbau wurde proportional zur Dichte der Bevölkerung auf dem Land betrieben: Bei steigender Bevölkerungsdichte war auch eine entsprechende Steigerung der landwirtschaftlichen Produktion zu erwarten. Auf den Uferstreifen entlang der beiden großen Ströme war der Anbau aller Feldfrüchte möglich. Im Agra-Distrikt und in Teilen des Mathura-Distrikts war die Kultivierung am weitesten fortgeschritten und eine Ertragssteigerung kaum noch zu erwarten.

Einen ähnlichen Eindruck des landwirtschaftlichen Zustands vermitteln die Tagebuchnotizen, die britische Offiziere während des Vormarsches auf Delhi 1802/03 durch das Doab anfertigten.[9] In vielerlei Hinsicht sind diese Aufzeichnungen wesentlich genauer als die offiziellen Berichte, wenn auch zu bedenken ist, daß letztere über die Gesamtfläche der Distrikte Auskunft geben, die Tagebücher aber nur für den überschaubaren Streifen entlang der Vormarschwege. Anhand verschiedener Tagebuchautoren läßt sich jedoch ein Itinerarnetz über das Doab legen, das die Angaben der Steuerbeamten bestätigt.

Unter dem Aspekt der Einführung des *Permanent Settlement* war die Umfrage der Kommission ein völliger Fehlschlag: Die beiden leitenden Untersuchungsbeauftragten rieten zum damaligen Zeitpunkt dringlichst davon ab, da das Land insgesamt für einen solchen Schritt noch nicht entwickelt genug sei. Der permanenten Festschreibung eines Steuersatzes steht an sich zu keiner Zeit etwas entgegen, es sei denn, eine deutliche Produktionssteigerung in der Landwirtschaft ist zu erwarten, deren Gewinne dann über die Grundsteuer vom Staat nicht abgeschöpft werden könnten. Die EIC wollte das Doab, das schon unter den Moguln ein bekanntes Zentrum für Baumwolle und partiell auch für Zuckerrohr und Indigo gewesen war, zu einer Nutzfruchtregion (*cash-crop-area*) umfunktionieren, die Rohprodukte für den Weltmarkt liefern sollte. Dies aber wäre um 1808 nur in Ansätzen möglich gewesen. Für einen ausgedehnten Nutzfrucht-Markt war das Doab noch zu gering bevölkert und die landwirtschaftliche Nutzfläche bei weitem zu klein. Unter der Prämisse eines *Permanent Settlement*, das die Ausschöpfung aller natürlichen Ressourcen als Voraussetzung hat, wäre zu diesem Zeitpunkt der Umbau der Landwirtschaft nicht eingetreten. Dieser aber war für die EIC notwendig, um Einnahmesteigerungen auf fiskalischer Ebene zu erreichen und zusätzliche Produkte und Rohstoffe für ihre Handelsaktivitäten zu erhalten.

III. Die Revolutionierung der Landwirtschaftsstrukturen

Das Doab wurde von der EIC systematisch zu einer Baumwollregion aufgebaut. Bereits 1803 wurden Investitionshilfen für die Bauern des Doab speziell zur Baumwollpflanzung gefordert. Neben dem bereits bestehenden Baumwollmarkt in Etawah hatten sich zwei kleinere Städte im Hinterland als lokale Umschlagplätze etablieren können. Ab 1815 wurden dann vermehrt staatliche Zuschüsse für den Anbau von *cash crops* in Kombination mit Geldern für Bewässerungsanlagen gezahlt. Diese sogenannten *Tagavi*-Anleihen waren Vorschüsse auf die anstehende Ernte auf der Bemessungsgrundlage des Grundsteuersatzes. Die Gelder sollten in Notzeiten und klimatisch ungünstigen Jahren den Bauern wenigstens eine minimale Landwirtschaft ermöglichen. Die Briten benutzten dieses Kreditsystem zur gezielten Förderung von Baumwoll- und Zuckerrohranbau. Zwischen 1815 und 1820 steigerten die Briten die *Tagavi*-Vergabe drastisch zugunsten der Nutzfrüchte. Vorschüsse auf die »normalen« Akkerfrüchte standen dahinter weit zurück. Anleihen für Feldfrüchte (*food crops*) sollten über lokale Kreditmärkte aufgenommen werden. Da die Bauern für zum Export bestimmte Nutzfrüchte bis zum Fünffachen des Preises von Nahrungsmittelfrüchten bekamen, waren sie angesichts der hohen Steuerforderungen schon aus diesem Grund gezwungen, vermehrt *cash crops* anzubauen.

Vielen Bauern sowie kleinen und großen *Zamindaren* war es in den ersten Jahren der britischen Herrschaft über Nordindien kaum möglich, den horrenden Steuerforderungen der neuen Machthaber nachzukommen. Der Grundbesitz wurde in großem Umfang zwangsversteigert. Die Einführung des gläubigerfreundlichen britischen Schuldrechts in Indien gab der EIC die juristische Möglichkeit zur Anwendung dieses auf dem Subkontinent bis dahin unbekannten Rechtsinstruments. Unter den gegebenen fiskalischen Umständen fanden sich oft keine Käufer auf den angesetzten Auktionen, so daß mancher Grundbesitz für wenige Rupien an die EIC fiel, die Verwalter einsetzte und dann Mühe hatte, die Ländereien zur Steuereintreibung wieder loszuschlagen. Oft waren die städtischen *Baniyas*, Händler und Geldleiher, die Käufer von Landgütern. Die *Baniyas* hatten es im Verlauf der Jahrzehnte, nicht zuletzt im Zuge der kolonialen Durchdringung Nordindiens durch die EIC- und Privathändler und der zunehmenden Monetarisierung der landwirtschaftlichen wie der Manufaktur-Produktion, zu Wohlstand und Reichtum gebracht. Nun sahen sie in dem auktionierten ländlichen Grundbesitz die Möglichkeit, nicht nur am Handel, sondern auch an der Produktion der Handelsgüter Baumwolle und Indigo beteiligt zu sein und diese zu kontrollieren. Die *Baniyas* hatten schnell von den Briten gelernt und sich angepaßt.[10] Sie veranlaßten ihre Pachtbauern und die von ihnen abhängigen Bauern und *Zamindare*, die zur Begleichung ihrer Pacht oder Steuerschulden Kredite zu Wucherzinsen bis zu 25 Prozent bei ihnen hatten aufnehmen müssen, einen bestimmten Teil des Bodens mit Nutzfrüchten zu bebauen. Dies bedeutete sowohl für die Briten als auch für die *Baniyas* als Kreditgeber die beste Form der Sicherheit.

Immer mehr Boden kam auf diese Art und Weise unter Nutzfruchtanbau. Bereits 1815 konnte Generalgouverneur Lord Moira feststellen, sowohl die Bevölkerung als auch die Produktion und die Gewinne in den Ceded and Conquered Provinces hätten erheblich zugenommen. Auch sei viel Ödland unter den Pflug genommen worden.[11]

Die Umstrukturierung der Anbauzirkel war ein entscheidender Einschnitt in die Agrarökonomie. Wie gezeigt, war von den drei artifiziell geschaffenen Anbauzonen um ein Dorf der innere der produktivste.[12] Dieser innere Zirkel wurde traditionsgemäß höher besteuert als die anderen Anbauzonen, da er ertragreicher war. Baden-Powell beschrieb am Ende des 19. Jahrhunderts den Mechanismus der »Agrarrevolution«: »In diesem Distrikt (Agra) richtet sich die Grundsteuerrate mehr nach dem bewässerbaren Land als nach dem tatsächlich bewässerten. Alle Felder eines Pächters mögen in Reichweite des Brunnens liegen, aber er hat weder Zeit noch Ochsen, um ihnen Wasser zuzuführen. Er konzentriert seine Aufmerksamkeit auf die Feldfrüchte, die am profitabelsten sind und das meiste Wasser benötigen.«[13]

In der präkolonialen, von der Weltmarktnachfrage unabhängigen Dorfwirtschaft bauten die Bauern auf den besten und ertragreichsten Böden Lebensmittelfrüchte an, auf den schlechter zu bearbeitenden Feldern unempfindlichere Feldfrüchte und Nutzfrüchte. Baumwolle und Zuckerrohr bedeuteten in regenreichen Jahren eher eine Art Zubrot, nicht aber das Rückgrat der Landwirtschaft. Vor der britischen Annexion wurde auf den sandigen Flußschwemmböden Indigo angebaut, vor allem aber die von den Kolonialherren als »inferior crops« (minderwertige Feldfrüchte) bezeichneten Hülsenfrüchte und Mais, die ohne viel Zutun gediehen. Das änderte sich im Laufe weniger Jahrzehnte zugunsten der »superior crops« (hochwertige Feldfrüchte), also der kapitalträchtigen Nutzfrüchte.[14] Die Briten wollten eine rasche Expansion der Landwirtschaft erreichen. Zunächst wurden die Steuerbeamten dazu angehalten, in ihren Distrikten Wasserläufe und -speicher aufzulisten, die sie im Rahmen größerer Bewässerungsprogramme für tauglich hielten. Die Regierung war bereit, denjenigen *Zamindaren* Unterstützung zu gewähren, die ihr Land nicht ausreichend bewässern konnten, weil ihnen dazu die nötigen Mittel fehlten. Die eigentliche Initiative aber sollten die *Zamindare* ergreifen, die Ernteausfälle gegebenenfalls aus ihren eigenen Mitteln abdecken oder aber den Umfang der Bewässerung mit Hilfe des Finanzangebotes erweitern sollten. Die einfachste Möglichkeit, die Erträge von Nutzfrüchten zu steigern, war deren Kultivierung auf den fruchtbaren und leicht zu bestellenden Böden in den Flußniederungen. Neben Indigo war Zuckerrohr am besten dafür geeignet. Ein Zeitgenosse hielt fest, daß an den Stellen, an denen Weizen gut wachse, Zuckerrohr ebensogut gedeihe.[15] Die indischen Bauern wurden von den britischen Indigo-Pflanzern, die vor allem im Farrukhabad-Distrikt umfangreiche Landrechttitel hatten erwerben können, mit Gewalt zum Indigoanbau gezwungen. Auf Getreideboden wurde so im Laufe weniger Jahre zunehmend Indigo angebaut.[16] In anderen Distrikten entwickelten sich vor diesem Hintergrund Baumwolle und Indigo neben Weizen zum Hauptanbauprodukt.

Um auf die veranschlagten Steuersätze zu kommen, griffen die Steuerbeamten bei Gelegenheit auch in die aktuelle Agrarproduktion ein und veranlaßten die Bauern zur Bewässerung der Nutzfrüchte. Natürlich, so gab ein Steuerbeamter zu, hätten andere Felder, auf denen Getreide stand, proportional unter dieser Wasserverteilung zu leiden gehabt.[17] Die britischen Steuerbeamten zwangen die *Zamindare* bereits während der Trockenheit von 1808, Baumwolle und Indigo zu bewässern. Der Steuerbeamte Farrukhabads berichtete nach der Dürre von 1825/26, der Regenausfall des vergangenen Jahres sei so drastisch gewesen, daß alle Früchte der Herbsternte, außer der Baumwolle, verdorrt seien. Baumwolle und Zuckerrohr hätten nur dort geerntet werden können, wo ausreichende Bewässerungsmöglichkeiten vorhanden gewesen seien.[18] Während einer Dürreperiode war es demnach möglich, weiterhin *cash crops* zu bewässern, unter »proportionalem Verlust« an Wasser für andere Feldfrüchte. Es war nur partiell der Mangel an Wasser, der den Anbau von Feldfrüchten verhinderte, hauptsächlich aber dessen einseitige Verteilung.

Da die Kredite für Nutzfrüchte nur bei gleichzeitigem Bau von Bewässerungsanlagen vergeben wurden, erzwang die EIC die Umstellung der Agrarwirtschaft auf dörflicher Ebene. Auf den besten Böden, also im inneren Zirkel, wurden immer mehr Nutzfrüchte angebaut, während die zum Leben notwendigen Nahrungspflanzen marginalisiert wurden. Dieses neue System konnte so lange funktionieren, wie der Erlös aus dem Nutzfruchtanbau ausreichte, um die Subsistenzkosten zu bestreiten, und es auch genügend Lebensmittel zu kaufen gab.

Um 1835 beherrschten die Briten die Agrarwirtschaft des Doab gänzlich. Von 1817 bis 1820 stiegen aufgrund einer Dürre die Preise für Gerste und Weizen gegenüber 1816 um fast das Doppelte, während Baumwolle nur einen Anstieg von 20 Prozent erfuhr. Im Verlauf der Dürre von 1836–38 stiegen die Weizenpreise um das Zweieinhalbfache, die für Gerste um das Dreifache, der Baumwollpreis hingegen konnte auf dem gleichen Niveau gehalten werden. Die Briten hielten damit die für sie günstigen Weltmarktkonditionen aufrecht, während sich das Verhältnis für die Bauern verschlechterte. Diese bekamen den gleichen Preis für Baumwolle, mußten aber ein Vielfaches für Grundnahrungsmittel aufwenden.[19]

Die in diesem Abschnitt beschriebene Strukturveränderung des Agrarsektors führte einerseits zu einer Expansion der Anbaugebiete, andererseits wurde für den Anbau der Nutzfrüchte immer mehr wertvoller Ackerboden herangezogen. Kurz nach der Annexion des Doab setzte diese Entwicklung ein, die fast ungebrochen bis zur Mitte der 1830er Jahre anhielt. Um 1800 hat die ackerbaulich genutzte Fläche im Doab ca. 50 Prozent der Gesamtfläche betragen, bis 1833 stieg sie auf 62 Prozent. Das bedeutete eine reale Zunahme von über 20 Prozent. Der Anteil des für Nutzfrüchte herangezogenen Bodens nahm von ca. 8 Prozent auf teilweise über 20 Prozent zu. Zu beachten ist dabei die geänderte Bodennutzung. Innerhalb weniger Jahrzehnte erfolgte eine Expansion der *cash crop*-Fläche um das Zweieinhalbfache, während die Anbaufläche von *food crops* nur um 12 Prozent gesteigert wurde. Relativ gab es sogar eine Abnahme, da 1805 ca. 90 Prozent der landwirtschaftlichen Nutzfläche, 1833 nur noch ca. 80 Prozent mit Lebensmitteln bebaut waren.[20]

Die agrarökonomische Transformation war nach gerade zwei Jahrzehnten der direkten Kolonialherrschaft abgeschlossen, und die Bauern im Doab waren vom ökonomischen Bedarf der EIC abhängig. Die Landwirtschaftsstrukturen Nordindiens wurden immer mehr in die entstehenden Weltmarktstrukturen integriert.

IV. Der ökologische Wandel

Um die Steuereinnahmen anheben zu können, gab es neben der Revolutionierung der Anbaumethoden und der Ausdehnung der Anbauflächen auf Öd- und Brachland die Möglichkeit, Waldgebiete zu roden. In älteren Darstellungen zur Landschaft Nordindiens, so z. B. in den Imperial Gazetteers und District Gazetteers, wird stets die Monotonie des Doab und generell Hindustans hervorgehoben. Eine plane Oberfläche, fast baumlos, auf der sich Felder bis zum Horizont ziehen, unterbrochen von einer Unzahl von Dörfern und versalzenen, weiß schimmernden Böden, durchzogen von Kanälen und Eisenbahnlinien. Dies sind freilich Beschreibungen vom Ende des 19. Jahrhunderts. Um 1800 sah die Landschaft in Nordindien wesentlich anders aus.[21]

Diese Region, etwa 150 km lang, war für die Landwirtschaft kaum nutzbar. Erst der Bevölkerungszuzug unter der britischen Herrschaft einerseits und die Steuerforderungen andererseits förderten und erzwangen eine Ausdehnung der Agrarfläche auch in diese Gebiete. In unzähligen Einzelaktionen, die von den Dörfern des Doab ausgingen, wurde allmählich der Wald gerodet. Siedlungen und Städte, die oft geschützt in einem Waldgebiet lagen, fanden sich innerhalb weniger Jahre in einer baumlosen Senke wieder. Auch trieben die Briten die Entwaldungen selbst voran. Der im Doab heimische Dhak-Baum fand nutzbringende Verwendung bei der Holzkohleherstellung für die Brennung von Ziegeln, mit denen die EIC ihre *Stations* (zivile Siedlungen der Briten) und der *Cantonments* (militärische Einrichtungen) errichteten.

Der Aufbau der britischen Macht in den Ceded and Conquered Provinces vollzog sich keinesfalls ruhig und ohne Widerstand. *Rajas* und *Zamindare* im Verbund mit Bauern erhoben sich bis weit in die 1820er Jahre immer wieder.[22] Die Bauernbanden flüchteten sich oft in die Wälder, die für die britischen Einheiten undurchdringlich waren. Nicht selten wurden auf Geheiß des Militärs ganze Waldareale niedergebrannt, um den »Wegelagerern und Banditen« die Versteckmöglichkeiten zu nehmen. Dieses probate Mittel hatten die Briten bereits bei der Befriedung der schottischen Clans im 17. Jahrhundert erfolgreich angewendet. Der Wald war auch ein idealer Lebensraum für Tiger, Elefanten und sonstige wilde Tiere, die eine friedliche Landwirtschaft erschwerten. Auch aus diesem Grund ließen die Briten Waldgebiete roden. Um Städte wie Mainpuri, Etawah, Sikandra Rao und Aligarh, sowie westlich des Doab um Bharatpur und Dig, gab es ausgedehnte Waldgürtel, die zum Teil mehrere Kilometer breit sein konnten. Auch diese Wälder verschwanden bald. Oft wurden sie in dem Glauben gerodet, sie seien die Ursache für Sümpfe und damit für das Auftreten von Malaria. Freilich war genau das Gegenteil der Fall.[23] Erst in unbeschattetem Wasser können die Mückenlarven gedeihen, die als Stechmücken (Anopheles) Malaria übertragen. Feuchter oder sumpfiger Waldboden ist dagegen ungeeignet.

Es ist davon auszugehen, daß innerhalb der ersten 50 Jahre der britischen Herrschaft im Doab und den angrenzenden Gebieten bis zu 70 Prozent der Waldfläche gerodet wurden. Bis zum Ende des 19. Jahrhunderts hat sich der Prozentsatz weiter erhöht, und Awadh, 1856 annektiert, das ehemals recht waldreich war, glich um 1900 nun ebenfalls der »monotonen nordindischen Landschaft«.

Wegen der veränderten ökologischen Situation kam es in Nordindien zwischen ca. 1815 und 1836 zu eingreifenden Verschiebungen im Klimahaushalt. Dem Monsun vorweg gehen in Nordindien zwei Windarten, der *Lu*, ein heißer trockener Wind, und der *Andhi*, ein sand- und staubbeladener Wind, die beide über die Wüste Rajasthans bis weit in das Gangestal hineinwehen. Beide nahmen im genannten Zeitraum an Vehemenz zu, da das natürliche Hindernis, der Waldgürtel des Doab und die Wälder der benachbarten Regionen, zunehmend verschwand. Der *Lu* ist zudem ein Wind, der sich durch die Oberflächenerwärmung der Erde erhitzt, so daß ohne die Kühlungsfunktion der Doabwälder eine zusätzliche Aufheizung stattfindet. Der allgemein beobachtete Temperaturanstieg und die zunehmende Kraft des *Lu* korrespondierte mit dem gleichzeitigen Ausbleiben der Regenfälle. Innerhalb weniger Jahrzehnte kam es durch die intensive Sonneneinstrahlung und die Aufheizung der Region zu einer Austrocknung des Unterbodens. Bis 1850 sank der Grundwasserspiegel in den betroffenen Gebieten teilweise um mehrere Meter. Donald Butter, Chirurg in der Bengal Army und einer der ersten wissenschaftlichen Beobachter der ökologischen Veränderungen in Nordindien, beschrieb dies 1839 wie folgt:

»Der jährliche Niederschlag ist in den vergangenen dreißig Jahren extrem unregelmäßig geworden, zwischen 30 und 70 inches schwankend und von zwei bis vier Monaten Dauer; im Durchschnitt über die vergangenen fünf oder sechs Jahre stetig abnehmend. An Stellen, wo früher das Gras hoch genug wuchs, um es als Dachdeckmaterial verwenden zu können, reicht es heute kaum noch zur Weidewirtschaft. Dieser allmähliche Abfall der Niederschlagsmenge, und daraus resultierend der Agrarproduktion, kann von jedermann beobachtet werden, der die vergangenen vierzig Jahre in Awadh gelebt hat. Aus demselben Grund ist es nun notwendig, Brunnen tiefer auszuschachten als in früheren Zeiten.«[24]

Der Isan Nadi, ein kleiner Drainagefluß im Doab, war im Gegensatz zum Beginn des 19. Jahrhunderts nicht mehr ganzjährig wasserführend. Die einsetzende Erosion durch die »ungebremsten« heftigen Winde und die platzregenartigen Schauer des Monsun trug zu einer weiteren Verschlechterung des Klimahaushaltes und letztlich der Agrarsituation bei.[25]

Die Entwaldung vor allem der »Central Lowlands« führte schon bald zu einer zügig voranschreitenden Versalzung des Bodens. Dieses Gebiet war von Natur aus sehr feucht und salzhaltig, da es in einer schlecht entwässerten natürlichen Senke lag. Der dort wachsende *Dhak*-Baum nahm eine einzigartige ökologische Nischenfunktion ein, da er auf feuchtem und salzhaltigem Grund gut gedieh. Die intensive Beschattung des Bodens verhinderte eine übermäßige Verdunstung und somit eine Ablagerung der Bodensalze an der Oberfläche. Die Salinisation setzte erst ein, als die Beschattung, Durchfeuchtung und Belüftung des Bodens durch die Bäume ausfiel und eine mangelnde Drainage des Unterbodens die Folge war.

Das ökologische Bewußtsein und das Wissen um die durch die Kolonialwirtschaft an den Naturräumen verursachten Schäden war bereits zu Beginn des letzten Jahrhunderts sehr ausgeprägt. Doch fanden die Berichte kein Gehör bei den entscheidenden Stellen in Kalkutta und auch nicht in London. Und obgleich in der Mitte des Jahrhunderts einige wenige Steuerbeamte ebenfalls über diese Kenntnisse verfügten, handelten sie oftmals wider besseres Wissen. Es war daher nicht verwunderlich, daß die recht früh beobachteten Veränderungen der Umwelt sich im Laufe des Jahrhunderts in ihren Ausmaßen und Auswirkungen potenzierten.

V. Der wirtschaftliche Niedergang Nordindiens

Die EIC hatte zunächst Erfolg bei ihrer Unternehmung, aus dem Doab eine *cash crop area* zu machen. Zuckerrohr gedieh bestens auf Weizenböden, und in den Flußniederungen von Ganges und Jamna wuchs das Zuckerrohr ohne Zutun der Bauern, wenn es auch von minderer Qualität war. Die Profitrate konnte so zusätzlich erhöht werden. Auch Indigo wurde vermehrt im Doab angebaut, zumal in Europa zu dieser Zeit ein reißender Absatz dieses Naturprodukts möglich war. Von 1814 bis 1819 stieg der Export beträchtlich an. Private Unternehmer traten verstärkt auf und forcierten den Handel mit Indigo durch Kreditvergabe an die Bauern und Investitionen in den Manufakturbereich. 1819 kam es zu einer ersten Baumwoll- und Indigokrise, ab 1825 fiel der Preis für Indigo

in London unaufhaltsam, 1831 machte er noch die Hälfte des ehemaligen
Normalpreises aus. Unter dem Druck des Preisverfalls versuchte die EIC
das Risiko auf die indischen Bauern abzuwälzen, indem eine Verordnung
erlassen wurde, die sie gleich den englischen Lohnarbeitern zur Einhaltung von Arbeits- bzw. Produktionseinheiten verpflichtete. Nicht selten
kam es vor diesem Hintergrund zu Übergriffen seitens britischer Indigo-
pflanzer, die sich auch nicht davor scheuten, »ihre« Bauern zu mißhan-
deln.[26] Auch war die indische Baumwolle kaum in der Lage, mit der amerikanischen zu konkurrieren und wurde daher fast ausschließlich nach
China exportiert. Nach 1825 kam es auch in diesem Bereich zu einem
Kollaps, von dem sich der Baumwollsektor kaum mehr erholte.
Der durch Überwirtschaftung ausgelaugte Boden des Doab führte zu beträchtlichen Qualitäts- und Quantitätseinbußen bei Baumwolle. Da sich
aber die Preise für Nutzfrüchte bereits nach dem Weltmarkt richteten,
war es für die von Schulden getriebenen Bauern oder *Zamindare* immer
noch lukrativer, *cash crops* anstelle von *food crops* anzubauen.
Die Bauern litten am meisten unter den ökologischen und ökonomischen
Veränderungen. Nicht nur, daß sie auf Kredite und Vorschüsse auf Ern-
ten angewiesen waren, sondern sie mußten auch zusehen, wie immer
mehr Land den Eigentümer wechselte und die alten örtlichen Magnaten
ihre Positionen und Funktionen verloren. Die neuen »Herren« zeigten
oftmals kein Interesse an dem gerade erworbenen ländlichen Besitz und
erfüllten daher auch nicht die von ihnen gewohnheitsrechtlich erwarteten
Aufgaben. Die ländliche Infrastruktur, die Instandhaltung und der Bau
von Brunnen und anderen Bewässerungsanlagen, die Essensausgabe in
Notzeiten, die Anlage von Vorratsspeichern, der Schutz vor äußeren
Feinden usw. brach im Verlauf der kolonialen Umgestaltung zusammen,
da die neue ländliche Elite diese Funktionen nicht wahrnahm. Auch die
EIC fühlte sich in dieser Hinsicht nicht verantwortlich, da die lokale Infrastruktur, wie auch im Mutterland, Angelegenheit der Grundeigentümer
war. Diese würden letztlich auch den Nutzen aus jeder Innovation in diesem Bereich ziehen. Bis Mitte der 1850er Jahre gab es seitens der EIC so
gut wie keine Investitionen im öffentlichen Bereich. Die Ausgaben der
Bengal Presidency für »public works« waren in der ersten Hälfte des
19. Jahrhunderts geringer als die eines durchschnittlichen zentralindi-
schen *Rajas*.[27]
Die Verdrängung der Lebensmittelfrüchte auf weniger fruchtbare Böden
ließ deren Erträge spürbar sinken. Die Klimaveränderungen und die allgemeine Degradation des Bodens führten zu weiteren Ertragseinbußen.
Grobe Getreidesorten, die die Grundlage der bäuerlichen Ernährung
bildeten, hatten bis zu 27 Prozent Rückgang zu verzeichnen. Beim Wei-

zen, der größtenteils für den städtischen Markt bestimmt war, betrug er sogar 35 Prozent, Gerste blieb mit ca. 6 Prozent als Ausnahme relativ stabil. Durchschnittlich kann man von einer kombinierten Qualitäts- und Quantitätsminderung von ca. 20 Prozent ausgehen.[28] Da die Anbaufläche für Nahrungsmittel zwischen 1805 und 1836 real um ca. 10 Prozent abnahm, kam es zu einer immer akuter werdenden Knappheit von Lebensmitteln, was in klimatisch instabilen Zeiten und bei Dürren Hungersnöte zur Folge hatte.

Mitte des Jahrhunderts war die Verfügbarkeit von und die Versorgung mit Wasser so schlecht geworden, daß sich die EIC 1854 zu einer Bestandsaufnahme der Schäden und der allgemeinen Verhältnisse auf dem Land veranlaßt sah. Die einzelnen Berichte waren von erschreckender Deutlichkeit.[29] Die lange Trockenperiode von 1833 bis 1837 mit dem anschließenden Dürrejahr 1838 führte im Doab zu einem Zusammenbruch des ökologischen Gleichgewichts. Die beiden großen Ströme Ganges und Jamna führten 1838 bis zu einem Drittel weniger Wasser als in gewöhnlichen Jahren. Alte gemauerte Brunnenanlagen mußten aufgegeben werden, weil das Wasser versiegte oder brackig und salzig geworden war. Das Grundwasser sank an manchen Stellen so stark, daß auch eine Reaktivierung der Brunnen mittels tieferer Ausschachtung nicht mehr möglich war. Nach 1838 fiel der Grundwasserspiegel in erschreckendem Umfang, teilweise, so im Südosten des Agra Distrikt, um fünf Meter, allgemein westlich der Jamna um vier Meter. 20 Prozent der *pakka*-Brunnen mußten in den North-Western Provinces (so hießen die Ceded and Conquered Provinces ab 1834) aufgegeben werden.

Die Dürre und Hungerkatastrophe von 1837/38 war der vorläufige Höhepunkt einer Entwicklung in den Ceded and Conquered Provinces, wie sie erst durch die britische Herrschaft in dieser Form möglich geworden war.

Der indische, subkontinentale Jahreszyklus verläuft in ganz anderen »Jahreszeiten« (als in Europa). Der Monsun von Juni bis September ist die einzig ergiebige Regenzeit in Indien. Währenddessen und danach erfolgt die Aussaat und danach – von Oktober an – die *kharif*-Ernte. Daran schließt sich im Januar eine erneute Aussaat mit der anschließenden *rabi*-Ernte an. Bis Juli können dann die Temperaturen auf bis zu 45 °Celsius im Schatten ansteigen, und die ersten Regenfälle werden herbeigesehnt. Die Monsunschauer füllen Tanks und Wasserspeicher und durchfeuchten den Boden, schließlich wird das Grundwasser wieder aufgefrischt. Sind die Regenfälle ergiebig, so bedeutet das auch eine reichhaltige Ernte. Die Bewässerungsanlagen waren bei der *kharif*-Aussaat nicht von substantieller Bedeutung. Je weniger Wasser allerdings durch die natürlichen Niederschlagsmengen zur Verfügung stand, desto mehr mußten sie in Anspruch genommen werden. Der zweite Monsunzyklus erreichte Nordindien nicht. Bewässerung war daher vor allem bei der zweiten Aussaat nötig. Die profitabelsten und wasserintensivsten Feldfrüchte wurden daher für die *kharif*-Ernte ausgesät. Bei einer Marginalisierung der Lebensmittel mußte sich bei einem schlechten Monsun oder gar dessen völligem Ausbleiben mit fortschreitender Ausprägung der kolonialen Agrarwirtschaft die Nahrungsmittelversorgung immer schwieriger gestalten. Bei der Dürre von 1825/26 scheint dies das erste Mal der Fall gewesen zu sein: Es konnten nur die Nutzfrüchte der *kharif*-Ernte eingebracht werden, der Rest der Ernte verdorrte. 1837/38, als sich das Ausbleiben des Monsun durch vorhergegangene mäßige Niederschlagsjahre angekündigt hatte,[30] kam es zu einem völligen Zusammenbruch der Landwirtschaft und des Handels. Ca. acht bis zehn Millionen Menschen waren von der Hungersnot betroffen, und mehrere Millionen aus den Doab-Distrikten von Kanpur bis Mirat (Meerut) waren auf der Flucht. Dabei kamen mehr als eine Million Menschen um. Sie starben an Auszehrung, Mangelerscheinungen und den dadurch induzierten Krankheiten wie Typhus, Cholera, Ruhr und Pocken.[31] Ein Blick auf die Liste der Hungersnöte von 1750 bis 1947 zeigt eine deutliche Zunahme der Dürren und der sich daran anschließenden Hungerkatastrophen.[32] Durch die massiven ökologischen Eingriffe in den ersten Jahrzehnten des 19. Jahrhunderts nahm die Möglichkeit eines schlechten Monsuns und der daraus resultierenden Gefahr der Dürre zu. Damit erhöhte sich dementsprechend auch die Gefahr von Hungernöten. Trotz angeblicher Verbesserung der Infrastruktur gab es allein in den North-Western Provinces zahlreiche verheerende Dürren und Hungerepidemien. Auffällig dabei sind die immer kürzer werdenden Intervalle zwischen den Katastrophen bei gleichzeitiger Verschärfung der Auswirkungen.

Vor allem die Dürre und die Hungerepidemie von 1837/38 waren für die Landwirtschaft und die Bauern des Doab und weiten Teilen der North-Western Provinces ein Wendepunkt. Die Kommission, die 1854 ihren Bericht über die Abnahme der Brunnenanlagen vorlegte, mußte immer wieder auf den Scheidepunkt von 1838 eingehen, nach dem offensichtlich auf dem Agrarsektor nichts mehr so war wie vorher. In Teilen des Doab wurden ein bis zwei Generationen benötigt, um die Schäden einigermaßen zu beheben. Der Aufstand der Bauern und Soldaten von 1857/58 und die nächste Dürre 1860/61 machten viele dieser Anstrengungen wieder zunichte. Auch die später einsetzende Kanalbewässerung änderte an diesem Umstand wenig. Weder konnten die Bauern ihre Pacht oder Steuer noch die *Zamindare* 1838–40 ihre Steuern entrichten. Schuldenstundung seitens der EIC gab es kaum. Bis 1850 wurde eine nicht mehr zu errechnende Zahl von Gehöften und landwirtschaftlichen Gütern zwangsauktioniert. Anfang der 1850er Jahre konnten die britischen Beamten konstatieren, daß es kaum noch alteingesessene Grundeigentümer gebe.[33] Stämme und Clans wurden aus ihren Besitzungen gedrängt. Das geschah vornehmlich in den alten Siedlungsgebieten, die entlang der Flüsse lagen. Ungeheuere Migrationsbewegungen setzten ein, sofern die Bauern noch eine Chance dazu hatten. Meist blieb nur die Auswanderung in die indischen Fürstentümer Zentralindiens oder in Richtung Rajasthan. Der Staat von Awadh war lange noch ein Zufluchtsort, aber als sich auch dort die agrarökonomische Situation verschärfte, schwanden die Ausweichmöglichkeiten. Die soziale Deprivation ganzer Bevölkerungsgruppen war das Resultat der ersten sechzig Jahre britischer Kolonialherrschaft im Doab sowie in ganz Nordindien. Das gilt besonders für die Zeit nach 1838.[34]

In Indien führten die Briten keine ausgedehnte Plantagenwirtschaft ein, wie sie es z. B. in der Karibik (Jamaica) getan hatten. Sie begnügten sich damit, das einheimische, seit Jahrhunderten bewährte Landwirtschaftssystem nach ihren Bedürfnissen umzustrukturieren. Physischer Zwang spielte dabei kaum eine Rolle. Die indischen Bauern des Doab wurden durch die immer enger gezogene Steuerschraube dazu gebracht, diesen Prozeß »freiwillig« durchzuführen, gegen ihre Interessen. Daß sie sich nicht mit diesem kolonialen Transformationsprozeß abfinden wollten, zeigte der verbreitete ländliche Aufruhr, der schließlich in die große Rebellion der Bauern, Händler und Soldaten gegen die britische Herrschaft 1857/58 einmündete. Doch war die Umstrukturierung zu diesem Zeitpunkt bereits irreversibel. An diesem Beispiel früher Kolonialherrschaft erweist sich, daß es geringer Mittel bedarf, um innerhalb des relativ kurzen Zeitraumes von einigen Jahrzehnten die fast vollständige Abhängigkeit eines Landes von einer fremden Macht aufzubauen und Strukturen zu etablieren, die der einheimischen Bevölkerung die Möglichkeiten zum Überleben beschneiden.

Literatur

Baden-Powell, B. H.: Administration of Land Revenue and Land Tenure in British India, 3 Bde., Oxford 1894.

Bayly, C. A.: Rulers, Townsmen, and Bazaars. North Indian Society in the Age of British Expansion 1770–1870, Cambridge 1983.

Cox, George W./Atkins, Michael D.: Agricultural Ecology. An Analysis of World Food Production Systems, San Francisco 1979.

Kulke, Hermann/Rothermund, Dietmar: Geschichte Indiens, Stuttgart 1982.

Mann, Michael: Britische Herrschaft auf indischem Boden. Landwirtschaftliche Transformation und ökologische Destruktion des »Central Doab« 1801–1854, Stuttgart 1992.

Nag Chowdhury-Zilly, Aditee: The Vagrant Peasant. Agrarian Distress and Desertion in Bengal 1770 to 1830, Wiesbaden 1982.

Siddiqi, Asiya: Agrarian Change in a Northern Indian State. Uttar Pradesh 1819–1833, Oxford 1973.

Stokes, Eric: The Peasant and the Raj. Studies in Agrarian Society and Peasant Rebellion in Colonial India, Cambridge 1978.

Whitcombe, Elizabeth: Agrarian Conditions in Northern India. The United Provinces under British Rule, 1860–1900, Bd. 1, London und New York 1971.

Wolfgang Schwentker
Modernisierung von oben
Japan im 19. Jahrhundert

In den Jahren nach der Meiji-Restauration des Jahres 1868 waren viele
junge japanische Intellektuelle voller Begeisterung über den neuen Kurs
aus der Provinz nach Tōkyō gekommen, um dort aktiv die Reform von
Staat und Gesellschaft mitzugestalten. Zu diesem Kreis zählte sich auch
Matsuzawa Kyûsaku (1855–1887), Journalist bei der Tōyō Jiyû Shinbun
(Östliche Freiheits-Zeitung). Im Jahre 1880 trat der gerade Fünfund-
zwanzigjährige mit einem aufsehenerregenden politischen Programm an
die Öffentlichkeit.[1] Seine von mehr als hunderttausend Mitbürgern un-
terzeichnete Petition forderte die Meiji-Oligarchen auf, mit der politischen Modernisierung des Landes nun endlich ernst zu machen. Vorrangig pochten Matsuzawa und mit ihm die junge politische Avantgarde um
die Jiyû Minken Undō (Bewegung für Freiheit und Volksrechte) auf die
Verkündung einer Verfassung und die Einrichtung eines Parlaments. Das
Bemerkenswerte an diesem Vorgang waren weniger die politischen Forderungen selbst als die Tatsache, daß sich breite Schichten der Bevölkerung politisch zu engagieren begannen. Politik schien mit einem Mal nicht
mehr nur das Geschäft der politischen Klasse zu sein, wie dies noch zwanzig Jahre zuvor unter den Bedingungen des spätfeudal-absolutistischen
Systems der Fall gewesen war.[2] Die Modernisierung schien damit auch in
Japans politischem Leben endlich Fuß zu fassen.
Die Historiker haben den politischen und sozialen Wandlungsprozeß,
der Japan bereits Anfang des 19. Jahrhunderts ergriffen hatte, sich aber
erst mit der gewaltsamen »Öffnung« des Landes und der nachfolgenden
Meiji-Restauration richtig entfalten konnte, mit dem sozialwissenschaftlichen Terminus »Modernisierung« zu charakterisieren versucht.[3] Mit
Modernisierung ist der gesamtgesellschaftliche Übergang von einer traditionalen zu einer modernen Gesellschaft gemeint.[4] Er umschließt die
Konstituierung eines staatlichen Gewaltmonopols und die Bürokratisierung der Verwaltung, die Durchsetzung von Geldverkehr und Marktwirt-
schaft, ökonomisches Wachstum, Industrialisierung, Bevölkerungszu-
nahme, Verstädterung, Säkularisierung der Kultur, Kodifizierung des
Rechts und anderes mehr. Der Begriff ist nicht unproblematisch, denn er

betont die Vorbildfunktion des Westens und beschreibt Modernisierung als einen Prozeß sozialen Wandels, der auf der Basis eines aufklärerischen Fortschrittsoptimismus einer inneren historischen Logik folgt. Er hat aber den Vorteil, ein breites Spektrum historischer und sozialwissenschaftlicher Kategorien bereitzustellen, mit denen sich ein so umfassender Transformationsprozeß, wie er sich im Japan des 19. Jahrhunderts abgespielt hat, gut abbilden läßt.[5]

Wir haben dabei die Forschungsergebnisse der letzten Jahre zu berücksichtigen, wonach der Übergang vom Tokugawa-Shōgunat zur Meiji-Ära keineswegs ein revolutionärer Bruch gewesen sei, sondern vielmehr ein historischer Brückenkopf mit zentraler Bedeutung für ein Verständnis der japanischen Geschichte vom 18. Jahrhundert bis zur Gegenwart.[6] Älteren Deutungen, die in der Restauration von 1868 eine Revolution, vergleichbar den bürgerlichen Revolutionen des Westens, oder einen Rückfall in den Tennō-Absolutismus sehen, wurde damit eine Absage erteilt. Die neuere Forschung betont heute wesentlich stärker die Kontinuitätsaspekte in der neueren japanischen Geschichte mit ihrem Gegen- und Miteinander moderner und traditioneller Elemente.[7] Die historischen Wurzeln dieses Modernisierungsprozesses reichen in die Edo-Zeit 1603–1867 zurück; seine Folgen haben die Geschichte des 20. Jahrhunderts geprägt und gezeichnet und sind heute noch spürbar. Das 19. Jahrhundert brachte für Japan den Übergang von einer spätfeudalen Gesellschaftsstruktur zur bürgerlich-kapitalistischen, von Handwerk und Manufaktur zum industriellen Großbetrieb, von der politischen Isolation zur Integration in das Weltstaatensystem und die Weltwirtschaft. Der politische und soziale, wirtschaftliche und kulturelle Wandel vollzog sich im wesentlichen in vier Etappen, die sich relativ präzise voneinander abgrenzen lassen: die Erosion des alten Systems in der ersten Hälfte des 19. Jahrunderts (I), der Untergang des Shōgunats (bakumatsu) 1853–1867 (II), die Meiji-Restauration und die ihr folgende Reformperiode 1868–1881 (III) und die Errichtung eines modernen Staates in den letzten beiden Jahrzehnten des 19. Jahrhunderts (IV).

I. Japan zur späten Edo-Zeit

Rein formal hatte sich am politischen und sozialen Gefüge des Shōgunats um 1800 nur wenig geändert. Seit 1603 stellte die Familie Tokugawa den Shōgun. Regierungssitz des Bakufu (wörtlich: »Zeltregierung«, was auf die militärischen Ursprünge des Systems verweist) war Edo, das heutige Tōkyō. Der machtlose Tennō residierte mit seinem höfischen Gefolge in Kyōto. Die Unterwerfung der Konkurrenten um die Macht im Zuge der

Reichseinigungskriege vor 1600, die Ausmerzung des Christentums und die Abschließung des Landes gegenüber der Außenwelt in den 1630er Jahren sicherten Japan über zweihundert Jahre lang Frieden im Innern wie nach außen. Doch während das politische System unter diesen Bedingungen stagnierte, kam es vor allem in den Handelszentren Edo, Ōsaka, Kyōto und Nagasaki, dem Nadelöhr im Handel mit China und Holland, zu einem wirtschaftlichen Aufschwung, zu sozialem Wandel und zur Entfaltung einer blühenden städtischen Kultur.

Mit der Errichtung des Tokugawa-Regimes war eine strenge feudal-hierarchische Ordnung entstanden.[8] Den ersten Rang der sozialen und politischen Hierarchie nahm die Kriegeraristokratie mit dem Shōgun (Abkürzung für sei-i-shōgun: »Barbaren vertreibender Militärführer«) an ihrer Spitze ein. Kernstück des shōgunalen Herrschaftssystems war das Verhältnis zwischen dem Shōgun und den etwa 265 Territorialfürsten, den sog. Daimyō (wörtlich: »großer Name«). Der Daimyō regierte seine jeweilige Domäne (Han), die ihm vom Shōgun als Lehen verliehen wurde. Seine Rechte und Pflichten basierten auf einer ungeschriebenen Tradition. Sie schlossen auf seiten des Daimyō das Recht zur alleinigen Regierung eines Territoriums und gegenüber dem Shōgun militärische, administrative und Hilfsdienste jeglicher Art ein. Als Daimyō galt zunächst, wer über Land mit einem Reisertrag von mehr als 10000 koku (1 koku entsprach etwa 180 Litern) verfügte. Die Besitzverhältnisse waren ganz unterschiedlich. Aber nicht nur deshalb waren die Daimyō keine homogene Gruppe. Ihr jeweiliger Rang innerhalb der politischen Ordnung bemaß sich nach den verwandtschaftlichen und politischen Loyalitätsbindungen gegenüber dem Shōgun.

Die weitaus effektivste Maßnahme zur Kontrolle der Daimyō und damit die Grundlage politischer Machterhaltung war zweifellos die Verpflichtung, dem Shōgun in regelmäßigen Abständen in Edo aufzuwarten. Bei der Rückkehr in sein Territorium mußte der Daimyō Familienmitglieder als Geiseln in Edo zurücklassen. Die langen, aufwendigen Reisen mit Gefolge und die standesgemäße Lebensführung in der Residenz des Shōguns bedeuteten für die Daimyō eine fortlaufende finanzielle Belastung. Ehrenvolle Sonderaufgaben, wie die Instandsetzung von Straßen und Gebäuden, leerten die Kassen zusätzlich. Teuren militärischen Abenteuern, vor allem der Herausforderung des Shōguns, war damit von vornherein der Boden entzogen. Das System wechselnder Residenzen war aber nicht nur eine politische Präventivmaßnahme; es führte auch zu einer Mobilisierung von Menschen, Gütern und Kapital und machte Städte wie Edo und Ōsaka zu blühenden Zentren von Handel, Verkehr und Kultur.

Die Tokugawa folgten ihren Vorgängern in dem Bemühen, ein

Höchstmaß an politischer Stabilität durch Beschränkung der sozialen Mobilität zu erreichen. Sie griffen dabei auf die alte konfuzianische Vorstellung einer natürlichen gesellschaftlichen Ordnung zurück, in der jedem Mitglied der Gesellschaft durch Geburt und Stand ein fester Platz in der sozialen Hierarchie zugewiesen war. Neben der in Kyōto residierenden Hofaristokratie und den Ausgestoßenen und Außenseitern, die sozusagen beide, die einen oben und die anderen unten, aus der sozialen Ordnung herausfielen, kannte die Edo-Zeit vier große Stände: Krieger – Bauern – Handwerker – Kaufleute.[9] Die größte Gruppe der Kriegeraristokratie – als Vasallen von Shōgun oder Daimyō – stellten die Samurai dar. Sie fühlten sich als zunächst noch selbstbewußte Kriegerkaste einem spezifischen Moralkodex (Bushidō) verpflichtet und waren gegenüber dem Rest der Bevölkerung mit besonderen Privilegien ausgestattet. Die Samurai durften Waffen tragen, einen Nachnamen führen und besaßen theoretisch das Recht, Angehörige der niederen Stände, die ihnen nicht den nötigen Respekt entgegenbrachten, auf der Stelle zu töten. Ihre öffentlichen Aufgaben und ihre Lebensführung hatten sich seit dem Mittelalter stark verändert. Im Verlauf der langen Friedensperiode seit dem 17. Jahrhundert waren aus Kriegern Träger ziviler Aufgaben geworden. Geburt und Vermögen entschieden innerhalb des Samuraistandes über Prestige und Beruf. Wir finden unter ihnen sowohl politische Ratgeber von hohem Rang als auch einfache Torwächter.

Die Bauern rangierten in der sozialen Hierarchie der Edo-Zeit an zweiter Stelle. In der Gesetzgebung des Shōgunats wurden sie gegenüber den Handwerkern und Kaufleuten begünstigt. Ihre Aufgaben und Pflichten für die Gemeinschaft sind einfach beschrieben: die Bauern hatten die Versorgung der herrschenden Schichten mit Nahrungsmitteln, hauptsächlich Reis, sicherzustellen, und sie trugen kraft ihrer Zahl – 80 % der Bevölkerung lebten auf dem Lande – die Hauptsteuerlast. Auch die Bauernschaft war in sich nicht homogen. Sie unterschied sich nach Einkommen und Regionen. Man wird verallgemeinernd sagen dürfen, daß die Bauern im Südwesten des Landes vom Klima und den prosperierenden Städten mit ihrem steigenden Nahrungsmittelbedarf ungleich mehr profitierten als die bäuerliche Bevölkerung im Nordosten Japans. Die Weiterentwicklung landwirtschaftlicher Bebauungsmethoden hat den Lebensstandard der Bauern nicht verbessert. Im Gegenteil, die Bevölkerungsvermehrung vergrößerte den Druck auf die bäuerliche Bevölkerung noch zusätzlich. Zwar stieg die Nachfrage an, doch wurden die Gewinne von den Feudalherren meist sehr schnell abgeschöpft. Dies war ein Grund dafür, warum sich die bäuerliche Unzufriedenheit seit 1800 immer häufiger in sozialen Protestbewegungen entlud.

Die städtische Bevölkerung setzte sich im wesentlichen aus Handwerkern und Kaufleuten zusammen. War das Handwerk als ein güterproduzierendes Gewerbe allgemein geachtet, so galten nach der aus China übernommenen konfuzianischen Lehre die Händler und Kaufleute als unproduktiv und rangierten deshalb auf der untersten Stufe der Sozialordnung. Ihren ökonomischen Aufstieg in der zweiten Hälfte der Edo-Zeit hat dies nicht verhindern können. Die Händler und Kaufleute verbanden Stadt und Land. Sie befriedigten die Nachfrage der in den Burgen und Städten lebenden Samurai, und sie nahmen den Bauern ihre landwirtschaftlichen Erzeugnisse ab. Die Shōgune versuchten zwar, die wirtschaftliche Betätigung der Kaufleute durch restriktive Maßnahmen (Verwehrung des Außenhandels, Kontrolle über die Herstellung und Verteilung lebenswichtiger Güter, Gildenzwang und staatliche Geldpolitik) einzudämmen. In Wirklichkeit aber wurde der Nutzen des Handels nicht in Frage gestellt. Aus all dem hat die neuere Forschung die These abgeleitet, daß sich bereits im 18. Jahrhundert eine einheitliche Volkswirtschaft herausgebildet habe.[10] Ihre Zentren lagen in Edo, dessen Bevölkerung im 18. Jahrhundert auf fast eine Million Menschen anwuchs und damit größer als London oder Paris war, und in den Handelsstädten Ōsaka, Kyōto, Kanazawa und Nagoya. Sie bildeten die Knotenpunkte, an denen sich der Warenaustausch zwischen der Residenz des Shōgun, den Han und den kleineren Städten auf dem Lande abspielte.

Der soziale und wirtschaftliche Fortschritt, der durch das restriktive politische System nur gebremst, nicht aber aufgehalten werden konnte, schlug sich vor allem in einer Blüte der städtisch-bürgerlichen Kultur und Förderung der Wissenschaften nieder. Mathematik und Geographie, für den Kaufmann von besonderem Interesse, bewegten sich, noch bevor westliche Einflüsse spürbar waren, auf hohem Niveau. Mit der Etablierung der »Rangaku«, der holländischen Studien, sickerte in der zweiten Hälfte des 18. Jahrhunderts dann auch westliches Wissen nach Japan ein. Vermittler von Informationen und Nachrichten waren die offiziellen Dolmetscher des Shōgunats, die in Nagasaki den Handel mit den holländischen Kaufleuten abwickelten. Mit den Hollandstudien nahm die Angst vor dem Ausland merklich ab. Westliche Besucher vermittelten den in Nagasaki versammelten Gelehrten westliche Wissenschaft aus erster Hand. Die politische Geschichte Japans ist davon zunächst nicht beeinflußt worden. Erst als das Land sich wenige Jahrzehnte später anschickte, an den Westen anzuschließen, wurde bedeutsam, daß man auf Gelehrte zurückgreifen konnte, die mit der modernen Technik und den wissenschaftlichen Denkweisen des Okzidents bereits vertraut waren.

Die Blüte städtischer Lebensformen, die Umsetzung neuer Erkenntnisse der Agrarwissenschaft in der Landwirtschaft, die langsame Aufnahme westlicher Wissenschaft und Technik und die Ausbreitung konfuzianischer Gelehrsamkeit waren allesamt ein Zeichen dafür, daß das Bildungsniveau unter allen Schichten der Bevölkerung gestiegen war. Noch war Bildung ein Privileg, aber die Zahl der Schulen in den Territorialfürstentümern, zuständig für die Ausbildung der jungen Samurai und der Söhne aus gutsituierten Kaufmanns- und Bauernfamilien, nahm stetig zu.[11] Den anderen sozialen Gruppen standen die ca. 10000 Tempelschulen offen. In ihnen erhielten in der ersten Hälfte des 19. Jahrhunderts 40 bis 50 % aller Männer und 15 % der Frauen eine Schulausbildung. Um diese Ausgangsposition *vor* dem eigentlichen Modernisierungsschub würde heute jedes Land der »Dritten Welt« Japan beneiden!

Seit der Wende vom 18. zum 19. Jahrhundert hatten sich die Shōgune und ihre Ratgeber mit wechselndem Erfolg darum bemüht, die politisch und finanziell prekäre Lage der Zentralregierung zu entschärfen. Die Kansei-Reformen unter dem Daimyō Matsudaira Sadanobu (1759–1829), der für den noch nicht regierungsfähigen Shōgun vormundschaftlich die Amtsgeschäfte führte, waren ein rigides Sparprogramm, aber sie waren historisch rückwärtsgerichtet, denn sie versuchten, den Handel zugunsten der Agrarwirtschaft wieder in den Hintergrund zu drängen.[12] Diese wirtschaftspolitischen Bemühungen scheiterten genauso wie die Politik des nachfolgenden Shōgun Tokugawa Ienari (1773–1841), unter dessen Regentschaft es zwischen 1819 und 1837 zu insgesamt neunzehn Geldentwertungen kam. Die Inflationsspirale trieb die Preise in schwindelnde Höhen. Leidtragende waren in erster Linie die Samurai in den Burgstädten. Sie hatten gravierende Gehaltseinbußen hinzunehmen und verarmten zusehends.[13] Noch bedrückender stellte sich die Lage der bäuerlichen Bevölkerung dar. Die Einführung des Geldverkehrs in die traditionelle Naturalwirtschaft und die Auswirkungen der Inflation hatten den Lebensstandard der Bauern erheblich verschlechtert. Mißernten, Seuchen und Überschwemmungen, wie sie zwischen 1824 und 1832 besonders häufig auftraten, machten das Leben auf dem Lande unerträglich. Die Hungersnöte 1833 und 1836 trieben die Bevölkerung in Massen in die Städte, ohne daß ihnen dort wirksam hätte geholfen werden können. Verzweiflung und Unmut taten sich in zahlreichen Protestbewegungen kund. Sie gipfelten 1837 im Bauernaufstand von Ōsaka. Die Reformen der Tempō-Ära in den 1840er Jahren konnten die soziale Gärung nicht mehr zum Stoppen bringen. Sie waren ein letzter, aber schließlich vergeblicher Versuch, die Finanzen des Shogunats mit einem rigiden Sparkurs noch einmal zu ordnen. Die Erosion der sozialen und politischen Ordnung, der Verlust an Macht und Prestige unter den alten Eliten und die Umschichtung des wirtschaftlichen Potentials vom ersten in den vierten Stand waren bereits zu weit fortgeschritten. Unter Kaufleuten und Gelehrten stellte man sich deshalb immer häufiger die Frage, ob die Probleme des 19. Jahrhunderts wirklich noch mit den Methoden des 17. Jahrhunderts zu meistern waren. Dies war die Lage, als 1853 ein amerikanisches Geschwader in der Bucht von Edo vor Anker ging.

II. Der Untergang des Shogunats 1853–1867

Seit 1800 war es wiederholt zu Auseinandersetzungen zwischen ausländischen Kaufleuten und Fischern und japanischem Militär gekommen. Es handelte sich bei diesen Zwischenfällen um Einzelaktionen von Händlern und Abenteurern, nicht um zielgerichtete politische Provokationen, die von London oder von St. Petersburg aus gesteuert worden wären. Es war deshalb ein leichtes, die Eindringlinge zurückzuweisen. Gleichwohl zeigten die Vorfälle im Innern Wirkungen. Die Bedrohung Japans wurde zum Gegenstand öffentlicher Diskussionen, wobei man schnell bemerkte, daß die westliche Militärtechnik der japanischen weit überlegen war. Der umsichtige Holland-Gelehrte und Militärfachmann Sakuma Shōzan riet, sich die westliche Technologie anzueignen, um sie für Japan zu nutzen. So weitsichtig die Vorschläge Sakumas und anderer Gelehrter auch gewesen sein mögen, sie konnten sich unter den verkrusteten Bedingungen des Shōgunats praktisch nicht mehr entfalten.

Der Opiumkrieg zwischen England und China (1840–42) und damit die »Öffnung« des Reiches der Qing-Dynastie veränderte die politische Lage in Ostasien grundlegend. Japan war von diesem Krieg zunächst nicht direkt betroffen, doch löste die Niederlage des einst mächtigen Nachbarn bei allen politischen Kräften einen Schock aus. In Westeuropa war der »Ferne Osten« wieder stärker ins Blickfeld der äußeren Politik gerückt. Die Vereinigten Staaten von Amerika waren 1846/48 mit der Erwerbung von Oregon und Kalifornien eine neue pazifische Macht geworden. Für den amerikanischen Handel mit China und den Walfischfang war die transpazifische Route von eminenter Bedeutung. Das amerikanische Interesse an Japan war demzufolge zunächst rein praktischer Natur. Die Aufnahme Schiffbrüchiger, die Versorgung der Schiffe mit Proviant und die Einrichtung von Kohlestationen standen im Vordergrund der Bemühungen um eine »Öffnung« Japans. Nachdem noch 1837 ein amerikanisches Handelsschiff mit Gewalt von der japanischen Küste vertrieben worden war, tat die amerikanische Regierung 1852 einen entschlosseneren Schritt, um die selbstgewählte Isolierung Japans zu durchbrechen.

Als Commodore Matthew C. Perry mit seinen »black ships« im Juli 1853 in die Bucht von Edo einlief, hatte er einen Brief seines Präsidenten Millard Fillmore im Gepäck, der, konziliant im Ton, aber hart in der Sache, die amerikanischen Forderungen nach Handelsbeziehungen und Hilfeleistungen zum Ausdruck brachte.[14] Die Geschenke der ungebetenen Gäste, darunter das Modell einer Eisenbahn und zwanzig Meter Schienen, waren keine freundlichen Gefälligkeiten, sondern eine machtvolle Demonstration der Überlegenheit westlicher Technologie. Sie verliehen dem amerikanischen Begehren den nötigen Nachdruck.

Das selbstbewußte Auftreten Perrys löste in den Regierungskreisen Edos Entsetzen und Ratlosigkeit aus.[15] Der Shōgun Tokugawa Nariaki (1800–1860) war persönlich schwach und nur noch eine Marionette in der Hand seiner Beamten. Die Leitung der Regierungsgeschäfte lag faktisch in den Händen des Staatsrats Abe Masahiro (1819–1857). In kluger Einschätzung der Machtverhältnisse war er überzeugt, daß man den Amerikanern Zugeständnisse werde machen müssen. Angesichts der Tragweite dieser politischen Entscheidung, die ein Ende der über zweihundert Jahre lang betriebenen Abschließungspolitik bedeutet hätte, entschloß sich Abe, alle Daimyō in dieser Angelegenheit zu befragen. Für die japanische Innenpolitik war dieser von Abe eingeschlagene, konsensorientierte Weg folgenreich. Er demonstrierte in einer zentralen politischen Frage die Schwäche des Shōgunats, und genau diese wurde zum eigentlichen Thema der öffentlichen Erörterungen. In ihrer Mehrzahl verweigerten die Daimyō den Vorschlägen aus Edo ihre Zustimmung. Das Bakufu war damit auf sich allein gestellt und suchte einen Ausweg aus der Krise in einer Politik der mittleren Linie, die den Amerikanern zwar Rechte einräumte, diese aber so gering wie möglich hielt. Der im März 1854 abgeschlossene Vertrag von Kanagawa erlaubte den Fremden, in Shimoda auf der Halbinsel Izu und in Hakodate auf Hokkaidō Handel zu treiben und einen Konsul zu entsenden.[16] Townsend Harris, dem diplomatischen Vertreter der Vereinigten Staaten, gelang es im Jahre 1858, dem Shōgunat einen Handelsvertrag abzutrotzen, der den Amerikanern zusätzliche Rechte einräumte.[17] Dazu gehörten die Stationierung eines amerikanischen Gesandten in Edo, das Wohnrecht für amerikanische Staatsbürger in Edo und Ōsaka, niedrige Zölle, eine Meistbegünstigungsklausel sowie das Recht, amerikanische Bürger in Japan unter amerikanische Gesetze zu stellen (die sog. Exterritorialitätsklausel). In den folgenden Jahren schlossen auch Rußland, Holland, England, Frankreich und Preußen ähnliche Verträge mit Japan.[18]

Der Abschluß der Handelsverträge mit den USA und den europäischen Staaten rief die Kritiker des Shōgunats erneut auf den Plan. Hotta

Masayoshi (1810–1864), der Vorsitzende im Ältestenrat, reiste deshalb eigens nach Kyōto, um sich die Unterstützung des Tennō für seine Politik zu holen, erhielt dort aber einen ablehnenden Bescheid. Am Hofe des Tennō und in den südwestlichen Daimyaten Satsuma und Chōshū konzentrierte sich die Opposition gegen das Shōgunat. Dieses sah jedoch keine andere Möglichkeit, einer militärischen Intervention durch die westlichen Mächte zu begegnen, als die Verträge zu unterzeichnen. Edo stellte sich damit gegen den Kaiser und die meisten Daimyō. Das Shōgunat befand sich ab 1860 gleichsam zwischen zwei Fronten: auf der einen Seite die fremden »Barbaren«, die ihren Einfluß in Japan auf der Basis der »ungleichen« Verträge auszubauen gedachten; auf der anderen Seite die Fronde im Innern, die der Zentralregierung die Gefolgschaft versagte. Die Folge dieser Entwicklungen waren eine Reihe gewalttätiger Auseinandersetzungen, die sich zum Teil gegen die Ausländer richteten und im Südwesten zu bürgerkriegsähnlichen Zuständen führten. Dabei zeigte sich zweierlei: Die Westmächte waren nicht mehr bereit, den Provokationen der japanischen Seite tatenlos zuzusehen, und nahmen mit dem Beschuß von Kagoshima (1863) und Shimonoseki (1864) blutige Revanche. Diese Vorfälle wiederum führten selbst bei den harten Verfechtern einer Fortsetzung der Abschließungspolitik zu einem Umdenken. Aus den Tagebüchern und Autobiographien der in Japan tätigen Kaufleute und Diplomaten können wir herauslesen, daß das Bakufu zwar willens war, die Vereinbarungen mit den Ausländern einzuhalten, aber zu machtlos, sie auch im Innern gegen die politischen Widersacher durchzusetzen.[19] Im Zeichen der allgemeinen politischen Konfusion entwickelten moderate Daimyō den Vorschlag, der Shōgun möge sein Amt wieder in die Hände des Kaisers zurücklegen.[20] Tokugawa Yoshinobu (1837–1913) war Realist genug, dieses »Angebot« anzunehmen. Er übermittelte dem Tennō am 9. November 1867 seinen Rücktritt. Den radikalen Kräften aus Chōshū und Satsuma im Verbund mit den deklassierten Samurai-Beamten anderer Daimyate ging dieser Schritt jedoch nicht weit genug. Ihre Truppen besetzten am 3. Januar 1868 den kaiserlichen Palast, erklärten das Shogunat für gänzlich abgeschafft und proklamierten die Wiederherstellung der kaiserlichen Macht. Das neue Zeitalter trug den Namen, den der neue Herrscher Mutsuhito (1852–1912) seiner Regierung als Motto gegeben hat: Meiji (wörtlich: erleuchtete Regierung).

III. Die Meiji-Reformen

Die Meiji-Restauration gilt neben der Reichseinigung und der Errichtung der Tokugawa-Herrschaft um 1600 sowie der Niederlage Japans im Jahre 1945 zu Recht als epochale Zäsur der neueren japanischen Geschichte. Der japanische Terminus »Meiji ishin« schließt in seiner Bedeutung allerdings mehr als nur »Restauration« ein; er meint auch »Erneuerung«. An der Spitze der politischen Hierarchie war die Übernahme der Macht durch den Tennō in der Tat ein restaurativer Akt. In allen übrigen Bereichen von Politik, Gesellschaft, Wirtschaft und Kultur kam es in den der eigentlichen Restauration folgenden Jahren aber zu radikalen und in die Zukunft gerichteten Umgestaltungen, die von bürokratisch erfahrenen Samurai aus den südwestlichen Territorialfürstentümern durchgeführt wurden. Wir haben es deshalb nicht mit einer bürgerlichen Revolution westeuropäischen Zuschnitts zu tun. Die Rolle der staatlichen Organe als Träger der Reformen war wesentlich größer als in Europa. In ihrer Wirkung kamen die Reformen aber auf dem Wege einer »Modernisierung von oben« einer revolutionären Umgestaltung von Staat und Gesellschaft nahe.[21]
Die Meiji-Restauration hatte weder Theorie noch Programm, aber sie hatte ihre Schlagworte. Die neue politische Klasse hatte die Ziele der Modernisierung Japans in die Formel »Fūkoku kyōhei« (»Reiches Land und starke Armee«) gegossen. Konkrete Vorstellungen, wie es nach dem Sturz des Bakufu weitergehen sollte, verbanden sich damit aber noch nicht. Es rächte sich jetzt, daß es keine der leitenden Persönlichkeiten der Restaurationsbewegung vermocht hatte, ein praktikables Konzept für eine neue Staatsform auszuarbeiten. Die politische Macht lag nach 1868 in den Händen einer Oligarchie, die sich aus dem Kaiser, einflußreichen Hofbeamten und Repräsentanten der mächtigen Territorialfürstentümer Chōshū, Satsuma, Hizen und Tosa zusammensetzte. Der Tennō zog Anfang 1869 von Kyōto in die in Tōkyō umbenannte Hauptstadt um. Schon vorher, im April 1868, hatte er mit der Verkündung der Eidescharta den politischen Weg Japans in die Moderne vage vorgezeichnet. Die Charta schrieb in fünf Artikeln folgende Prinzipien fest:

»1. Eine Versammlung auf breiter Basis soll einberufen werden, und alle Staatsangelegenheiten sollen öffentlich beraten werden.

2. Alle Schichten des Volkes, ob hohe oder niedrige, sollen sich darin zusammenfinden, Wirtschaft und Wohlfahrt der Nation mit aller Kraft zu fördern.

3. Sowohl den Angestellten der öffentlichen Verwaltung und des Mili-

tärs als auch dem gemeinen Volk soll es gestattet sein, seinen Neigungen und Bedürfnissen nachzugehen, auf daß es nicht mehr zu Unzufriedenheit unter ihnen komme.

4. Die rechtlichen Bestimmungen der alten Zeit werden abgeschafft. Das Handeln soll sich an den natürlichen Prinzipien der Gerechtigkeit orientieren.
5. Erkenntnisse sollen überall in der Welt gesucht werden, um auf diese Weise die Grundlagen der kaiserlichen Regierung zu stärken.«[22]

Nach Maßgabe dieser Prinzipien wurden zunächst die staatlichen Institutionen behutsam umgestaltet. Als politisch zentrales Organ fungierte direkt unter dem Tennō ein »Großer Staatsrat«. Darunter verteilte sich die Macht auf eine gesetzgebende Versammlung, auf mehrere Justizorgane und auf die Exekutive, die wiederum in verschiedene Abteilungen für religiöse und auswärtige Angelegenheiten, Finanzen und Militär untergliedert war. Das Ressort für die zivile Verwaltung wurde 1873 in ein Innenministerium mit weitreichenden Vollmachten für die staatliche Neuordnung umgewandelt. Neben den Ministerien existierte eine gesetzgebende Versammlung, die aus zwei Kammern bestand. Der ersten Kammer gehörten hohe Regierungsbeamte an, die zweite setzte sich aus Samurai verschiedener Han, später aus Delegierten der Präfekturen zusammen.

Die Zentralisierung von Regierung und Verwaltung konnte nur deshalb so erfolgreich und nahezu reibungslos durchgeführt werden, weil die Reformmaßnahmen auch die lokalen und regionalen Einheiten des Tokugawa-Systems einbezogen. Auf Vorschlag und politischen Druck der Reformer gaben alle Daimyō ihre Territorien im Jahre 1869 an den Tennō zurück. Im Jahre 1871 wurden die Han dann endgültig abgeschafft und bis 1888 in insgesamt 45 Präfekturen umgewandelt. Die alten Daimyō verloren ihre Posten als Gouverneure und wurden mit Titeln und Renten großzügig entschädigt. Ihre Armeen wurden aufgelöst, die Burgen eingezogen. Die Präfekturen wurden an der Spitze mit Beamten aus Tōkyō besetzt. In den Händen der neuen Beamtenschaft lag auch die Neuordnung der Stadt- und Dorfverwaltungen. Die Präfekturen wurden in mittelgroße Kreise und diese wiederum in die bekannten Stadt- und Dorfbezirke unterteilt, wobei man klugerweise auf die in der Edo-Zeit gewachsenen Traditionen Rücksicht nahm. An der Spitze der Oligarchie waren Ōkubo Toshimichi (1830–1878) und Itō Hirobumi (1841–1909) Pragmatiker genug, um zu erkennen, daß die Reformen letztlich nur dann Erfolg haben konnten, wenn es gelang, die Staatsfinanzen zu sanieren. Die Summen für die Abfindungen der Daimyō und Samurai gingen in die Millionen. Der konfiszierte Besitz der Familie Tokugawa reichte nicht einmal aus, um die Hälfte der finanziellen Verpflichtungen zu decken. Unter der Leitung Ōkubos und Itōs wurde deshalb in den Jahren 1871/72 eine Finanzreform durchgeführt. Auf der Basis des Dezimalsystems wurde eine nationale Währung geschaffen, wofür der Yen die Münzeinheit abgab.

Schuldverschreibungen der Regierung in Höhe von 190 Millionen Yen ermöglichten die Ausgabe neuer Banknoten. Ein englischer Kredit stabilisierte die finanzielle Lage zusätzlich. Im Jahre 1872 wurde der Verkauf und Neuerwerb von Land erlaubt. Damit wurden die Besitzverhältnisse neu festgeschrieben. Nur wenige Damyō- und Samuraifamilien sowie einige buddhistische Klöster verfügen jetzt noch über eigenen Besitz. Der Durchbruch kam aber erst 1873 mit der Reform des Grundsteuersystems.[23] Die Steuern waren jetzt von jedem einzelnen direkt an die Zentralregierung abzuführen. Maßgebend für die Höhe der Abgaben war die Besitzgröße, nicht mehr der Ertrag. Dies gab der Regierung bei ihren finanziellen Planungen mehr Sicherheit.

Die Land- und Steuerreform wurde von gesellschaftspolitischen Maßnahmen flankiert. Das Vier-Stände-System der Tokugawa-Zeit wurde auf dem Wege der Einebnung der sozialen Ränge nivelliert. Die Meiji-Zeit kannte nur noch den hohen Adel (kazoku), die Samurai (shizoku) und das gewöhnliche Volk (heimin). Profitiert haben von diesen sozialen Umwälzungen vor allem die Bürger in den Städten. Ihnen wurde jetzt das Tragen von Familiennamen gestattet und die Freiheit von Beruf und Wohnort gewährt. Die Samurai hingegen verloren ihre ständischen Privilegien. Ab 1871 war das Schwerttragen nicht mehr obligatorisch, 1876 wurde es ganz verboten. Besondere Haartracht und Kleidung fielen als ständisches Etikett weg. Abgefunden wurden die Samurai mit staatlichen Pensionen, ohne daß ihnen damit schon der tägliche Lebensunterhalt garantiert war. Einige von ihnen fanden in den Verwaltungen der Präfekturen oder in Tōkyō selbst neue Betätigungsfelder. Es gab auch staatliche Anreize, sich in Industrie und Landwirtschaft zu engagieren; die Erschließung der Nordinsel Hokkaidō im letzten Drittel des 19. Jahrhunderts war auch zur Beschäftigung arbeitsloser Samurai gedacht. Diejenigen unter ihnen, die sich den neuen Verhältnissen nicht anzupassen vermochten, stiegen die soziale Stufenleiter hinab.

Die gewaltsame »Öffnung« des Landes durch die Kriegsschiffe Commodore Perrys und die mit den westlichen Mächten abgeschlossenen Verträge waren aus japanischer Sicht eine Folge der eigenen militärischen Schwäche. Zu den vorrangigen Zielen der neuen politischen Führung zählte deshalb der Aufbau einer schlagkräftigen Armee auf nationaler

Ebene, um so, nötigenfalls mit Gewalt, eine Revision der Verträge erzwingen zu können.

Yamagata Aritomo (1838–1922), die militärische Autorität der neuen Regierung, nahm sich dieser Aufgabe an und begab sich dazu auf eine Studienreise nach Europa, um in Frankreich und im Deutschen Reich Militärwesen und Heeresverfassung zu studieren. Ihm schien das semifeudale, autoritäre Preußen-Deutschland, das aus dem Krieg gegen Frankreich 1870/71 als Sieger hervorgegangen war, ein geeignetes Modell für die japanische Armee.[24] Nach seiner Rückkehr wirkte Yamagata deshalb auf die Schaffung einer Wehrverfassung nach preußischem Vorbild hin. Nach dem 1873 erlassenen Wehrpflichtgesetz wurden alle Männer im Alter von 20 Jahren für drei Jahre eingezogen; vier Jahre lang dienten sie in der Reserve. 1875 wurde die erste Offiziersschule gegründet. Die Einrichtung des Generalstabs folgte drei Jahre später. Als Berater des Stabs wurde der preußische General Jacob Meckel nach Japan geholt. Umgekehrt wurden junge japanische Offiziere zur Ausbildung in die preußischen Kadettenanstalten geschickt. Gut ein Jahrzehnt später verfügte Japan über eine moderne Armee, deren Führungspersonal und technische Ausrüstung denen der westlichen Armeen kaum nachstanden.

Die Studienreise Yamagatas nach Europa war nicht die erste und einzige ihrer Art. Schon vor der Meiji-Restauration hatten sich Abgesandte des Shogunats ins westliche Ausland begeben. Eine dieser Delegationen hatte im Jahr 1862 auch das Rheinland und Berlin besucht.[25] Nach 1868 nahm die Zahl der Reisen japanischer Politiker und Gelehrter in die USA und nach Westeuropa erheblich zu. Die Unternehmungen verfolgten einen doppelten Zweck. Zum einen wollte man sich über Wissenschaft und Technik, politische Institutionen und gesellschaftliche Verhältnisse des Westens Informationen aus erster Hand verschaffen; zum anderen warb man um die diplomatische Anerkennung Japans und die Revision der »ungleichen« Verträge. Die bedeutendste Auslandsgesandtschaft war die sog. Iwakura-Mission 1871/73.[26] An ihrer Spitze standen die Protagonisten des neuen Kurses: Iwakura Tomomi als Vertreter des Hofs sowie Kido Takayoshi (1833–1877) und Ōkubo Toshimichi von seiten der reformfreudigen Präfekturen im Süden. Überall wurde die Delegation von führenden Politikern empfangen, unter ihnen der englische Premierminister Gladstone und der deutsche Reichskanzler Bismarck. Im Eiltempo besuchten die japanischen Besucher Parlamente und Verwaltungseinrichtungen, inspizierten Schulen, Banken und Fabriken und sahen sich in Krankenhäusern und Kirchen, Theatern und Museen um. Die Mission kehrte nach Japan im Bewußtsein zurück, daß man nur dann mit den westlichen Mächten werde gleichziehen können, wenn man sich zu einer umfassenden Modernisierung von Staat und Gesellschaft entschloß.

Der Iwakura-Mission folgten andere Delegationen.[27] Zwischen 1870 und 1900 reisten etwa 900 Regierungsvertreter ins Ausland, die meisten davon in die USA. Dort studierten sie Bergbau und Landwirtschaft. In England nahmen sie besonders die Industriebetriebe, das Bankwesen und die Flotte in Augenschein. Dem Polizei- und Rechtssystem ging man in Frankreich nach, mit der Folge, daß im ersten Jahrzehnt der französische Einfluß auf die innere Verwaltung besonders groß war. Im Deutschen Reich fanden das Militär und die Medizin das besondere Interesse der japanischen Reisenden. Die deutschen Ärzte genossen in Japan einen ausgezeichneten Ruf, ein Erbe der Tätigkeit des deutschen Naturforschers Philipp Franz von Siebold, der noch zu Zeiten des Shōguns in den 1820er Jahren japanische Studenten in Medizin unterrichtet hatte.[28]

Im Gegenzug holte man nach 1870 eine Anzahl ausländischer Beamter ins Land.[29] Um 1874 belief sich die Zahl der ausländischen Regierungsangestellten auf 858 Personen; sie sank jedoch in den 1890er Jahren auf unter 100. In der Privatwirtschaft können wir einen umgekehrten Trend beobachten. Die Zahl der dort beschäftigten Ausländer war zunächst gering, stieg aber um 1897 auf 760 Personen an. Großbritannien stellte im Jahre 1874 den Großteil der in Japan beschäftigten Ausländer (433, die meisten waren als Ingenieure in der Industrie und im Schiffsbau tätig), gefolgt von den Franzosen (145, Verwaltung und Werften), den Amerikanern (94, Landwirtschaft und Bergbau), den Deutschen (62, vornehmlich im Bereich von Medizin, Militär und Ministerialverwaltung) und anderen Nationalitäten. Wenngleich der Anteil der ausländischen Fachkräfte an der Durchführung der Reformen von großer Bedeutung war, muß doch betont werden, daß die Erneuerung in erster Linie in den Händen der Japaner selbst lag. Die angeheuerten Fremden waren strengen Kontrollen unterworfen. Sie waren Instrumente der Reform, nicht Reformer.

Andererseits ging der Einfluß der ausländischen Berater, der Diplomaten und Geschäftsleute, weit über formale Instruktionen hinaus. Er erstreckte sich auf sämtliche Lebensbereiche und zeigte sich im Alltagsleben meist schneller und stärker als in den staatlichen Institutionen. Die Bücher Fukuzawa Yukichis, des wortgewaltigsten Verfechters einer Modernisierung nach westlichem Muster, wurden zu Bestsellern der frühen Meijizeit und machten den Fortschritts- und Individualitätsgedanken in Japan populär.[30] Die geistige Auseinandersetzung mit dem Westen wurde seit 1872 zusätzlich durch zahlreiche Übersetzungen europäischer Klassiker des politischen und sozialen Denkens erleichtert. Die Hafenstädte Yokohama und Kōbe wurden zu Brückenköpfen der Begegnung mit dem Westen. Dort entstanden die ersten Ausländergemeinden mit Kirchen und Schulen, Geschäften und Hospitälern. Die Lebensweise der Bevölkerung blieb von diesen Einflüssen nicht unberührt. Im Jahre 1872 wurde der alte japanische Mondkalender durch den Gregorianischen Kalender ersetzt. Bei offiziellen Anlässen war für die Repräsentanten der Regierung westliche Kleidung obligatorisch. Der Sonntag wurde als Feiertag übernommen, ja sogar die Eßgewohnheiten änderten sich. Nichts symbolisierte die Verwestlichung der Lebensstile in den Städten besser als das Rokumeikan, ein Ballhaus, in dem sich das wohlhabende Bürgertum Tōkyōs bei Tanz und Theater in das gesellschaftliche Leben des Westens einübte.

Zunächst verkörperte der Westen in Japan den Fortschritt schlechthin und gab, zumindest äußerlich, ein homogenes Vorbild ab. Aber schon bald wurden von den Reformern die Widersprüche des Westens erkannt und durchlitten. Sollte man z.B. den Staat nach den liberalen Vorbildern England und Frankreich formen, oder sollte man dem konstitutionell-monarchischen System Preußen-Deutschlands den Vorzug geben? Inwieweit konnte man den christlichen Religionen, die jede für sich einen Absolutheitsanspruch stellten, folgen? Und machte die Verwissenschaftlichung der Welt und die Säkularisierung der Lebensverhältnisse den Glauben an einen oder mehrere Götter nicht überhaupt sinnlos? In diesen zentralen Fragen der kulturellen Adaption stellte sich für die junge politische Avantgarde ein kaum zu bewältigendes Selektionsproblem, das an die Wurzeln der nationalen Identität rührte.

Die Kritik gegenüber einer zu starken kulturellen Überfremdung durch den Westen hatte viele Gesichter. Da waren zunächst die japanischen Traditionalisten. Sie setzten den westlichen Einflüssen die Auffassung entgegen, daß Japan niemals seine kulturelle Eigenständigkeit und die Eigenart seiner Staatsform aufgeben dürfe. Symbole dieser Neubestimmung der nationalen Identität waren der Tennō und der Shintōismus. Bereits mit der Meiji-Restauration war ein Amt für Shintōangelegenheiten eingerichtet worden; seit 1871 war die Registration in den Shintō-schreinen Pflicht. Die Regierung machte sich den tradierten Glauben an die Abstammung des Tennō von der Sonnengottheit zunutze und band das alte Ideal der Einheit von Religion und Politik (saisei itchi) an die neue familistische Konzeption des kokutai, d.h. »in die Definition der japanischen Nation als einer realen Familie von gemeinsamer göttlicher Herkunft mit dem Kaiser als natürlichem Oberhaupt.«[31] Das kaiserliche Erziehungsedikt aus dem Jahre 1890 trug diesem neuen nationalen Selbstverständnis Rechnung.[32] Es wurde mit seiner Ausrichtung auf Pflichtgefühl und Ergebenheit zum Leitfaden privater und öffentlicher Erziehung und stellte den einzelnen in ein Beziehungsgeflecht überpersönlicher Verantwortlichkeiten, mit Kaiser und Staat, Familie und Gesellschaft als den beherrschenden Polen.

Unmittelbare Gefahr drohte der neuen politischen Ordnung seit 1874 von seiten der deklassierten Samurai, die den Anschluß an die neue Zeit verpaßt zu haben schienen. Einen Fürsprecher fanden sie in Saigō Takamori, der zum konservativen Flügel der Meiji-Oligarchen zu rechnen war. Zum offenen Konflikt zwischen Saigō und den »Modernisten« um Ōkubo und Itō kam es in der Korea-Politik. Diese widersetzten sich erfolgreich den Interventionsplänen der konservativen Frondeure, die den sozialen und politischen Protest der vagabundierenden Samurai mit einer militärischen Aktion nach außen lenken wollten. Für eine Politik der starken Hand schien den Reformern Japan militärisch und ökonomisch noch viel zu schwach. Außenpolitisch sahen sie zu Recht die Gefahr, durch einen Einfall in Korea in einen Krieg mit Rußland und China verwickelt zu werden. Saigō mußte sich diesen Argumenten beugen. Er reichte seinen Rücktritt ein und begann im Winter 1876/77, seine Anhängerschaft aus Bürokratie und Armee in Kyūshū um sich zu versammeln. In nur wenigen Monaten wurde Satsuma zum Hort des gegen die Regierung in Tōkyō gerichteten Widerstands. Im September stellte sich Saigō an die Spitze einer Rebellion von 30 000 Samurai, die entschlossen waren, die Regierung zu stürzen. Diese machte ihre Truppen mobil und stellte sich dem Aufstand entgegen. Der über sechs Monate während Bürgerkrieg war für beide Seiten verlustreich. Die Truppen der Regierung behielten aber letztlich die Oberhand. Japans in moderner Strategie ausgebildete und technisch hervorragend gerüstete Armee hatte sich bewährt. Die gefährlichste Bedrohung der Meiji-Reformen im Innern war damit gebannt.

IV. Die Errichtung eines modernen Staates

Kritik schlug den Meiji-Reformern nicht nur von seiten einer reaktionären Fronde entgegen. Es gab liberale Kräfte, denen die Modernisierung des politischen Systems viel zu langsam voranging. An ihrer Spitze stand mit Itagaki Taisuke ein ehemaliges Mitglied der Restaurationsregierung. Den Kritikern galt die Regierung nach der Korea-Krise und der Samurai-Rebellion als eine von Männern aus dem Südwesten dominierte Clique, die das Land mit bürokratisch-despotischen Methoden beherrschte. Schon 1873 fanden sich die Träger der Opposition in der Aikoku Kōtō (»Öffentliche Partei der Patrioten«) zusammen. Diese lockere politische

Assoziation stand am Anfang eines Jahrzehnts, in dem sich zum ersten Mal Gruppen organisierten, die ihre politischen Auffassungen öffentlich kundtaten. Diese neuen politischen Strömungen, die über kein festes Programm verfügten, werden von den Historikern unter dem Begriff Jiyū Minken Undō (Bewegung für Freiheit und Volksrechte) zusammengefaßt.[33] Die bedeutendste unter ihnen war die 1875 gegründete Aikokusha (Patriotische Gesellschaft). Sie hatte ihren Hauptsitz zunächst in Ōsaka, erstreckte sich aber schon bald über ganz Japan und warb in Versammlungen und Petitionen für die Einberufung einer Nationalversammlung und die Verkündung einer Verfassung. Die Regierung versuchte, die liberale Opposition mit einem repressiven Presse- und Versammlungsrecht unter Kontrolle zu halten, was ihr aber nur unvollkommen gelang. Sie war deshalb zu Konzessionen genötigt. Auf der Basis einer Vereinbarung, die 1875 in Ōsaka zwischen Itagaki, dem führenden Repräsentanten der liberalen Bewegung, und seinen alten Mitstreitern aus der Regierungsoligarchie getroffen wurde, mußte die Obrigkeit auf dem Weg zu einer Verfassung und einem Parlament ein paar Schritte voran tun.[34] Mit dem Senat (genrōin) wurde ein neues politisches Organ geschaffen, das aus vom Kaiser ernannten Beamten bestand und dem die Aufgabe übertragen wurde, einen Verfassungsentwurf aufzusetzen.

Im Jahre 1881 kam der »Bewegung für Freiheit und Volksrechte« ein politischer Skandal zu Hilfe, der die Regierung öffentlich in Mißkredit brachte. Im Rahmen des Matsukata-Programms zur Sanierung der Staatsfinanzen versuchte die Regierung, öffentlichen Besitz abzustoßen und in private Hände zu geben. Dazu gehörten auch Anteile am Entwicklungsprojekt für Hokkaidō, an dem die Regierung mit vierzehn Millionen Yen beteiligt war. Sie bot dieses Projekt einer Handelsgesellschaft an, an deren Spitze ebenfalls Männer aus Chōshû und Satsuma standen. Gegen diese Cliquenwirtschaft erhob sich ein öffentlicher Proteststurm, auf den die Regierung mit der Stornierung des Verkaufs antwortete. Um die Öffentlichkeit zu beruhigen, war man sogar zu einer nachgiebigeren Haltung in der Verfassungsfrage bereit. Ein kaiserliches Edikt stellte bis zum Jahre 1890 die Eröffnung einer Nationalversammlung und eine Verfassung in Aussicht.[35]

Aus der politischen Krise des Jahres 1881 war Itō Hirobumi als stärkste Figur hervorgegangen. Unter seiner Ägide nahm die japanische Verfassung in den 1880er Jahren langsam Gestalt an. In der politischen Führung herrschte Konsens darüber, daß die Verfassung auf den Kaiser und seine Regierung, nicht auf ein Parlament justiert sein sollte. Damit war klar, daß die liberalen Verfassungstypen Frankreichs und Englands für Japan nicht in Frage kamen. Die konstitutionell-monarchische Regierungsform

Preußen-Deutschlands schien viel eher geeignet, den Bedürfnissen der Verfassungsschöpfer nach einer Verankerung der Tennō-Herrschaft als Herzstück der Verfassung gerecht zu werden. Im März 1882 führte Itō eine Regierungsdelegation nach Europa, der die Aufgabe übertragen war, aus den europäischen Verfassungen die für Japan geeignetste auszusuchen. Die vorab getroffene Entscheidung gegen das westeuropäisch-parlamentarische Verfassungsmodell und für eine konstitutionelle Monarchie führte die Mission direkt nach Berlin und Wien. Dort holten sich die Besucher den Rat führender Staatsrechtler wie Rudolf von Gneist und Lorenz von Stein.[36] Bismarck selbst empfahl den Gästen, eingedenk seiner Auseinandersetzungen mit dem preußischen Abgeordnetenhaus in der Konfliktzeit, in die Verfassung einen Passus aufzunehmen, wonach bei Nichtbewilligung des Budgets das des Vorjahres gültig bleibe. Der spätere Artikel 71 der japanischen Verfassung trug diesem Ratschlag Rechnung. Zwei deutschen Verfassungsjuristen, Albert Mosse und Hermann Roesler, wurde die Aufgabe angetragen, in Japan in enger Fühlungnahme mit den einheimischen Spezialisten nach dem Vorbild der preußischen Verfassung von 1850 einen Verfassungsentwurf auszuarbeiten.

Es gehört zu den Eigentümlichkeiten der japanischen Verfassungsgeschichte der Meiji-Zeit, daß zentrale staatliche Organe, mit Ausnahme des Reichstags, schon geschaffen und funktionstüchtig waren, ehe die Verfassung am 11. Februar 1889 verkündet wurde.[37] Sie war im ganzen gesehen ein Kompromiß westlicher Einflüsse und traditionell japanischer Staatsauffassungen. In ihrem Zentrum stand über den drei Gewalten der Tennō als absoluter Monarch von göttlicher Abstammung. Er ernannte den Premierminister, der ihm verantwortlich war. Heer und Marine waren mit ihren Generalstäben jeder parlamentarischen Kontrolle entzogen und unterstanden dem Tennō direkt. Kaiserliche Prärogativen schlossen das Recht zur Verhängung des Ausnahmezustands und zur Auflösung des Parlaments ein. Dieses bestand aus zwei Kammern. Das Oberhaus setzte sich aus Mitgliedern des Adels zusammen, die teils gewählt, teils vom Kaiser ernannt waren. Das Unterhaus bestand aus gewählten Volksvertretern; allerdings ermöglichte ein strenger Zensus nur einem Prozent der Bevölkerung, also etwa 450000 Personen, die Teilnahme an der Wahl. Trotz aller Unzulänglichkeiten stellte das Verfassungswerk gut zwanzig Jahre nach dem Zusammenbruch der Tokugawa-Herrschaft einen Fortschritt dar. Es sicherte das Erreichte und ließ in den Grenzen der kaiserlichen Prärogativen Spielraum für mehr Demokratie, der mit der stillen Einführung der Parteienkabinette nach 1900 auch genutzt wurde. Im Ergebnis war die Verfassung das semi-absolutistische Kompromißprodukt einer Nation, die nicht wie Frankreich oder England eine bürgerliche Revolution durchlaufen hatte, sondern nach einem gewaltsamen Anstoß von außen durch eine »Revolution von oben« auf den Weg in die Moderne gestoßen wurde.

Neben die Modernisierung des politischen Systems trat in den letzten beiden Jahrzehnten des 19. Jahrhunderts ein beschleunigter Wandel von Wirtschaft und Gesellschaft. Hervorstechendstes Merkmal war die Industrialisierung, die die Arbeits- und Lebensverhältnisse der Menschen radikal veränderte. Die Antwort auf die Frage, wie wir in Japan die Anfänge der Industrialisierung zu datieren haben, hängt davon ab, was wir unter Industrialisierung überhaupt verstehen wollen.[38] Zu ihren universalen Kennzeichen gehören der Eingang von Wissenschaft und Technik in die Industrie in Verbindung mit dem Ausbau von Transport und Verkehr, ein Anstieg der Pro-Kopf-Produktion in Kombination mit einem Wachstum der Bevölkerung (in Japan von 35,2 Millionen im Jahre 1873 auf 46,1 Millionen im Jahre 1903), die beschleunigte Umwandlung der Produktionsweisen (vom handwerklichen Manufakturbetrieb zur Fabrik), die Konzentration von Arbeitskräften und die Trennung von Administration und Produktion. Der japanische Wirtschaftshistoriker Nakamura Takafusa sieht darüber hinaus in der frühen Einbindung der japanischen Volkswirtschaft in die weltwirtschaftlichen Zusammenhänge einen der Hauptgründe für das schnelle Tempo und den Erfolg der japanischen Industrialisierung.[39]

Im Falle Japans sind statistische Daten für die Indikatoren der Industrialisierung erst seit den 1880er Jahren gesichert, weswegen einige Historiker die Anfänge der Industrialisierung auch erst auf diese Jahre datieren. Es gibt jedoch auch qualitative Parameter, wie die Änderung der Produktionsweise, die darauf schließen lassen, daß wir die Anfänge der japanischen Industrialisierung relativ früh, d.h. etwa um die Jahrhundertmitte ansetzen müssen. Etwa siebzig Jahre später ist die Herausbildung des industriekapitalistischen Systems in Japan so gut wie abgeschlossen. Sie hat sich in vier Etappen vollzogen: der Phase der industriellen Lehrzeit (1850–1870), dem Aufbau einer industriellen Binnenstruktur (1870–1885), der Entwicklung der Leicht- und Schwerindustrie im Zeichen eines beschleunigten Wachstums (1885–1905) und der Entstehung der für Japan typischen Dualstruktur mit wenigen Groß- oder Monopolbetrieben und einer Vielzahl von Kleinbetrieben (1905–1920).[40]

Den entscheidenden Anstoß zur Einführung fabrikähnlicher Fertigungsmethoden erhielt die japanische Wirtschaft von außen. Chinas Niederlage im Opiumkrieg und die gewaltsame Öffnung Japans durch die USA ließen das Bakufu und die Han nach militärischen Gegenmaßnahmen

Ausschau halten, um sich gegebenenfalls gegen eine ausländische Invasion zur Wehr setzen zu können. Seit 1850 begann man in einigen Lehensgütern, nach holländischen Vorbildern Gießerei-Flammöfen zu bauen und Geschütze herzustellen. Um 1868 waren mehr als zehn Hochöfen zur Eisen- und Stahlerzeugung in Betrieb. Schiffswerften bauten noch vor 1868 die ersten Dampfschiffe. Im Jahre 1866 begannen englische Ingenieure unter Verwendung westlicher Maschinenteile in Satsuma mit dem Aufbau der ersten Spinnerei, die zwei Jahre später ihre Produktion aufnahm. In den ersten Spinnereien sowie in den Glas- und Maschinenfabriken sieht die Forschung heute die »›Vorposten‹ der industriellen Revolution« in Japan.[41] Träger der industriellen Entwicklung waren sowohl Samurai als auch vermögende Kaufleute, die sich unter den veränderten Bedingungen nun als Unternehmer betätigten.[42]

Um aber wirklich an den Westen anschließen zu können, bedurfte es von seiten der Meiji-Regierung zusätzlicher Initiativen.[43] Sie richteten sich im wesentlichen auf den Ausbau des Transport- und Kommunikationsnetzes, die Gründung von Pilotfabriken und auf finanzpolitische Maßnahmen. Nichts symbolisierte für die Zeitgenossen den technischen Fortschritt eindrucksvoller als die Eisenbahn, die in zahlreichen Holzschnitten dargestellt wurde. Die erste Eisenbahnlinie mit einer Länge von 44,8 Kilometern wurde 1872 zwischen Tōkyō und Yokohama eingerichtet, 1874 gefolgt von einer Verbindung zwischen Kōbe und Ōsaka, die 1877 bis Kyōto verlängert wurde.

Der Staat schuf nicht nur die infrastrukturellen Rahmenbedingungen für den wirtschaftlichen Aufstieg, sondern beteiligte sich auch selbst an industriellen Pilotprojekten. Von herausragender Bedeutung war seine Vorreiterrolle in der Textilindustrie. Seitdem das Tragen von westlichen Uniformen und Kleidung in Armee und Verwaltung üblich war und auch im städtischen Bürgertum als chic galt, stieg der Bedarf an Wolle stetig. Die Regierung betrieb seit 1877 eine Wollfabrik, die bis 1900 der Hauptproduzent blieb. Die nötigen Wollspindeln wurden aus Europa importiert. Von noch größerem Gewicht in der Textilindustrie war die Verarbeitung von Baumwolle. Mit britischer und amerikanischer Unterstützung engagierte sich die Regierung in diesen Branchen besonders stark. Sie errichtete eigene Fabriken und stellte 1878 als Anreiz für private Unternehmer einen Unterstützungsfonds von zehn Millionen Yen bereit. Besonders erfolgreich war die staatliche Förderung in der Seidenindustrie, in der das japanische Handwerk traditionell über viel Erfahrung verfügte. Bedingt vor allem durch den Aufstieg der Textilindustrie stieg die Zahl der in industriellen Betrieben Beschäftigten zwischen 1872 und 1895 von 750000 auf 2392000 an.[44] Wo kamen diese Menschen her?

Da waren die städtischen Handwerker, die in die Industrie abwanderten, weil sie mit den effizienter produzierenden Fabriken nicht mithalten konnten. In der Textilindustrie waren es meist Frauen, die vom Land in die Städte zogen und bei Niedriglöhnen und unter menschenunwürdigen Arbeitsbedingungen Beschäftigung fanden. Vor allem junge Frauen waren seit den 1870er Jahren immer häufiger gezwungen, wegen der hohen Steuer- und Pachtzahlungen, die noch auf den bäuerlichen Betrieben lasteten, Heimat und Familie zu verlassen und sich bis zu ihrer Heirat als billige Arbeitskräfte zu verdingen.[45] Am hohen Anteil von Kindern (18%) an den Beschäftigten in der Textilindustrie läßt sich die Verelendung breiter Schichten deutlich ablesen. Ähnlich wie in Europa, so hatte die Industrialisierung auch in Japan ihre Schattenseiten. Die in den 1890er Jahren entstandenen Gewerkschaften und die 1901 gegründete »Sozialdemokratische Partei« wurden das politische Sprachrohr der Arbeiter. Staatliche Repression ließ aber eine wirkungsvolle gewerkschaftliche und politische Vertretung nicht zu.

In den Jahren der Deflation nach 1881 war die Regierung gezwungen, alle unrentablen Betriebe zu Niedrigstpreisen abzustoßen. Es handelte sich dabei vorwiegend um Bergwerke, Schiffswerften, Spinnereien, Zement- und Glasfabriken. Als neue Käufer kamen dafür nur die großen Handelshäuser in den Städten in Frage, die sich auf den Zwischenhandel und Transport verlegt hatten und in der Regel in Familienbesitz waren. Wegen der hohen Risiken waren sie bis dahin vor einem Einstieg in die Industriewirtschaft zurückgeschreckt. Mitte der 1880er Jahre aber schienen die günstigen Offerten der Regierung, eine solide Finanz- und Haushaltspolitik sowie die steigende Nachfrage auf dem Binnen- und asiatischen Markt ein unternehmerisches Risiko zu rechtfertigen. Familien wie die Mitsui, Yasuda oder Iwasaki (Mitsubishi) kauften sich in diesen Jahren in großem Stil in die Schlüsselbetriebe der rohstoffgewinnenden und -verarbeitenden Industrie ein. Ihr gut organisiertes Handelsnetz verschaffte ihnen gegenüber den ländlichen Unternehmern deutliche Wettbewerbsvorteile. Diese Unternehmensgruppen, die auf der Basis von familiengebundenem Besitz tätig waren, wurden als Zaibatsu (Finanzkonzerne) bekannt und erlangten mit dem Durchbruch der Schwerindustrie seit den 1890er Jahren unermeßlichen Reichtum und politischen Einfluß.[46]

In der Schwerindustrie war staatliche Hilfestellung zunächst noch unverzichtbar. Die großen Konzerne hielten sich in diesem Sektor merklich zurück, da Japan selbst nicht über ausreichende Rohstoffe wie Eisenerz verfügte und die japanische Kohle den modernen Erfordernissen der Eisenverhüttung nicht entsprach. Seit Anfang der 1890er Jahre, bedingt vor allem durch die steigende Nachfrage des Militärs, mußten deshalb

Rohstahl, Roheisen und andere Halbfabrikate eingeführt werden. Die Kriege gegen China 1894/95 und Rußland 1904/05 dienten auch dem Ziel, sich einen besseren Zugang zu den Rohstoffquellen auf dem asiatischen Kontinent zu verschaffen. Umgekehrt kurbelten sie die schwerindustrielle Produktion selbst massiv an. Die Produktion von Eisen stieg von relativ bescheidenen 26000 Tonnen im Jahre 1896 auf 145000 Tonnen im Jahre 1906 und auf 243000 Tonnen im Jahre 1913.[47] Die Stahlproduktion verdreifachte sich im Jahrzehnt zwischen 1906 und 1913. Als Folge des Booms der Kriegsjahre erlebten auch Elektro- und chemische Industrie einen merklichen Aufschwung.

Daß die industrielle Take-off-Phase nach 1900 in einen in der außereuropäischen Geschichte bis dahin einmaligen ökonomischen Modernisierungserfolg mündete, war nur möglich, weil die Landwirtschaft, in der bis weit ins 20. Jahrhundert hinein der Hauptanteil der Berufstätigen beschäftigt war, ebenfalls bedeutende Ertragssteigerungen verzeichnete. Sie verdankten sich im wesentlichen besseren Anbautechniken und neuen Düngemitteln. Landwirtschaftliche Akademien und Selbsthilfegruppen trugen zur Verbreitung agrarwissenschaftlicher Erkenntnisse bei. Der Anteil der in der Landwirtschaft Beschäftigten stieg bei einem Zuwachs bebauter Flächen noch bis 1895 an und sank dann stetig ab. Diese Leistungsbilanz darf aber nicht darüber hinwegtäuschen, daß sich an den sozialen Lebensverhältnissen der bäuerlichen Bevölkerung nur wenig änderte. Die Bauern mußten 40–60% des Ernteertrags an den Staat, an lokale Großgrundbesitzer und mittelbäuerliche Pächter abgeben.[48] Überspitzt gesagt waren es die bäuerlichen Schichten, die die Modernisierung Japans wider Willen finanzierten. In den Massen der verelendeten Kleinbauern keimte deshalb seit 1900 ein antikapitalistisches und antiwestliches Protestpotential, das sich Jahrzehnte später von der nationalistischen Demagogie des japanischen Militärfaschismus leicht instrumentalisieren ließ.

Als der Meiji-Tennō im Jahre 1912 starb, war man dem Ziel der Modernisierung ein großes Stück näher gekommen. Aus dem Objekt westlicher Kanonenbootpolitik an der weltpolitischen Peripherie war in nur wenigen Jahrzehnten eine neue asiatische Großmacht geworden.[49] Die »Öffnung« Japans war unter dem Druck des kapitalistischen Welthandels unausweichlich geworden.[50] Japan war dabei westlichen Vorbildern gefolgt, aber nicht in ihnen aufgegangen. Das Land hatte sich eine Verfassung und ein Parlament gegeben und die Verwaltung unter den Bedingungen des modernen Anstaltsstaats durchorganisiert. Die ständischen Schranken waren niedergerissen; gesellschaftlicher Einfluß wurde nun neu, durch Bildung, Leistung und Besitz, definiert. Der Industrialisierungsprozeß schritt im Eiltempo voran, befördert durch die Adaption westlicher Wissenschaft und Technologie. Die Verbürgerlichung des aristokratischen Luxus und der Aufbau einer hochgerüsteten Armee haben das industriekapitalistische System stimuliert und stabilisiert. Die Siege in den Kriegen gegen China 1894/95 und Rußland 1904/05 markieren den Eintritt Japans in die Weltpolitik des imperialistischen Zeitalters. Sie waren außenpolitisch das sichtbarste Zeichen dafür, daß sich Japan als souveräner Staat einen Platz unter den großen Mächten der Welt verschafft hatte. Die demütigenden »ungleichen« Verträge wurden seit 1894 revidiert. Die westeuropäischen Staaten und die USA erblickten um 1900 in Japan die neue Großmacht im Fernen Osten, der die Zukunft zu gehören schien.

Es wäre jedoch falsch, die japanische Modernisierung im 19. Jahrhundert nur als Erfolgsgeschichte beschreiben zu wollen. Für den beschleunigten Wandel hatten das Land und seine Bevölkerung einen hohen Preis zu zahlen. Schon die bäuerlichen Unruhen am Ende der 1830er Jahre und die Samurairebellionen nach der Restauration waren Ausdruck sozialen Protests. Mit dem Durchbruch der Leicht- und Schwerindustrie in den 1890er Jahren wurden neue soziale Probleme virulent. Die Abwanderung der ländlichen Bevölkerung in die Städte beschleunigte die Auflösung der alten Familienstrukturen. Die Erosion des sozialen Systems, die Entstehung neuer sozialer und politischer Ungleichheiten, das plötzliche Aufeinanderprallen verschiedener Kulturen, Religionen und neuartiger politischer Ideen verunsicherten die Menschen auch. Dies war ein Nährboden für den politischen Extremismus von rechts und von links. Profitiert haben davon zuerst die Nationalisten, die ab 1905 die japanische Außenpolitik immer stärker dominierten. Die sozialistische Opposition im Lande wurde brutal unterdrückt. Die Modernisierung Japans war noch nicht ganz zum Abschluß gelangt, als mit der politischen Knebelung der Regimegegner im Innern und dem Ausgreifen des japanischen Imperialismus auf den asiatischen Kontinent seit 1910 bereits Kräfte zum Vorschein kamen, die auf die Geschichte der folgenden Jahrzehnte einen dunklen Schatten vorauswarfen.

Literatur

Allen, G. C.: A Short Economic History of Modern Japan, 4. Aufl., London 1981.

Beasley, William G.: The Rise of Modern Japan, London 1990.

Dettmer, Hans A.: Einführung in das Studium der japanischen Geschichte, Darmstadt 1987.

Hall, John Whitney: Das japanische Kaiserreich, Frankfurt a. M. 1968 u. ö. (= Fischer-Weltgeschichte, Bd. 20).

Hunter, Janet: The Emergence of Modern Japan. An Introductory History since 1853, London 1989.

Irokawa Daikichi: The Culture of the Meiji Period, Princeton/N. J. 1985.

Jansen, Marius B. (Hrsg.): The Cambridge History of Japan. Bd. 5: The Nineteenth Century, Cambridge 1989.

Jansen, Marius B./Rozman, Gilbert (Hrsg.): Japan in Transition. From Tokugawa to Meiji, Princeton/N. J. 1986.

Lehmann, Jean-Pierre: The Roots of Modern Japan, London 1982.

Martin, Bernd (Hrsg.): Japans Weg in die Moderne. Ein Sonderweg nach deutschem Vorbild? Frankfurt a. M. 1987.

Jürgen Osterhammel
Die erste chinesische Kulturrevolution
Intellektuelle in der Neuorientierung (1915-1924)

I. Mai 1919: Politischer Aufbruch in China

Eine außenpolitische Krise stand am Beginn moderner chinesischer Politik.[1] Die Chinesische Republik war 1917 auf der Seite der Alliierten in den Ersten Weltkrieg eingetreten. Man hoffte, bei Kriegsende jene Territorien und Sonderrechte für China wiederzugewinnen, die das Deutsche Reich 1898 vor allem in der nordchinesischen Provinz Shandong erzwungen und die sich Japan, Chinas Schwäche nutzend, mit stillschweigender Duldung der übrigen Großmächte 1915 handstreichartig angeeignet hatte. China erwartete, daß die Friedenskonferenz in Versailles die nationale Souveränität in Shandong wiederherstellen würde – getreu dem vom amerikanischen Präsidenten Woodrow Wilson gegebenen Versprechen, alle kolonialen Fragen in offener Diplomatie, vorurteilslos und unparteiisch zu entscheiden. Groß war daher die Verbitterung, als in den letzten Apriltagen des Jahres 1919 bekannt wurde, die Großmächte hätten Japan im Besitz seiner nordchinesischen Privilegien bestätigt und seien auch sonst zu keinem Abrücken vom Vorkriegsimperialismus bereit.[2]

Nach mehreren Tagen aufgeregter Vorbereitung versammelten sich am Abend des 3. Mai 1919 mehr als tausend Studenten der Beijing-Universität sowie Vertreter von einem Dutzend anderer Universitäten und Oberschulen der Hauptstadt.[3] Sie riefen für den kommenden Tag zu einer Demonstration gegen die Versailler Beschlüsse und die unpatriotische Außenpolitik der Regierung auf. Ohne ein polizeiliches Verbot zu beachten, versammelten sich am 4. Mai um die Mittagszeit über 3000 Studenten und Schüler auf dem Tiannanmen-Platz im Herzen Beijings und setzten sich in Richtung auf das nahegelegene Gesandtschaftsviertel in Bewegung. Die Demonstration verlief, verglichen mit späteren chinesischen Protestaktionen, relativ gewaltfrei. Immerhin ging das Haus des Verkehrsministers, der als besonders willfähriger Kollaborateur Japans galt, in Flammen auf; ein anderer Politiker wurde bewußtlos geschlagen; 32 Studenten wurden festgenommen; ein von der Polizei verwundeter Student starb drei Tage später im Krankenhaus.[4]

Die Ereignisse vom 4. Mai wären ein folgenloser Zwischenfall geblieben, hätten die Studenten und einige ihrer akademischen Lehrer nicht unverzüglich begonnen, eine landesweite Protestbewegung zu organisieren. Die Idee von Studenten- und Schülervereinigungen fand schnell in allen großen Städten Chinas Anklang.[5] Schon im Juni 1919 konnte eine gesamtchinesische Studentenunion gegründet werden. Dank wohlüberlegter Organisation[6] und intensiver Propagandatätigkeit der Studenten breitete sich die Bewegung auf andere Gesellschaftsschichten aus. In Shanghai, dem industriellen Zentrum des Landes und dem bei weitem wichtigsten Konzentrationspunkt ausländischer Wirtschaftsinteressen in China, gelang eine beispiellose Mobilisierung weiter Bevölkerungskreise. Fast alle Mittel, die zu diesem Zweck eingesetzt wurden, waren für China neuartig: Demonstrationen, öffentliche Reden, kleine Debattier- und Agitationsgruppen auf den Straßen, Spruchbänder, Flugblätter, offene Briefe, Studentenzeitungen, Straßentheater.[7]

Neben die Studentendemonstration trat in der Wirtschaftsmetropole Shanghai eine noch wirksamere, schon 1905 in kleinerem Umfang erprobte Form des kollektiven Protests: der Boykott. Ausgelöst wurde er von einem Aufruf der Studenten der Shanghaier Handelsakademie.[8] Der Boykott beruhte zunächst auf drei Verhaltensmaßregeln: 1. Keine Waren auf japanische Schiffe verladen! 2. Keine Geschäfte mit Japanern tätigen! 3. Keine japanischen Banknoten (die damals in China gültig waren) akzeptieren! Am Anfang beteiligten sich nur Schüler, Studenten sowie kleine und mittlere Händler an den langsam anlaufenden Aktionen, dann auch Teile der wirtschaftlich mächtigen Großbourgeoisie.[9] Es war den Vertretern der Intelligentsia nicht in den Sinn gekommen, die Arbeiterinnen und Arbeiter anzusprechen. Erst die Eskalation der Gewalt, die durch immer härtere Polizeieinsätze vorangetrieben wurde, verbreiterte die Basis der Protestbewegung. Am 5. Juni 1919 begann in Shanghai der erste Generalstreik der chinesischen Geschichte. Schließlich verweigerten nicht nur die Hafenkulis und die Arbeiter und Arbeiterinnen der großen ausländischen Baumwollfabriken, sondern fast alle Gruppen der werktätigen Bevölkerung die Arbeit: die zahlreichen Privatchauffeure der Ausländer, die Matrosen, die Bankangestellten, angeblich sogar Prostituierte und Taschendiebe. Selbst in Singapur, Wladivostok und Australien kam es unter Auslandschinesen zu Boykottaktionen.[10] Der Generalstreik endete nach acht Tagen mit der Entlassung der drei berüchtigtsten pro-japanischen »Verräter« aus der Regierung in Beijing.

Die Demonstrationen, Streiks und Boykotts vom Mai/Juni 1919 sind weniger wegen ihres unmittelbaren Ergebnisses bemerkenswert als vielmehr deshalb, weil sie neuartige Formen von Politik in China einführten:

1. Noch der Sturz der Monarchie im Herbst 1911, die »Xinhai-Revolution«, war eine Aktion kleinerer Verschwörergruppen, einzelner Armeeverbände und bestimmter Oberschichtzirkel in einigen Provinzhauptstädten gewesen. 1919 hingegen formierte sich erstmals – auch wenn sie rasch wieder zerfiel – eine breite politische Allianz, die von Großkaufleuten und Industriellen bis zum Lumpenproletariat reichte. Damit begann das Zeitalter städtischer *Massenpolitik*, während das vormoderne China im Grunde nur zwei Politikformen gekannt hatte: die Elitenpolitik am Hofe und innerhalb der Bürokratie und die erbitterte Wut der bäuerlichen Revolte, wie sie zuletzt 1900 im fremdenfeindlichen Aufstand der Yihetuan (»Boxer«) zu katastrophalen Folgen für China geführt hatte.

2. Erstmals traten *Intellektuelle* nicht in ihrer traditionellen Rolle als individualistische Kritiker und Warner der Machthaber politisch in Erscheinung, sondern in organisierter, kollektiver Form. Deshalb kommt der Gründung von Studentenverbänden eine solch außerordentliche Bedeutung zu. Zugleich lernten die auf neue Weise politisch aktiven Intellektuellen zweierlei: Sie benötigten Bündnispartner aus anderen Schichten der chinesischen Gesellschaft, und sie mußten Mittel und Wege finden, um sich diesen Bündnispartnern verständlich zu machen.

3. Erst in den Massenaktionen von 1919 wurde der chinesische *Nationalismus* von einer geistigen Haltung zu einer politischen Kraft. Schon früher war ebenso heftige wie präzise Kritik an der imperialistischen Politik der Großmächte gegenüber China geübt worden, doch erst durch die Aktionen auf der Straße entstand so etwas wie ein nationales Zusammengehörigkeitsgefühl angesichts einer bedrohlichen internationalen Umwelt – und auch die Aussicht, durch kollektiven Protest etwas dagegen tun zu können.

II. Vom konfuzianischen Beamtengelehrten zum modernen Intellektuellen

Studenten und Schüler waren die treibenden Kräfte der 4.Mai-Bewegung. Sie standen unter dem Einfluß einer älteren Lehrergeneration, die am eigenen Leibe eine der radikalsten sozialgeschichtlichen Wandlungen der chinesischen Geschichte erlebt hatte: die Demontage des prestigereichen Gelehrtenstatus.

Bis ins späte 19. Jahrhundert gab es in China für den Gelehrten und Gebildeten (*xuezhe*) eine klar umrissene Rolle: Er stand in einer verbindlichen kulturellen Tradition, der konfuzianischen, die im Detail unterschiedlich interpretiert, aber von niemandem grundsätzlich angefochten wurde.

Selbst die Herausforderungen durch den Westen nach dem Opiumkrieg (1840–42) glaubte man mit den überkommenen Denkmitteln dieser Tradition bewältigen zu können. Der *xuezhe* sah also im Normalfall keine Notwendigkeit, sich in einer pluralistischen Kulturwelt zu orientieren. Er war in einer vorgegebenen Tradition »aufgehoben« und genügte ihren Anforderungen, indem er sich in seinem Denken und Verhalten an das Herkommen hielt. Die Bildungsinhalte waren etwa seit dem 12. Jahrhundert nahezu unveränderlich vorgegeben: Es handelte sich um die Schriften des konfuzianischen Kanons, die »Dreizehn Klassiker« und »Vier Bücher«, deren Kenntnis – und die einer riesigen Kommentarliteratur – von allen Gebildeten erwartet wurde und die auch der Hauptgegenstand der zentralen Prüfungen waren, durch welche der Staat Sozialprestige zuteilte und seine Beamten rekrutierte. Auch im europäischen Bildungswesen, zumal nach seiner neuhumanistischen Erneuerung, wurde eine genaue Kenntnis der griechischen und römischen Klassiker verlangt. Das Besondere an China war jedoch die Ausschließlichkeit, mit der an literarischer Bildung festgehalten wurde. Die europäischen Lehrpläne waren viel breiter gefächert. Außerdem entstanden in Europa in zunehmendem Maße nicht-»humanistische« Bildungseinrichtungen, die eine Ausbildung in »Realien« vermittelten, vornehmlich in naturwissenschaftlich-technischen Fächern und modernen Fremdsprachen.

Zwar gab es im traditionalen China den Typus des ungebundenen Philosophen, Historikers und Literaten. Nur etwa drei Prozent der auf den verschiedenen Ebenen der Staatsprüfungen erfolgreichen Kandidaten wurden tatsächlich in ein bürokratisches Amt mit seinem Status, seiner Machtfülle und seinen Bereicherungschancen berufen. Aber ein Amt blieb immer der letzte weltliche Zweck des Gebildeten. Auch die Leser der Dichter, Philosophen und Historiker fanden sich nur selten außerhalb der Schicht der Beamtengelehrten. So waren die Männer der Buchgelehrsamkeit auf das engste mit dem Staat verbunden, und die Jesuitenmissionare des 17. und 18. Jahrhunderts hatten nicht unrecht, wenn sie nach Europa meldeten, China werde von »Doktoren« oder »Mandarinen« regiert.

Als sich die Qing-Dynastie nach der Boxer-Katastrophe von 1900 in allerletzter Minute auf Reformen besann, wurde mit Wirkung von 1906 das seit der Song-Zeit (960–1279) kaum veränderte Prüfungssystem abgeschafft.[11] Plötzlich gab es für junge Leute mit Bildungsinteressen keine vorgezeichnete Laufbahn mehr. Die Absolventen der neu eingerichteten Universitäten – als erste war schon 1898 die Kaiserliche Universität, später Beijing-Universität (*Beida*) genannt, gegründet worden – mußten sich auf einem noch kaum strukturierten und schwer überschaubaren Arbeits-

markt behaupten. Nach dem Ende des kulturellen Monopols des Konfuzianismus im Bildungswesen erlangten neue Kenntnisse und Qualifikatio-
nen rasch eine große Bedeutung. Seit 1872 waren vereinzelt chinesische
Studenten ins Ausland geschickt worden. Sie hatten große Schwierigkeiten, nach ihrer Rückkehr im konservativen kulturellen Milieu Chinas akzeptiert zu werden; nur wenige fanden Positionen, in denen sie ihre im
Westen erworbenen Kenntnisse nutzen konnten. Nach der Abschaffung
des Prüfungssystems änderte sich die Bewertung eines Auslandsstu-
diums. Rasch wurde ein längerer Aufenthalt in Japan, Europa oder den
USA geradezu zur Bedingung für eine anspruchsvollere Tätigkeit in der
Heimat, selbst im Staatsdienst. Aus Kostengründen und solchen der kulturellen Nähe wurde Japan in den Jahren vor dem Ersten Weltkrieg zum
Ziel einer wahren Studentenwanderung. Studierten 1901 etwa 280 Chinesen in Japan, so waren es 1906, auf dem Höhepunkt des Japanenthusias-
mus, 8000.[12] In Japan lernten die jungen Chinesen viel von der westlichen
Kultur kennen, da die Japaner in großem Umfang westliche Bücher über-
setzten. Nach der Verschärfung der japanischen Aggression gegen China
ab 1915, die dann direkt zur Empörung von 1919 führte, verlor Japan an
Attraktivität. Ein Aufenthalt in den USA, in Deutschland, England oder
Frankreich galt fortan als eher erstrebenswert. Ersatzweise konnte auch
das Studium an einer der in China wirkenden Missionsuniversitäten eine
westliche Bildung verschaffen.
Dieser dramatische Wandel der gesellschaftlichen Funktion von Gelehrsamkeit und Bildung griff in unzählige Lebensläufe ein. Wer sich, etwa in
den 1870er Jahren geboren, in seiner Jugend noch durch das Lernen der
klassischen Bücher auf eine Laufbahn im Staatsdienst vorbereitet hatte,
mochte sich um 1910 als Professor – ein bis dahin in China unbekannter
Beruf – an einer der neuen Universitäten wiederfinden. Für seine Studenten, die Generation der Demonstranten von 1919, lag die hermetische
Welt der *xuezhe* schon erheblich weiter zurück. Sie suchten Berufschan-
cen im Bildungsbereich oder in der nun aufblühenden publizistischen Öffentlichkeit. In den ersten Jahren des 20. Jahrhunderts schossen Zeitungen, Zeitschriften und Verlage wie Pilze aus dem Boden. Man konnte nun
Redakteur, Verleger oder freier Schriftsteller werden. An die Stelle eines
staatstreuen Gelehrtentums trat eine staatsferne oder gar staatskritische
Intelligentsia. Sie lebte nicht mehr für den Staat und von ihm. Hatte der
konfuzianische Beamtengelehrte seine politischen Ideen in respektvollen
Eingaben an den Kaiser formuliert, so wandten sich die Intellektuellen
des frühen 20. Jahrhunderts zunächst an ihresgleichen, nach der Entdek-
kung der Massenpolitik während der 4.Mai-Bewegung dann aber immer
mehr auch an die nichtakademischen Mittel- und Unterschichten, freilich

fast nur in den Städten. Mit dem neuen Typ des Intellektuellen entstand auch ein neues Publikum. Insofern es lesen konnte, war es mittels der neuen Massenmedien erreichbar.

III. Voraussetzungen und Anfänge der Bewegung für Neue Kultur

Die militärischen und politischen Demütigungen des Qing-Reiches seit dem Opiumkrieg hatten bei einigen Denkern ein Krisenbewußtsein geschärft. Besonders nach der unerwarteten Niederlage im chinesisch-japanischen Krieg von 1895, die einen festeren Zugriff sämtlicher imperialistischer Mächte auf China auslöste, wuchs das Gefühl, die Existenz des Reiches, ja, der chinesischen Zivilisation stehe auf dem Spiel. Zentral ging es um die Frage, wie China in einer vom Westen dominierten Weltgesellschaft überleben oder gar prosperieren könne, ohne seine Tradition zu opfern. Vor allem vier Diagnosen und Lösungsvorschläge waren symptomatisch für die Diskussion.

Erstens waren viele Konfuzianer, besonders in den höheren Rängen der Bürokratie,[13] davon überzeugt, daß sich streng zwischen den eigentlich wichtigen Kulturwerten und einer bloß instrumentellen Verwendung importierter Technik unterscheiden lasse. Dafür wurde unter Verwendung alter philosophischer Begriffe eine aus acht Schriftzeichen bestehende Formel geprägt: »*Zhong-xue wei-ti, xi-xue wei-yong*«, übersetzt etwa: »Chinesisches Wissen [*zhongxue*] für die grundlegenden Dinge, westliches Wissen [*xixue*] für die praktische Anwendung«. Diese »Ti-yong-Formel« war ein Motto für vorsichtige Reformen. Man glaubte jedoch, europäisch-amerikanische Technik und Betriebsführung auf isolierte Nischen beschränken und sich gegen westliches politisches Denken und einen modernen Lebensstil abschirmen zu können. Die Gewißheit der Gültigkeit und sogar Überlegenheit der chinesischen Tradition blieb unangetastet.

Zweitens entstand in jenen Küstenstädten (»Treaty Ports«), wo die ausländische Präsenz massiv spürbar und der Einfluß der konfuzianischen Orthodoxie schon geschwächt war, eine größere ökonomische Modernisierungsbereitschaft. Anstatt sich abzuschotten oder die fremden Einflüsse auf (vermeintlich) kontrollierbare technologische Nischen zu begrenzen, solle sich China, so meinten die dortigen Intellektuellen, für die Außenwelt öffnen und aktiv von ihr lernen, ohne freilich in Abhängigkeit zu geraten. Deutlicher als die Ti-yong-Denker, denen die Wirtschaftsformen des Westens im Grunde unbegreiflich blieben, sahen die Reformer in den Küstenstädten, daß die Kraft des Westens aus einer dynamischen Ökonomie resultierte. Diesen frühen Befürwortern eines chinesischen Kapitalismus fehlte allerdings nahezu jeder Einfluß auf die Staatsspitze.[14]

Drittens entwarf Kang Youwei (1858–1927), der vielleicht bedeutendste chinesische Denker des 19. Jahrhunderts, das Programm eines radikalen Reformkonfuzianismus.[15] Im Jahre 1898 konnte er damit sogar für kurze Zeit Einfluß auf den schwachen Kaiser Guangxu gewinnen, mußte aber nach der Vereitelung der »Hundert-Tage-Reform« durch reaktionäre Hofkreise ins Ausland fliehen. Kang Youwei sah den Konfuzianismus nicht, wie die Ti-yong-Denker, als schutzbedürftige Traditionssubstanz, sondern als dynamische und erneuerungsfähige Lehre: »Die Methoden und Einrichtungen des Kong Zi haben das Ziel, mit der jeweiligen Zeit zu gehen.«[16] Philologische und philosophische Studien brachten ihn zu der Überzeugung, daß die konfuzianischen Schriften, unbefangen interpretiert, den Weg zur Modernisierung Chinas durch friedlichen Wandel weisen könnten. Kang teilte nicht die Illusion der Ti-yong-Denker von der kulturellen Überlegenheit Chinas. Vielmehr erwartete er die Entwicklung einer einheitlichen Weltzivilisation, in der die Gegensätze zwischen Ost und West an Schärfe verlieren würden. Wesentliche Elemente der westlichen Zivilisation wie den parlamentarischen Verfassungsstaat, ein fachlich geschultes Berufsbeamtentum, ein modernes Schulwesen und eine rationale Finanzpolitik betrachtete er als erstrebenswert und als vereinbar mit der chinesischen Tradition.

Eine dunklere Tonlage findet sich, viertens, bei Kang Youweis Schüler und Mitstreiter Liang Qichao (1873–1929), einer der schillerndsten Figuren in Chinas Umbruchzeit und zweifellos dem scharfsichtigsten Analytiker der politischen und kulturellen Lage Chinas um die Jahrhundertwende: ein Mann, der trotz seines »klassischen« Hintergrundes schon viel weniger dem Typus des Beamtengelehrten und viel mehr dem des modernen Intellektuellen entsprach als Kang Youwei.[17] Kein griffiger »Ismus« wird seinem komplexen Denken gerecht. Mit »China« verband sich für Liang nicht so sehr der Gedanke an eine bestimmte (konfuzianische) Kultur als die Idee der Nation. Liang Qichao war dort am überzeugendsten, wo er kritisierte: nicht nur das bis 1911 bestehende autokratische System, sondern auch unausgegorene Reformvorschläge, wie sie nach der Jahrhundertwende allenthalben präsentiert wurden. Die Grundierung seines Denkens war ein wachsender Pessimismus. Er kannte Japan und das westliche Ausland und hatte eine ungewöhnlich tiefe Einsicht in das Wesen imperialistischer Machtpolitik. Deshalb machte er sich keine Illusionen über den chinesischen Handlungsspielraum. Angesichts der nationalen Existenzkrise warnte er vor allzu weitgehenden Reformexperimenten, die zu Chaos und Schwäche führen könnten. Liang Qichao war ein

unideologischer Denker. Das grundsätzliche Für und Wider der konfuzianischen Tradition beschäftigte ihn weniger als viele seiner Zeitgenossen. Die Einführung eines konstitutionellen und repräsentativen Regie-
rungssystems nach englischem Muster befürwortete er nicht so sehr aus
liberalen Glaubensüberzeugungen als vielmehr deshalb, weil er Großbritannien als eine Gewinnernation im darwinistischen Kampf der internationalen Kräfte betrachtete.[18] Angesichts der politischen Gefahren sollten die kulturellen Probleme einstweilen zurückstehen. Dabei war Liang
Qichaos Nationalismus unarrogant und defensiv. Er dachte nicht daran,
China eine weltbeglückende Mission zuzuschreiben.
Die geschichtliche Wirklichkeit hatte im zweiten Jahrzehnt des 20. Jahrhunderts die meisten dieser Analysen und Zukunftsentwürfe eingeholt.
Der Minimalreformismus des Ti-yong-Denkens war an seinen eigenen
falschen Annahmen gescheitert: Weder ließ sich westlicher Zivilisations-
import einhegen und manipulieren, noch erwies sich eine bloß fortge-
setzte Tradition als lebenskräftig. Kapitalistische Nischenmodernisierung
machte zwar in Shanghai, Hongkong und einigen anderen Städten gewisse Fortschritte, strahlte aber kaum auf das Landesinnere aus und
führte durchaus zu jener Abhängigkeit, die ihre frühen Fürsprecher mit
Recht befürchtet hatten. Kang Youweis neokonfuzianische Reformfor-
derungen wurden, ohne sein Zutun, nach der Jahrhundertwende teilweise realisiert, doch geschah dies in einer allgemeinen Situation der
Schwäche und Zersplitterung, die sie als halbherziges Stückwerk erscheinen ließ. Und Liang Qichaos düstere Prognosen hatten sich weithin bestätigt.
Der Sturz der Monarchie 1911 hatte keines von Chinas Problemen gelöst.
Von außen war das Land stärker bedroht denn je, im Innern verhüllte die
Fassade einer republikanischen Staatsform nur notdürftig die Militär-
herrschaft Yuan Shikais und, nach Yuans Tod 1916, seiner zahlreichen
einander bekämpfenden Unterführer, der »Warlords«. Teile der Intelligentsia hatten sich seit den ersten Jahren des neuen Jahrhunderts die Ret-
tung und Regeneration des Vaterlandes zu ihrer Aufgabe gemacht. Der
politische Ausbruch vom Frühsommer 1919 hatte sich schon in Diskus-
sionszirkeln und radikalen Bünden vorbereitet,[19] doch erst als die Fixie-
rung auf die verhaßte Qing-Dynastie entfallen war, bahnte sich eine
umfassende kulturelle Erneuerungsbewegung an. Man kann sie unterschiedlich bezeichnen: als »Bewegung für Neue Kultur«, »4.Mai-Be-
wegung im weiteren Sinne«, »chinesische Aufklärung« oder als »Chinas
erste Kulturrevolution«.
Den Anstoß gaben aus dem Ausland zurückgekehrte Intellektuelle, allen
voran Chen Duxiu (1879–1942).[20] Chen hatte eine klassische Erziehung

genossen und 1896 die erste Staatsprüfung mit Bravour bestanden. Innerlich verachtete er das ganze Prüfungstheater. Bei der zweiten Examensrunde im folgenden Jahr fiel er durch. Er wurde nun zu einem radikalen Publizisten, hielt sich längere Zeit in Japan auf und hatte dort Kontakt zu revolutionären Exilchinesen. Während der Revolution von 1911 war er vorübergehend Erziehungsminister der Provinz Anhui. Seine große Stunde kam 1915, als er begann, in Shanghai seine Zeitschrift *Qing-nian Zazhi* (Jugend-Magazin) zu publizieren; sie wurde 1916 in *Xin Qing-nian* (Neue Jugend) umbenannt und entwickelte sich zum meistbeachteten Meinungsforum in der ersten Phase der Bewegung für Neue Kultur. 1917 berief ihn der neu ernannte Rektor der Universität Beijing, der bedeutende Erziehungsreformer Cai Yuanpei (1868–1940), zum Professor und Dekan an der Literaturfakultät. Zur Zeit der 4.Mai-Bewegung war er also an wichtiger Stelle im Zentrum des Geschehens tätig. Viele der Demonstranten waren seine Studenten. Die erste Nummer der neuen Zeitschrift begann mit Chen Duxius berühmtem »Aufruf an die Jugend«. Charakteristisch ist hier die Metaphorik von Aufbruch und Zielstrebigkeit, Vitalität und Beseitigung des Abgestorbenen:

»Die Chinesen machen ein Kompliment, wenn sie sagen: Trotz seiner Jugend handelt er wie ein alter Mann. Engländer und Amerikaner ermutigen sich gegenseitig, indem sie sagen ›Keep young while growing old!‹ So zeigen sich die unterschiedlichen Denkweisen in Ost und West. Jugend ist wie der neue Frühling, wie die aufgehende Sonne, wie knospende Gräser, wie eine frisch geschliffene Klinge. Sie ist die kostbarste Zeit des Lebens. Die Funktion der Jugend in der Gesellschaft ist die gleiche wie die einer lebenden Zelle im menschlichen Körper. Beim Stoffwechsel wird das Alte und Faule pausenlos abgestoßen und durch das Frische und Lebendige ersetzt. Wenn der Stoffwechsel im menschlichen Körper richtig abläuft, ist die Person gesund. Wenn sich alte und faule Zellen ansammeln, stirbt sie. Wenn der Stoffwechsel in einer Gesellschaft richtig abläuft, wird sie gedeihen. Wenn sich alte und verfaulte Elemente in ihr anhäufen, wird sie aufhören zu bestehen.«[21]

Solche Töne hatte man in China noch nicht gehört. Chen Duxiu forderte nicht eine Verlagerung der Akzente *innerhalb* der überkommenen Kultur – etwa von einer konservativen auf eine fortschrittliche Interpretation des Konfuzianismus, wie sie Kang Youwei vorschwebte, er ging weit darüber hinaus, indem er niemals befragte Grundannahmen dieser Kultur in Zweifel zog: die Verehrung der Alten und des Herkömmlichen und das besinnungslose Nachbeten alter Weisheiten bzw. Irrtümer und Gemeinplätze. In demselben Aufsatz appellierte er mit sechs Leitsätzen an die Jugend Chinas:

»Seid unabhängig und nicht servil!...
Seid fortschrittlich und nicht konservativ!...
Tretet hervor und zieht euch nicht zurück!...
Seid kosmopolitisch und nicht isolationistisch!...
Seid wissenschaftlich und nicht phantasierend!...
Seid utilitaristisch und nicht formalistisch!...«

In einem im Januar 1916 erschienenen Aufsatz heißt es:

»Seid selbst Überwinder und laßt euch nicht von anderen überwinden!...
Haltet die eigene selbständige und unabhängige Persönlichkeit hoch und seid nicht Anhängsel von anderen!...
Befaßt euch mit einer nationalen Tätigkeit und beschränkt euch nicht auf Parteien- und Cliquentätigkeit!«[22]

Schon in diesen frühen Texten trennt Chen Duxiu zwischen dem Wertvollen in der westlichen Zivilisation und der unerfreulichen Seite des westlichen Imperialismus. (Daß sich um 1915/17 dieser westliche, d.h. vor allem britische Imperialismus neben dem japanischen geradezu harmlos auszunehmen schien, mag ihm dies erleichtert haben.) Chen Duxiu wollte also nicht – wie die Ti-yong-Denker des 19. Jahrhunderts – der unreformierten chinesischen kulturellen Substanz westliche technische Hilfsmittel aufpfropfen, und er hielt diese Substanz auch nicht, wie Kang Youwei, für teilweise modernisierbar und in reformierter Form weiterhin nützlich. Er forderte ihre generelle Abschaffung und tat damit den Schritt von der kulturellen Reform zur kulturellen *Revolution*. Auch Kompromisse zwischen Ost und West, wie Kang Youwei und teilweise noch Liang Qichao sie sich vorstellten, lehnte er ab:

»Westliche und chinesische Methoden sind absolut verschieden und keinesfalls miteinander vereinbar, gleichgültig, ob es sich um Politik, Wissenschaft, Moral oder Literatur handelt. [...] Wenn wir uns aber zu Neuerungen entschließen, müssen wir überall neue westliche Methoden anwenden, und es ist dann nicht nötig, mit solchen falschen Ausdrücken wie ›nationales Erbgut‹ oder ›nationaler Charakter‹ Verwirrung zu stiften.«[23]

Damit sind Hauptrichtung und Ton von *Xin Qingnian* im groben charakterisiert. Die Zeitschrift, die bis 1926 erschien, wurde zum Forum großer politischer und kultureller Debatten. In Übersetzungen stellte sie westliche literarische und philosophische Autoren vor, die bis dahin in China wenig oder gar nicht bekannt waren. 1917–19 erreichten manche Hefte Auflagenzahlen von 16000 Exemplaren.[24] Immer wieder berichteten Zeitgenossen von dem Erweckungserlebnis, das sie Chen Duxiu und seinen Mitautoren verdankten. Neben *Xin Qingnian* gab es bald eine Reihe ähnlicher Zeitschriften. Die wichtigste war das 1918 von Beijinger Studenten ins Leben gerufene Magazin *Xin Chao* (Neue Flut). Hier äußerte sich bereits die nächste Generation, die der Demonstranten vom 4. Mai 1919. Die ältere Generation, die der Professoren von 1919, stammte noch aus dem spätkaiserlichen Gelehrtenmilieu. Ihre Schüler, die Studenten von 1919, waren bereits Absolventen der neuen Bildungseinrichtungen des frühen 20. Jahrhunderts. Einige von ihnen hat die amerikanische Historikerin Vera Schwarcz noch um 1980 als sehr alte Herren befragen können.[25]

IV. Themen und Motive der »chinesischen Aufklärung«

Die erneuerungswilligen Intellektuellen sahen den *Konfuzianismus*, den selbst der unnachsichtige Liang Qichao nur andeutungsweise kritisiert hatte,[26] als das größte innerchinesische Hindernis für die Modernisierung des Landes. Daß auch nach dem Sturz der Monarchie 1911 die neuen militärischen Machthaber einem prinzipiell konfuzianischen, autoritären Staatsverständnis anhingen, steigerte noch die Ablehnung; Yuan Shikai hatte sogar 1914 den bereits abgeschafften staatlichen Konfuziuskult wiedereingeführt. Die kulturellen Revolutionäre versuchten, den Bann zu brechen, in dem der Konfuzianismus das Bewußtsein der Chinesen hielt. Der Philosoph Wu Yu (1871–1949) denunzierte die Maxime des Gehorsams gegenüber Älteren und verspottete das konfuzianische China als eine »große Fabrik zur Herstellung eines willfährigen Volkes«.[27] Der Schriftsteller Lu Xun (1881–1936) attackierte die repressiven Verhältnisse in der Familie, die von der konfuzianischen Gehorsamslehre begünstigt und stabilisiert wurden, sowie – mit der Metapher der Menschenfresserei[28] – den Widerspruch zwischen der konfuzianischen Forderung nach »Tugend« und »Milde« und der tatsächlichen Brutalität der Umgangsformen in China. Der Konfuzianismus sei eine abgestorbene und nutzlose Ideologie, nurmehr ein Werkzeug in den Händen der Herrschenden. Die »Tugenden«, die er in den Menschen kultivieren wolle, seien in Wahrheit

Laster und damit zugleich Symptome wie Ursachen der chinesischen Misere: Intoleranz, Trägheit, Heuchelei, Servilität gegenüber Höherstehenden und Hochmut gegenüber Untergebenen, Opportunismus, Entschlußlosigkeit.[29]

Chen Duxiu wandte sich besonders gegen den Kollektivismus, der zum Wesen einer konfuzianisch geprägten Gesellschaft gehöre. Der Konfuzianismus denke nicht in erster Linie vom Individuum her, sondern von kollektiven Einheiten wie der Familie, dem Klan oder der sozialen Schicht. Eine moderne Gesellschaft müsse aber individualistisch sein; ihre einzelnen Mitglieder müßten sich als gleichberechtigte, von »natürlichen« Abhängigkeiten freie, selbstverantwortliche Subjekte fühlen können und darin durch moderne gesellschaftliche Institutionen unterstützt werden:

»Der Puls des modernen Lebens wird von der Wirtschaft bestimmt, und das Grundprinzip der wirtschaftlichen Produktion ist die Selbständigkeit des einzelnen. Es ist auch in die Ethik eingedrungen. Deshalb beglaubigen die Selbständigkeit des Individuums in der Ethik und die Unabhängigkeit des Eigentums in der Wirtschaft einander.«[30]

Aus der scharfen Kritik am Konfuzianismus folgte nicht, daß die Hauptvertreter der Bewegung für Neue Kultur die chinesische Tradition in Bausch und Bogen verwarfen. Im Gegenteil bemühten sie sich um *historische Kritik* und abwägende Bewertung der überkommenen chinesischen Kultur. Hu Shi (1891–1962), einer der vielseitigsten und einflußreichsten Philosophen im modernen China,[31] verglich im Rückblick die Aufgaben der Kulturrevolutionäre von 1919 mit denjenigen der europäischen Renaissance-Denker des 15. und 16. Jahrhunderts: Die einen wie die anderen seien »Männer, die ihr kulturelles Erbe kannten und es mit der neuen Methodik moderner historischer Kritik und Forschung zu studieren suchten«.[32] Legenden seien von Fakten zu unterscheiden, Fälschungen müßten entlarvt, Klassikertexte auf ihre unverderbte Urform zurückgeführt werden. Noch weiter ging Gu Jiegang (1893–1980), der innovativste chinesische Historiker des 20. Jahrhunderts. Die Geschichte müsse musealisiert werden und dadurch ihre Tyrannei über die Gegenwart verlieren. Es solle im 20. Jahrhundert nicht länger möglich sein, eine unsinnige Politik oder Praxis damit zu rechtfertigen – wie dies die Konservativen weiterhin taten –, daß man es in China immer schon so gemacht habe:

»Wir wollen, daß die Männer des Altertums nur Männer des Altertums sind und nicht Führer für heute. Wir wollen, daß alte Geschichte nichts ist als alte Geschichte und keinesfalls eine ethische Lehre für die Gegenwart. [...] Dies ist ein großer Akt der Zerstörung. Aber ohne ihn wird unsere Nation keinen lebensfähigen Ausweg finden. Diese Zerstörung ist nicht grausam. Hier rücken nur die verschiedenen Dinge an ihren historischen Ort. [...] Kurz, wir schicken sie ins Museum.«[33]

Nicht nur die philosophische und die historische Überlieferung sollten gesiebt und gereinigt werden, sondern auch *Sprache und Literatur*. Auf diesem Gebiet hat die Bewegung für neue Kultur ihre nachhaltigsten Wirkungen erzielt. Sie schuf neue, durch Lu Xun und andere Schriftsteller maßstäblich gemachte Ausdrucksformen. War die klassische Literatur schon seit Jahrhunderten zu einem »gelehrten Spiel mit leeren Worten und literarischen Anspielungen«[34] geworden, verfaßt in einer speziellen, von der Alltagskommunikation weit entfernten Schriftsprache (dem »klassischen« Chinesisch), so schrieben die Autoren der 1920er Jahre im Prinzip so, wie sie sprachen. Sie folgten einem Programm, das Hu Shi schon 1916 aufgestellt hatte:

»1. Die Worte müssen Substanz haben.
2. Ahme nicht die Alten nach.
3. Bemühe dich um Grammatik.
4. Stöhne nicht, wenn du nicht krank bist.
5. Verwirf abgedroschene Phrasen und Floskeln.
6. Verwende keine Zitate.
7. Vermeide Parallelismen.
8. Scheue keine volkstümlichen Worte und Ausdrücke.«[35]

Allein schon die Vereinfachung der geschriebenen Sprache bedeutete einen Modernisierungsgewinn, vergleichbar der Ersetzung des Lateinischen durch die nationalen Umgangssprachen im frühneuzeitlichen Europa. So meinte Cai Yuanpei, das langwierige Erlernen der schwierigen klassischen Sprache sei eine kolossale Zeitverschwendung: »Heute müssen wir viele Wissenschaften studieren. Wie wollen wir das schaffen, wenn wir die Zeit nicht beim Studium der chinesischen Sprache sparen?«[36] Erst die Sprachreform schlug die Brücke von der Intelligentsia zu einer breiteren politischen Öffentlichkeit. Sie erst machte eine Massenpresse möglich. Dem Zeitalter der Massenpolitik entsprachen neue Kommunikationsformen.

Nicht minder neu und wichtig war das Thema der *Frauenemanzipation*.[37] Zu den schwerwiegendsten Vorwürfen gegen die alte Ordnung und Denkweise gehörte, daß sie die Frauen in mehrfacher Abhängigkeit hielt.

Die Frau hatte als Mädchen ihrem Vater, als Frau ihrem Ehemann und, falls dieser noch vor ihr starb, ihrem ältesten Sohn zu gehorchen. Sie war praktisch das Eigentum ihrer Eltern bzw. ihres Ehemanns. Der Ehepartner wurde von den Eltern ausgesucht. Eine Wiederverheiratung im Falle eines frühen Todes des Ehemannes war nicht gestattet. Es gab in alter Zeit einige Dichterinnen, doch wurde im allgemeinen so gut wie nichts für die Bildung von Frauen getan.

Schon im 19. Jahrhundert hatten sich einzelne Stimmen gegen diese Behandlung von Frauen erhoben. Missionare hatten, nicht ohne Erfolg, eine Kampagne gegen das erzwungene Verkrüppeln der Füße kleiner Mädchen (»Fußbinden«) geführt. Auch Kang Youwei hatte sich entschieden gegen diese gar nicht so alte Sitte gewandt. Erst mit der 4. Mai-Bewegung setzte aber eine breite Diskussion der Frauenfrage ein, an der sich die Protagonisten der kulturellen Revolution beteiligten.[38] Seit 1917 kamen in der Zeitschrift *Xin Qingnian* auch Frauen zu Wort. Die Zahl der Schulen für Mädchen nahm rasch zu. Ab 1919 war Frauen der Zugang zum Studium gestattet. Schon 1920 brach eine kleine Gruppe von Studentinnen auf eigene Faust zum Studium nach Frankreich auf.[39] Aber schnelle Reformerfolge wie bei der Umstellung von Sprache, Schrift und Literatur waren auf dem Gebiet der Frauenemanzipation nicht zu erwarten. Die 4. Mai-Bewegung gab den entscheidenden Anstoß, doch erst das Heiratsgesetz der Volksrepublik China aus dem Jahre 1950 brachte eine nennenswerte Verbesserung der rechtlichen Stellung der chinesischen Frauen. Es konnte allerdings nur langsam und lückenhaft in die Wirklichkeit umgesetzt werden.

V. »Demokratie«, »Wissenschaft« und die Beurteilung der westlichen Zivilisation

Nach dem Pessimismus eines Liang Qichao, der nicht nur in China, sondern auch im Westen Verfall und kulturelle Verflachung wahrnahm, wandten sich die Wortführer der Begegnung für neue Kultur den »aufgeklärten« Errungenschaften Europas zu. »Demokratie« und »Wissenschaft« hießen die beiden Leitbegriffe der Aufbruchzeit nach 1916. Sie wurden sogar zunächst im Chinesischen lautlich transkribiert: Demokratie als *de-mou-ke-la-xi* und Wissenschaft (Science) als *sai-yin-si*, bevor man sich für die inhaltlich angenäherten Übersetzungen *minzhu* und *kexue* entschied.

Unter Wissenschaft wurde eigentlich Wissenschaftlichkeit verstanden: eine geistige Haltung und ein Mittel, um durch rationales und autonomes

Denken Freiheit und Fortschritt zu erreichen.[40] Besonderen Einfluß gewann der »Pragmatismus« des amerikanischen Philosophen und Pädagogen John Dewey (1859–1952), den Hu Shi 1919/20 für eine Vortragsreise durch China gewinnen konnte. Für Dewey gab es keine perfekten und endgültigen Antworten auf theoretische und praktische (auch politische) Fragen, sondern nur eine ständige Suche nach der unter bestimmten Umständen relativ besten Lösung. Hier tat sich schon im Sommer 1919 eine Kluft zwischen Chen Duxiu und Hu Shi auf, als Hu Shi nämlich den älteren Professorenkollegen dafür tadelte, stets für Radikallösungen zu plädieren und bei solchen hochfliegenden Träumen das mühsame praktische Reformgeschäft zu vernachlässigen. Überhaupt nahm Hu Shi Anstoß an einem immer ins Grundsätzliche verfallenden Denken in »Ismen«:

»Die große Gefahr von ›Ismen‹ besteht darin, daß sie die Menschen zufrieden und selbstgefällig machen, indem diese sich einreden, sie seien im Besitze einer ›fundamentalen Lösung‹ und müßten daher ihre Kräfte nicht an die Lösung dieses oder jenes konkreten Problems verschwenden.«[41]

Auf dem Höhepunkt der kulturellen Erneuerungsbewegung deutet sich hier bereits eine Spaltung nach Weltanschauung und politischer Haltung an: In den frühen zwanziger Jahren sollte Chen Duxiu zu einem Vorkämpfer des Marxismus in China werden, Hu Shi hingegen zum wichtigsten Exponenten des politischen Liberalismus.[42] Hu Shis Lob des Konkreten und eines handlungsorientierten Pragmatismus stand freilich in einem gewissen Widerspruch zu seiner eigenen Praxis. Mit den krassen sozialen Notständen Chinas beschäftigte er sich immer weniger. Gerade die chinesischen Liberalen konnten ihre Distanz zu den Arbeitern und erst recht den Bauern niemals überwinden. Darin lag ihre große Schwäche, und dies erklärt zu einem Teil ihre Randposition in der modernen Geschichte Chinas. In gewissem Sinne wurde Hu Shi ein Opfer desselben Fehlers, den er bei anderen kritisierte: des Imports ausländischer Rezepte ohne Rücksicht auf ihre Angemessenheit für die besonderen Probleme Chinas.

Das Programm Hu Shis und seiner Anhänger sah eine weitgehende kulturelle Verwestlichung Chinas vor. Seine große Sympathie für die europäische, besonders die angelsächsische Kultur hinderte ihn nicht an scharfer Kritik an der europäischen Machtpolitik gegenüber China. Er weigerte sich allerdings, externe Kräfte für alle Übel Chinas verantwortlich zu machen, und hoffte, daß nach dem »Sieg der demokratischen Revolution«

die Westmächte ihre Aggression gegen China einstellen würden.[43] Bei
Chen Duxiu hingegen machte sich unter dem Einfluß des neuentdeckten
Marxismus 1919–20 ein radikaler Wandel seines Bildes vom Westen
bemerkbar: Er schilderte ihn nicht länger als das Lager fortschrittlicher,
demokratischer Nationen, sondern als eine Welt imperialistischer Staaten, in denen wenige Kapitalisten gnadenlos große Arbeitermassen
ausbeuteten. Auch die Probleme Chinas betrachtete Chen nun als weitgehend vom Imperialismus verursacht.

Die Frage, wie der Westen einzuschätzen sei und auf welche seiner zahlreichen Facetten man sich beziehen solle, legte symptomatisch die Unterschiede zwischen den politischen Richtungen frei, in die sich die 4.Mai-
Bewegung in den frühen zwanziger Jahren auflöste. Grob lassen sich vier
Positionen unterscheiden:

1. Hu Shi und andere Anhänger *liberaler Verwestlichung* empfahlen, die
unreformierbare konfuzianische Kultur aufzugeben und eine möglichst
weitgehende Übernahme des angelsächsischen Zivilisationsmodells an-
zustreben.

2. Der *Konservatismus*,[44] wie er vor allem auf dem rechten Flügel der
Nationalpartei (Guomindang) entstand, erneuerte das Ti-yong-Denken.
Der die 4.Mai-Bewegung bestimmende Zusammenhang zwischen »Demokratie« und »Wissenschaft« wurde zerrissen: Demokratie galt als »un-
chinesisch«, Wissenschaft hingegen sollte in technischen Bereichen zuge-
lassen werden. Nicht die angelsächsische Demokratie, sondern autoritäre
Systeme in Europa wurden hier zu Vorbildern.

3. Der *Neo-Traditionalismus*, vertreten etwa durch den Philosophen
Liang Shuming,[45] verwarf den Westen nicht in naiver Abwehr, sondern
bewußt und aus genauer Kenntnis seiner Zivilisation. Freilich wurde
keine Rückkehr zum bürokratisch-absolutistischen Zentralstaat propa-
giert (wie bei den Konservativen), sondern eine Erneuerung Chinas von
unten herauf: durch bäuerliche Gemeinschaften, die der paternalisti-
schen Führung durch verantwortungsbewußte Mitglieder der Oberschicht bedürften.

4. Die Richtung, die sich auf lange Sicht in China durchsetzte, kann als
dissidente (sozialistische) Verwestlichung bezeichnet werden. Gemeint ist
die Orientierung nicht an den in Amerika und nach dem Ersten Weltkrieg
auch in nahezu ganz Europa vorherrschenden Prinzipien von Kapitalismus und bürgerlicher Demokratie, sondern an ihrer innereuropäischen
Negation, also am Sozialismus in seinen vielen Spielarten, zunächst vor
allem dem Anarchismus,[46] nach der Oktoberrevolution dem Bolschewis-
mus. Diese Haltung war »modern« auf dem Boden avancierter Kulturkri-
tik. Einer ihrer wichtigsten Urheber, Chen Duxiu, wurde nicht ohne Fol-

gerichtigkeit zu einem der ersten Marxisten in China. Dieses Modell war
nicht weniger konfuzianismus- und feudalismusfeindlich als der Liberalismus Hu Shis und seiner Freunde. Nur fanden seine Vertreter ihr Vorbild
nicht im »offiziellen« Westen, sondern in dessen dissidenten sozialistischen Traditionen – und natürlich im neuen Sowjetstaat. Man erstrebte
eine sozialistische, nicht eine bürgerlich-kapitalistische Verwestlichung.
Erst in einem späteren Entwicklungsschritt – unter der Führung Mao Ze-
dongs in den späten dreißiger Jahren – wandten sich die chinesischen
Kommunisten gegen eine unveränderte Übernahme des westlichen Mar-
xismus-Leninismus. Der folgenreichste Ideologie-Import, den China je
erlebte, wurde »sinisiert«.[47]

Die »chinesische Aufklärung« war kürzer als die europäische. Sie dauerte
nur wenige Jahre. Der ursprüngliche kulturrevolutionäre Impuls von
1915/16 wurde rasch politisiert, und diese Politisierung nahm seit 1923/24
– bei der Guomindang wie bei der 1921 gegründeten Kommunistischen
Partei – die Züge von Parteiformierung, Disziplinierung der »politischen
Amateure«[48] aus der Intelligentsia und Herausbildung von Orthodoxien
an.[49] Der »pluralistische Skeptizismus«[50] der Aufbruchsjahre überlebte
die rauhen Zeiten von Warlord-Herrschaft und fortgesetztem Konflikt
mit den imperialistischen Mächten nicht. Die Isolierung der städtischen
Intellektuellen von der Mehrheit der chinesischen Bevölkerung blieb zunächst bestehen. Nur Li Dazhao (1889–1927), der Direktor der Universi-
tätsbibliothek von Beijing und Gründervater des chinesischen Bolsche-
wismus, hatte schon 1919 gemahnt: »Unser China ist eine ländliche
Nation, und der größte Teil der arbeitenden Klasse besteht aus Bauern.
Wenn sie nicht befreit werden, dann wird unsere ganze Nation nicht befreit werden.«[51] Die Option für *dissidente* Verwestlichung ermöglichte
einem Teil der Intelligentsia aber, sich in den Hauptstrom der chinesischen Geschichte des frühen 20. Jahrhunderts einzuordnen: den Nationalismus. Waren Hu Shi und andere Befürworter »bürgerlicher« Verwestlichung nicht gegen den Vorwurf mangelnden Patriotismus im Angesicht
der fortwährenden imperialistischen Bedrückung gefeit, so eröffnete der
Kommunismus die Chance, *zugleich* radikal und nationalistisch, kultur-
revolutionär und antiimperialistisch zu sein. Mit der Einreihung in die
Partei endete auch eine große Illusion der Übergangsjahre: der Traum
von einer durch ihre Intellektuellen geführten Nation.

Literatur

Chow Tse-tsung: The May Fourth Movement. Intellectual Revolution in Modern China, Cambridge/Mass. 1960.

Fairbank, John K.: Geschichte des modernen China 1800–1985, München 1989.

Fairbank, John K.: China. A New History, Cambridge/Mass. und London 1992.

Franke, Wolfgang: Chinas kulturelle Revolution. Die Bewegung vom 4. Mai 1919, München 1957.

Lieberthal, Kenneth, u. a. (Hrsg.): Perspectives on Modern China. Four Anniversaries, Armonk, N. Y. und London 1991.

Opitz, Peter J. (Hrsg.): Die Söhne des Drachen. Chinas Weg vom Konfuzianismus zum Kommunismus, München 1974.

Osterhammel, Jürgen: China und die Weltgesellschaft. Vom 18. Jahrhundert bis in unsere Zeit, München 1989.

Pohl, Karl-Heinz/Wacker, Gudrun/Hvirn, Liv (Hrsg.): Chinas Intellektuelle im 20. Jahrhundert. Zwischen Tradition und Moderne, Hamburg 1993.

Schwarcz, Vera: The Chinese Enlightenment. Intellectuals and the Legacy of the May Fourth Movement of 1919, Berkeley, Los Angeles und London.

Spence, Jonathan: Das Tor des Himmlischen Friedens. Die Chinesen und ihre Revolution 1895–1980, München 1985.

Spence, Jonathan: The Search for Modern China, London 1990.

Wasserstrom, Jeffrey N.: Student Protests in Twentieth-Century China. The View from Shanghai, Stanford/Cal. 1991.

Ulrike Freitag
Spätkolonialismus und nationale Bewegung
Syrien in der ersten Hälfte des 20. Jahrhunderts

I. Geographische und historische Voraussetzungen

Vor 1920 bezeichnete »Syrien« eine geographische Region, die vom östlichen Mittelmeer bis zur Syrisch-Arabischen Wüste sowie von den Ketten des Amanus und Taurus im Norden bis zur Halbinsel Sinai und dem Golf von Akaba im Süden reichte, also etwa das Gebiet der heutigen Staaten Syrien, Libanon, Israel und Jordanien umfaßte. Die Araber nennen diese Region zumeist Bilâd ash-Shâm. Dieser Begriff wird im folgenden zur Unterscheidung des geographischen Syrien vom Gebiet des heutigen Staates, einem Resultat der spätimperialistischen Politik, übernommen.

Bilâd ash-Shâm läßt sich in eine Küstenzone, zwei daran angrenzende Gebirgsketten sowie das östliche Tafelland mit Steppen- und Wüstenlandschaften unterteilen. Durch seine Lage war es in der Geschichte meist ein Schnittpunkt der Kulturen, Durchgangsland für Völker und Waren. Nur selten bildete Bilâd ash-Shâm ein eigenes Zentrum, meist rivalisierten angrenzende Staaten um die Herrschaft. Zwischen 1516/17 und 1918 war die Region, ebenso wie Mesopotamien und Teile der Arabischen Halbinsel, ein in verschiedene Provinzen untergliederter Bestandteil des von Istanbul aus regierten Osmanischen Reiches.

Die Bevölkerung des heutigen Staatsgebietes betrug 1921 ca. 1,76 Millionen Menschen, 1947 war sie auf 3,6 Millionen angewachsen, und 1989 wurde sie auf 11,7 Millionen geschätzt.[1] Die meisten von ihnen lebten Anfang der zwanziger Jahre auf dem Land, insbesondere in der regenreichen Küsten- und Gebirgsregion, wo intensive Landwirtschaft möglich ist. Im regenarmen Binnenland konzentrierte sich die Besiedlung in den Oasen. Im Grenzbereich von Steppe und Wüste herrschte bis in die dreißiger Jahre nomadische Weidewirtschaft vor. Schon im 19. Jahrhundert lebte etwa ein Viertel der syrischen Bevölkerung in den Städten, den wirtschaftlichen und administrativen Zentren.

Die Bewohner Syriens sind sowohl in religiöser und konfessioneller als auch in ethnischer und sprachlicher Hinsicht vielfach differenziert.[2] Ihre

Mehrheit bekennt sich zur sunnitischen Richtung des Islams (ca. 72%), jedoch gibt es beachtliche schiitische Splittergruppen, deren größte die Alawiten (ca. 11%) sind.[3] Ferner spielt die aus dem schiitischen Islam hervorgegangene Religion der Drusen (3%) eine gewisse Rolle. Alawiten und Drusen hatten sich, um jahrhundertelangen religiösen Verfolgungen zu entgehen, als sogenannte »kompakte Minderheiten«[4] in schwer zugängliche Bergregionen zurückgezogen: die Alawiten in den Jabal al-Ansarîye (auch: Alawitengebirge) an der Nordküste und die Drusen ins Libanongebirge sowie in den Jabal ad-Durûz (Drusengebirge) südöstlich von Damaskus. Gut zehn Prozent der Syrer sind Christen, die ihrerseits wieder unterschiedlichen Konfessionen angehören und vor allem in den großen Städten Damaskus, Aleppo und Latakia anzutreffen sind. Ferner ist die jüdische Minderheit zu nennen, die seit dem Beginn des arabisch-israelischen Konfliktes durch Auswanderung stark abgenommen hat (1938 ca. 1%, 1991 ca. 4000 Personen).

Die meisten Syrer würden sich heute als Araber bezeichnen. Im Norden und Nordwesten des Landes leben Kurden. Seit dem Ende des 19. Jahrhunderts kamen Armenier als Flüchtlinge aus Ostanatolien nach Syrien. Ferner gibt es Minderheiten von Tscherkessen, Türken und Assyrern. Teils haben sich diese Gruppen vollständig arabisiert, teils ihre ursprünglichen Sprachen beibehalten.

II. Die Entfaltung des Spätimperialismus im Nahen Osten

Mit dem Eintritt des Osmanischen Reiches in den Ersten Weltkrieg auf der Seite Deutschlands besiegelte »der kranke Mann am Bosporus« sein Schicksal. Im 19. Jahrhundert hatten die europäischen Großmächte ihm gegenüber zumeist eine Politik des Status quo betrieben: Sie versuchten zwar, sich möglichst großen politischen, ökonomischen und kulturellen Einfluß zu verschaffen, ihre Konkurrenz verhinderte jedoch eine direkte Aufteilung der osmanischen Kernlande.[5]

Nach dem Zusammenbruch dieses fragilen Gleichgewichts und der erklärten Gegnerschaft des Osmanischen Reiches bestand jedoch für Frankreich, Großbritannien und Rußland keinerlei Anlaß mehr für weitere Zurückhaltung. Sie verständigten sich in dem nach den Unterhändlern benannten Sykes-Picot-Abkommen im Mai 1916 auf die Aufteilung des Reiches. Die arabischen Provinzen in Mesopotamien und Bilâd ash-Shâm sollten demnach teils direkter, teils indirekter britischer und französischer Kontrolle unterstellt werden. Darüber hinaus sagte der britische Außenminister James Balfour in der sogenannten Balfour-Deklaration der in Europa entstandenen zionistischen Bewegung zu, die Einrichtung einer nationalen Heimstätte für die Juden in Palästina zu unterstützen (November 1917).[6]

Bei Kriegsende kontrollierten britische und französische Truppen Bilâd ash-Shâm und Mesopotamien. Die Regelung der Nachkriegsordnung oblag nun den Pariser Friedensverhandlungen. Dort allerdings stießen die imperialistischen Pläne der beiden Mächte auf unerwarteten Widerstand.

Unmittelbar nach der Oktoberrevolution hatte Rußland die geheimen Kriegszielabsprachen veröffentlicht und als imperialistisch gebrandmarkt. Aber auch der amerikanische Präsident Woodrow Wilson nahm im Januar 1918 in seine Vierzehn Punkte über eine Nachkriegsordnung das Selbstbestimmungsrecht der Völker auf. Als Kompromiß einigte man sich darauf, die ehemaligen osmanischen Provinzen wie auch die deutschen Kolonien in Afrika dem neugegründeten Völkerbund zu unterstellen. Dieser übertrug die Verwaltung der Gebiete treuhänderisch an bestimmte Staaten, mit dem langfristigen Ziel, die Entwicklung der sogenannten Mandatsgebiete zur Unabhängigkeit voranzutreiben. Diese Übereinkunft war für die Briten und Franzosen umso eher akzeptabel, als sich die Vergabe der Treuhandverwaltung nach ihren Wünschen und den von ihnen geschaffenen Tatsachen, nicht aber nach den Vorstellungen der Betroffenen in den Mandatsgebieten richtete. Damit stellte sie de facto eine Legalisierung des imperialen Status quo dar. Im Nahen Osten bedeutete dies, daß Großbritannien die Kontrolle über Mesopotamien (den späteren Irak), über Palästina und Transjordanien, Frankreich hingegen jene über Syrien und das Libanongebirge erhielt.

Das eigentliche Ziel, die Erweiterung der Imperien, wurde wie zur Zeit des Hochimperialismus verfolgt. Neu an der spätimperialistischen Vorgehensweise war jedoch, daß sie sich nun in einem institutionalisierten internationalen Rahmen abspielte. Auch wenn der Völkerbund die Herrschaftsausübung der Mandatsmächte nur wenig beeinflußte, bestand nun immerhin ein Forum, vor dem die betroffenen Völker ihre Beschwerden vorbringen konnten. Ferner waren die arabischen Provinzen vom Völkerbund »provisorisch als unabhängige Nationen anerkannt« worden, sofern sie bereit waren, »administrative Beratung und Unterstützung durch eine Mandatsmacht«[7] zu akzeptieren. Das Streben nach Unabhängigkeit erhielt damit eine gewisse internationale Legitimität.

Vorerst jedoch behandelte Frankreich seine Neuerwerbung im wesentlichen wie eine Kolonie. Das Ziel der Herrschaft über Syrien, innenpolitisch durchgesetzt von einer kleinen kolonialpolitischen Lobby, war die Sicherung geopolitischer und wirtschaftlicher Interessen, die Ausdehnung des kulturellen Einflusses und der Schutz der christlichen Minderheiten, denen sich Frankreich seit Kreuzfahrerzeiten verbunden fühlte.[8] Das Libanongebirge, das schon zu osmanischen Zeiten eine eigene Verwaltung hatte, wurde um die Küste mit den Häfen Tyrus, Sidon, Beirut und Tripolis sowie um die Bekaâ-Ebene erweitert und als eigenständiger Staat etabliert. Damit entstand ein Gebilde, das neben den Christen und Drusen des Libanongebirges erhebliche sunnitische und schiitische Bevölkerungsanteile umfaßte. Abgesehen davon, daß sich vor allem die Sunniten noch lange als Teil Syriens verstanden, barg die Frage der Verteilung politischer und ökonomischer Macht zwischen den einzelnen Bevölkerungsgruppen viel Sprengstoff für die Zukunft.

Auch Restsyrien wurde getreu der Politik des »Teile und herrsche« zerstückelt, Aleppo und Damaskus wurden Hauptstädte je eigener »Staaten«. Von besonderer Bedeutung für das spätere Verhältnis unterschiedlicher Bevölkerungsgruppen zueinander war, daß besonders die Regionen mit einem hohen Anteil an Minderheiten, nämlich das Drusengebirge, die Provinz Latakia mit dem Alawitengebirge sowie die am Euphrat gelegene, unter anderem von Kurden und Christen besiedelte Provinz Jazîra »unabhängig« wurden. Aus diesen Gebieten stammten auch die meisten Mitglieder der Syrischen Legion, einer Truppe von Freiwilligen zum Schutz des Landes.

Freilich hatte diese Eigenständigkeit – außer im Falle Libanons – kaum Konsequenzen. Obwohl in allen syrischen »Staaten« arabische Verwaltungen eingesetzt wurden, lag das letzte Wort bei französischen Beratern. Koordiniert wurde die französische Politik vom Hochkommissar in Beirut. Dieses System erwies sich als schwerfällig und kostspielig.[9] Da Frankreich die Mandatsverwaltung zudem meist gegen die Wünsche und Ziele der syrischen Politiker betrieb – anders als im Libanon, wo es sich zumindest mit einem Teil der Bevölkerung einig wußte –, mißlang die längerfristige Sicherung französischer imperialer Interessen. Und auch in wirtschaftlicher Hinsicht erwies sich Syrien als Verlustgeschäft für die französische Regierung.[10]

III. Gesellschaft und Politik in Syrien bis 1920

Der französische Mißerfolg hing unter anderem damit zusammen, daß die Syrer trotz der jahrhundertelangen Fremdherrschaft nicht mehr bereit waren, deren Fortsetzung nach dem Ersten Weltkrieg – noch dazu unter europäischen Vorzeichen – hinzunehmen. Vielmehr hatten sie eigene Vorstellungen entwickelt, die der Allgemeine Syrische Kongreß aus Repräsentanten aller Gebiete von Bilâd ash-Shâm in einer Resolution 1919 folgendermaßen formulierte:

»1. Wir verlangen absolute politische Unabhängigkeit für Syrien... [gemeint ist das geographische Syrien].
2. Wir verlangen, daß die Regierung dieses syrischen Staates eine demokratische, zivile, konstitutionelle Monarchie auf der Basis weitgehender Dezentralisierung wird, wobei die Rechte der Minderheiten zu schützen sind...«[11]

Noch zu Beginn des Ersten Weltkriegs hätte wohl nur eine Minderheit dieser Aussage zugestimmt. Immerhin waren die meisten derjenigen, die sich 1919 für die Gründung eines unabhängigen Staates aussprachen, Vertreter der lokalen Elite. Diese sogenannten Notabeln, zumeist Großhändler, Rechtsgelehrte und Großgrundbesitzer in den osmanischen Provinzhauptstädten Aleppo, Beirut und Damaskus, hatten bislang zwischen der osmanischen Regierung in Istanbul und der örtlichen Bevölkerung vermittelt. Sie suchten bei den Osmanen Patronage für ihre eigenen Transaktionen. Später saßen arabische Repräsentanten im osmanischen Parlament und in der Regierung; die Istanbuler Schulen und die Universität waren das Sprungbrett in den Verwaltungsdienst; und der osmanische Sultan galt – zumindest für die Muslime – als das legitime Staatsoberhaupt. Der Einfluß der Notabeln, einer kleinen, nur wenige Dutzend Familien umfassenden Gruppe, auf erhebliche Teile der städtischen und ländlichen Bevölkerung beruhte teils auf unmittelbaren Abhängigkeitsbeziehungen, teils darauf, daß sie die Interessen ihrer Klientel gegenüber der Staatsgewalt vertraten. Sie unterhielten enge Beziehungen zu religiösen Führern, Händlern und Stadtviertelältesten sowie zu den *qabadayât*, den »starken Männern« des Stadtviertels, die dieses mit Hilfe von Jugendbanden schützten und kontrollierten. Auf diese Weise waren die Notabeln gegebenenfalls in der Lage, Streiks und – in der Mandatszeit – Demonstrationen in großem Rahmen zu organisieren. Umgekehrt stützte sich die osmanische Regierung auf die Lokalkenntnisse und auf die gesellschaftliche Position dieser Elite, um ihre eigene Herrschaft zu sichern.
Schon im 19. Jahrhundert war zunächst die Küste, später auch das Innere von Bilâd ash-Shâm in engeren Kontakt mit Europa getreten, nicht zuletzt durch die Einführung der Dampfschiffahrt auf dem Mittelmeer seit 1835. Europäische Waren, insbesondere englische Tuche, konkurrierten nun mit einheimischen Produkten. In den vierziger Jahren begann umgekehrt der Export vor allem von Seide und Getreide. Damit bildete sich eine neue lokale Händler- und Unternehmerbourgeoisie, die eng mit

europäischen Interessen verbunden war.[12] Parallel dazu begann eine verstärkte intellektuelle Auseinandersetzung mit europäischem Gedankengut. Überall im osmanischen Reich wurden Staatsschulen eingerichtet, um den steigenden Bedarf an Beamten, Offizieren, Ärzten und Ingenieuren zu decken. Daneben richteten europäische Missionen, aber auch einheimische Institutionen private Schulen ein. Erstmals erhielten auch Mädchen zumindest begrenzten Zugang zu formaler Schulbildung. Es entstanden Zentren, von denen eine Wiederbelebung und Weiterentwicklung der arabischen kulturellen und religiösen Traditionen ausging. Die beschriebenen Wandlungsprozesse führten zur allmählichen Herausbildung eines auf das geographische Syrien bezogenen Nationalbewußtseins, vor allem in Kreisen, die durch Ausbildung und Kontakte zum Westen erst neuerdings in den Kreis der Elite aufgestiegen waren.[13]

In dieser Situation wirkte der Erste Weltkrieg mit der Zerstörung der alten Ordnung als Katalysator. Kurz nach Kriegsausbruch wurde Syrien dem Militärgouverneur Cemal Pascha unterstellt, der politische Aktivitäten als Hochverrat blutig unterdrückte und damit die Loyalität auch nichtoppositioneller Araber auf eine harte Probe stellte.[14] Am folgenschwersten war jedoch die Hungersnot zwischen 1915 und 1918, der ca. eine halbe Million Menschen zum Opfer fielen. Ihre Ursache war eine Kombination aus Mißernten, einer Seeblockade durch Großbritannien und Frankreich, die den Import von Nahrungsmitteln verhinderte, dem Fehlen von ländlichen Arbeitskräften durch den Kriegsdienst, Spekulation arabischer Großhändler und dem Versagen der osmanischen Kriegswirtschaft. Es ist mehr als wahrscheinlich, daß diese Hungersnot für eine Mehrheit der Syrer den letzten Ausschlag gab, sich von den Osmanen abzukehren und dem arabischen Aufstand des Scherifen von Mekka, Husain ibn 'Alî, zuzuwenden, zumal dieser als Gegner der Osmanen von den Briten reichlich mit Nahrungsmitteln und Gold ausgestattet wurde.[15]

Husain, der für die Osmanen die heilige Stadt Mekka verwaltete, aber weitergehende politische Ambitionen hegte, hatte schon länger Kontakte zu den Briten unterhalten. In einem Briefwechsel mit dem britischen Vertreter in Kairo, McMahon, erhielt er 1915 die Zusage, daß Großbritannien bereit sei, »die Unabhängigkeit der Araber in allen Regionen innerhalb der vom Scherifen von Mekka vorgeschlagenen Grenzen anzuerkennen und zu unterstützen«.[16] Auch wenn diese Zusage durch gewisse Vorbehalte eingeschränkt war, wurde sie vom Scherifen als Anerkennung des Vorhabens aufgefaßt, einen arabischen Staat zu errichten. Dieser sollte im wesentlichen den Hedschas (eine Region auf der Arabischen Halbinsel an der Küste des Roten Meeres) und Bilâd ash-Shâm umfassen. Das diesem Versprechen entgegenstehende Sykes-Picot-Abkommen kannte Husain nicht.

Im Juni 1916 rief der Scherif, dessen Pläne mit einigen syrischen Nationalisten abgesprochen waren, einen Aufstand gegen das Osmanische Reich aus. Gegen Kriegsende besetzten arabische Truppen unter Führung von Emir Faisal, dem Sohn Husains, Innersyrien. Während in Paris Europäer und Amerikaner über die endgültige Zukunft der Region verhandelten, begannen die Araber, einen Staat nach ihren eigenen Vorstellungen zu errichten.[17]

Dieser politische Seitenwechsel eines Teils ihrer Elite wirkte für die Syrer weniger befremdlich, als er zunächst erscheinen mag: Bis 1918 hatten die Notabeln zwischen Osmanen und der Bevölkerung vermittelt, nun wollten sie diese Rolle gegenüber Faisal, dem Sohn des fernen Herrschers über Mekka, fortsetzen. Weiterhin gewann Faisal dadurch, daß er ein Araber war, erhebliche Sympathien in der Bevölkerung. Diese verbanden sich, gerade in der jüngeren Generation, gelegentlich mit dezidiert nationalistischen Vorstellungen. Sie fanden ihren öffentlichen Niederschlag im regen politischen und kulturellen Leben dieser Periode, in der Gründung von Zeitungen, Kulturzentren sowie in Vereinigungen und Parteien.[18]

Im Sommer 1919 bereiste eine amerikanische Delegation Syrien, um die Zukunftswünsche der Bevölkerung für die Friedenskonferenz zu erforschen. Daraufhin beschloß die Regierung, Wahlen zu einem Allgemeinen Syrischen Kongreß abzuhalten. Dieser sollte die doppelte Funktion übernehmen, die Interessen der Bevölkerung gegenüber der Delegation zu artikulieren und den Aufbau des Staates voranzutreiben. Obwohl nur im syrischen Binnenland, das unter arabischer Militärverwaltung stand, von einem demokratischen Wahlverfahren gesprochen werden konnte, entsandten auch die anderen Regionen von Bilâd ash-Shâm sowie aus Mesopotamien Vertreter in den Syrischen Kongreß. Die Delegierten legten Wert auf die Feststellung, daß sie die muslimische ebenso wie die christliche und jüdische Bevölkerung der Region repräsentierten. Sie forderten in der bereits zitierten Resolution von 1919 politische Unabhängigkeit. Mesopotamien sollte nach ihren Vorstellungen ein eigenständiger, wenngleich wirtschaftlich eng mit Syrien verbundener Staat werden. Sie sprachen sich, im Gegensatz zu Repräsentanten des Libanongebirges, gegen die Gründung eines von Syrien getrennten Staates Libanon sowie gegen die Errichtung einer jüdischen Heimstätte in Palästina und die damit verbundene Einwanderung aus.

Faisal, der vergeblich versucht hatte, eine Einigung mit den Europäern zu

erzielen, geriet im Laufe von 1919 unter zunehmenden Druck nationalistischer Kreise, die einen Kompromiß ablehnten.[19] Im März 1920 wurde er
vom Syrischen Kongreß zum König eines unabhängigen Staates Syrien
gewählt. Dies hinderte die französische Regierung nicht daran, im Juli
ultimativ die Anerkennung des Mandats zu fordern. Am Ende letzter
hektischer Verhandlungen, die von Unruhen in den großen Städten begleitet waren, stand die für die meisten Syrer zum historischen Trauma
gewordene Schlacht von Maisalûn am 24. Juli 1920: Eine kleine, schlecht
ausgerüstete syrische Armee konnte den französischen Truppen nicht
standhalten, die daraufhin Damaskus besetzten.

IV. Kooperation und Widerstand in der Mandatszeit

Die Dynamik der Entwicklungen in Syrien zwischen 1920 und dem zweiten Weltkrieg wurde von der Interaktion zwischen der syrischen Elite und
der Mandatsverwaltung geprägt, auch wenn internationale Entwicklungen wie die Weltwirtschaftskrise und politische Richtungswechsel in
Frankreich ebenfalls eine Rolle spielten. Sie war durch eine Dialektik
zwischen Kooperation und Widerstand gekennzeichnet, die nicht zuletzt
aus der Rivalität zwischen unterschiedlichen Fraktionen der Elite um
Macht und Einfluß resultierte.[20]
Nach der Schlacht von Maisalûn verließ Faisal mit einem Teil seiner Regierung und seiner Anhänger Syrien. Konservative Notabeln wie Scheich
Tâjj ad-Dîn al-Hasanî, die den Schwenk zum Arabismus nicht rechtzeitig
vollzogen hatten und deswegen unter Faisal ins politische Abseits gedrängt worden waren, erkannten die Chance, ihren verlorenen Einfluß
zurückzugewinnen. Sie erklärten sich zur Zusammenarbeit mit der Mandatsmacht bereit, die auf eine solche Kollaboration angewiesen war. Der
Zugang zur Macht half diesen Notabeln, ihr Ansehen gerade in konserva-
tiveren Bevölkerungskreisen zu konsolidieren.[21]
Auf Widerstand hingegen stießen die Franzosen anfangs in den Bergregionen Nord- und Westsyriens, deren Strukturen unter den politischen
Umwälzungen nicht gelitten hatten. Teilweise hatten die Aufstände eher
lokalen Charakter. Insbesondere suchten die Stammeschefs, die religiösen Würdenträger und die Großgrundbesitzer zu verhindern, daß die re-
lative Autonomie, die sie bisher aufgrund der schwer zugänglichen Lage
ihrer Gebiete hatten verteidigen können, nunmehr durch direktere Kontrolle abgelöst werde. Insgesamt überwogen solche regionalistischen Mo-
tive, auch wenn sich einzelne arabische Nationalisten den Aufständischen
anschlossen und sie unterstützten.[22]

Nach der Niederschlagung dieser ersten spontanen Aufstände trat ab 1922 eine Periode der Ruhe ein. Die französische Verwaltung konsolidierte sich. Der Hochkommissar beschloß 1924, die »Staaten« Aleppo und Damaskus zu vereinigen. Eine Reihe exilierter Nationalisten kehrte zurück und begann erneut, in den Städten politisch zu agitieren. Dennoch begann auch der nächste Aufstand als lokale Revolte, diesmal im Jabal ad-Durûz, dem unabhängigen Drusenstaat.

Dort hatten sich die rivalisierenden Clanführer nach dem Tod des von den Franzosen ernannten lokalen Gouverneurs auf keinen Nachfolger einigen können, woraufhin ein Franzose diese Funktion übernahm. Captain Carbillet, der große Sympathien für die drusischen Bauern und wenig Verständnis für ihre Feudalherren besaß, beschloß, die drusische Gesellschaft zu modernisieren. Unter Mißachtung der traditionellen Hierarchien begann er ein umfangreiches Programm der Land- und Verwaltungsreform sowie des Baus von Schulen und Straßen. Dies stieß vor allem bei den Großgrundbesitzern, insbesondere der mächtigen al-Atrash-Familie, auf Widerstand. Auch die Bevölkerung hatte für die Reformen nicht immer Verständnis und widersetzte sich insbesondere der Zwangsarbeit.[23] Vergeblich baten die Anführer des Atrash-Clans um die Ablösung des ungeliebten Gouverneurs. Als drei ihrer Vertreter bei Verhandlungen festgenommen wurden, bewaffneten sich ihre Anhänger und begannen unter Führung von Sultân Pascha al-Atrash einen regelrechten Krieg gegen die Franzosen.

Eine gerade im Vergleich zum Aufstand im Alawitengebirge neue Dimension erhielt diese Rebellion dadurch, daß Sultân Pascha gute Kontakte zu nationalistischen Damaszener Oppositionellen wie dem Arzt 'Abd ar-Rahmân ash-Shahbandar besaß und seine Aktionen mit ihnen koordinierte. Dadurch gelang es, den Aufstand in die Oase von Damaskus, in das nördlich von Damaskus gelegene Qalamûn Gebirge und bis nach Hama und Aleppo sowie in den Libanon zu tragen. Verschiedene ökonomische und soziale Interessen trugen zu dieser breiten Mobilisierung bei. Händler lehnten die neuen Grenzen und Zölle ab, welche die gewachsenen wirtschaftlichen Verbindungen mit den britischen Mandatsgebieten unterbrachen. Muslime störte die angebliche Bevorzugung von Christen durch die Franzosen. Auch neue Steuern und die Bedrohung der traditionellen Werte und Lebensweise durch die Präsenz von Europäern boten Anlaß zur Unzufriedenheit.[24] Obwohl auch diese Revolte 1927 endgültig niedergeschlagen wurde, waren erstmals sehr verschiedenartige Anliegen unter dem Banner des Nationalismus zum effektiven Widerstand gegen das Mandat vereinigt und größere Kreise der Bevölkerung politisch mobilisiert worden.

Frankreich reagierte auf diese Bedrohung mit einem Wechsel seiner Strategie: Im Juli 1927 gab Hochkommissar Henri Ponsot bekannt, daß Frankreich bereit sei, Syrien im Rahmen des Mandats eine Verfassung zuzubilligen. Nun übernahm die städtische Opposition die politische Initiative von den ländlichen Kräften. Diejenigen Nationalisten, die nicht während des Aufstands hatten fliehen müssen, schlossen sich im »Nationalblock« zusammen, der bis zur Unabhängigkeit die führende politische Gruppierung bleiben sollte. Er war wesentlich straffer organisiert als die vorherigen losen Zusammenschlüsse von Notabeln. Dennoch unterschied er sich nicht grundlegend von ihnen, weder in der sozialen Zusammensetzung noch im Programm, das sich auf die Forderung nach Unabhängigkeit und (groß)syrischer Einheit konzentrierte, Fragen der wirtschaftlichen und sozialen Entwicklung hingegen ignorierte. Auch seine Mitglieder waren, ebenso wie die »gemäßigten« Politiker, letztendlich auf die Kooperation mit Frankreich angewiesen, um Klientelnetze zu erhalten und zu erweitern. Durch ihre Teilnahme am politischen Prozeß traten sie nun in Konkurrenz zu den »Gemäßigten«, die bislang den Zugang zur Macht hatten monopolisieren können. Im Gegensatz zu jenen forderte der Nationalblock allerdings ein Mindestmaß an Mitbestimmung, was ihm anfänglich den Ruf der Radikalität eintrug.

Im Frühjahr 1928 wurde eine verfassunggebende Versammlung gewählt. Die Nationalisten waren zwar in der Minderheit, waren jedoch wesentlich besser organisiert als die »Gemäßigten« und ländlichen Notabeln und bildeten deshalb den stärksten Block. Schon bald lag ein erster Verfassungsentwurf für eine parlamentarische Republik vor. Konfliktträchtig war vor allem, daß die Unteilbarkeit von Bilâd ash-Shâm postuliert und das Mandat vollständig ignoriert wurde. Dies war für den Hochkommissar, der ohnehin wegen seiner Kompromißbereitschaft unter den Druck der Koloniallobby geraten war, inakzeptabel. Als sich die Versammlung weigerte, die anstößigen Paragraphen vorläufig zu suspendieren, löste Ponsot sie auf.

Im Mai 1930 erließ er seinerseits eine Verfassung, die kritische Punkte »entschärfte« und insbesondere die Grenzen zu Libanon, Transjordanien und Palästina bestätigte. Obwohl sie die Einheit Syriens betonte, verdeutlichte die gleichzeitige Verabschiedung von »Grundgesetzen« für die Provinzen Latakia, Jabal ad-Durûz und den Distrikt von Alexandrette den französischen Willen, die interne Teilung aufrechtzuerhalten. Die syrische Öffentlichkeit reagierte zunächst ablehnend, zumal der Irak im gleichen Jahr einen Vertrag mit der britischen Mandatsmacht über die Unabhängigkeit und Aufnahme in den Völkerbund abgeschlossen hatte.

Der Nationalblock forderte nun Wahlen sowie den Abschluß eines Vertrages über die Unabhängigkeit. Nach langem Taktieren wurde im Dezember 1931 und Januar 1932 in einer durch Unruhen und Mißtrauen geprägten Atmosphäre ein Parlament gewählt.[25] Die Streiks und Demonstrationen der Jahre 1930 und 1931 lassen sich freilich nicht ausschließlich auf politische Unzufriedenheit zurückführen. Die Weltwirtschaftskrise schlug sich im Niedergang des Handwerks, im Rückgang öffentlicher Investitionen und einer Krise der Landwirtschaft nieder. Die daraus resultierende Landflucht verstärkte die sozialen Spannungen in den Städten.[26]

Auch ein Linksruck in Frankreich konnte nicht verhindern, daß der Vertragsentwurf, der kurze Zeit später dem neuen Parlament vorgelegt wurde, hinter den Erwartungen der nationalistischen Politiker zurückblieb. Um eine Abstimmungsniederlage zu vermeiden, besann sich der französische Vertreter in Damaskus auf bewährte Methoden: Er löste das Parlament auf und suspendierte die Verfassung. Im März kehrte Tâjj ad-Dîn al-Hasanî, der durch seine Kooperation mit Frankreich mittlerweile zu den unbeliebtesten Politikern gehörte, als Regierungschef an die Macht zurück. Die Hoffnung auf baldige Unabhängigkeit hatte sich zerschlagen.

An der Oberfläche waren die Jahre 1934 und 1935 von relativer Ruhe geprägt, zumal die Mandatsverwaltung offene politische Agitation verhinderte. Die anhaltenden ökonomischen Schwierigkeiten wie auch die Frustration über das Versagen einer Politik der Zusammenarbeit mit den Franzosen trugen jedoch zu einer Radikalisierung eines Teils der städtischen Bevölkerung bei. Vor allem Jugendliche, die bei den Pfadfindern und politischen Jugendorganisationen, in den Schulen und der Universität politisiert worden waren, fühlten sich von den Notabeln im Stich gelassen.[27] Sie gründeten 1935 die »Liga der Nationalen Aktion«, die neben der bedingungslosen Unabhängigkeit erstmals ökonomische und soziale Fragen wie die Begrenzung der Wochenarbeitszeit oder die Verteilung von Großgrundbesitz an landlose Bauern in ihr Programm aufnahm.

Ende 1935 starb Ibrâhîm Hanânû, Symbol des frühen Widerstandes gegen die Franzosen. Die Trauerfeierlichkeiten entwickelten sich zu nationalistischen Massendemonstrationen. Französische Versuche, sie unter Kontrolle zu bringen, endeten mit Straßenschlachten. Die Damaszener reagierten auf die Verbannung bekannter Nationalistenführer, die eine Senkung der Straßenbahnpreise gefordert hatten, mit einem Generalstreik.[28] Bezeichnenderweise versuchte der Nationalblock, zu dessen Anhängern viele streikgeschädigte Händler gehörten, mehrfach vergeblich, die politische Initiative zurückzugewinnen und einzulenken. Er konnte sich aber gegenüber den radikaleren Jugendlichen nicht durchsetzen, die

die Einhaltung des Streiks u.a. mit dem Werfen von Feuerwerkskörpern auf offene Läden erzwangen.[29]

Im März 1936 lenkte der Hochkommissar ein und kündigte an, daß eine syrische Delegation in Paris über einen Unabhängigkeitsvertrag verhandeln solle. Schon im September präsentierten die Unterhändler, überwiegend Mitglieder des Nationalblocks, das von ihnen als »Wunder des 20. Jahrhunderts«[30] gefeierte Ergebnis, einen auf 25 Jahre befristeten Vertrag über Frieden und Freundschaft zwischen Syrien und Frankreich. Innerhalb dreier Jahre nach der Ratifizierung sollte Syrien als unabhängiger Staat dem Völkerbund beitreten. In außenpolitischen Fragen sollten Konsultationen stattfinden, eine Militärkonvention sah den Aufbau der syrischen Armee durch Frankreich sowie die Einrichtung von französischen Militärstützpunkten vor. Alle syrischen Provinzen wurden vereinigt.

Im November fanden Wahlen statt, bei denen der Nationalblock eine überwältigende Mehrheit erhielt. Zwei seiner Mitglieder, Hâshim al-Atâsî und Jamîl Mardam Bek, wurden zum Staatspräsidenten und Premierminister gewählt. Eine der ersten Amtshandlungen war die Ratifikation des Vertrages.

Syrische Kritiker vermerkten schon damals, daß der gefeierte Vertrag sich von dem 1932 als Verrat an der Unabhängigkeit abgelehnten Entwurf nicht grundlegend unterschied.[31] Die Politiker des Nationalblocks hatten weniger als nationale Helden denn als traditionelle Notabeln gehandelt:[32] Zwar lag ihnen an einer Lockerung der Fremdherrschaft, zentral war jedoch, daß sie ihre in der Krise von 1935/36 gefährdete Position als wichtigste Vertreter des Volkes gegenüber den Franzosen hatten konsolidieren und so zumindest kurzfristig ihre Konkurrenten von der Macht hatten ausschließen können.

V. Im Strudel der internationalen Ereignisse, 1939–1946

Zwei Jahre später, zur Jahreswende 1938/1939, war der nationalistische Rausch einem tiefen Kater gewichen. Trotz weiterer wirtschaftlicher und kultureller Zugeständnisse weigerte sich das französische Parlament, den Vertrag zu ratifizieren. Ein wichtiger Grund für die französische Haltung war die Ablösung der sozialistischen Regierung, aber auch die veränderte weltpolitische Lage. Zwei weitere Entwicklungen hatten die syrische Regierung zusätzlich geschwächt:

Frankreich befürchtete, daß sich die Türkei mit dem nationalsozialistischen Deutschland verbünden könnte. Deshalb erklärte es sich zum Entsetzen der Syrer bereit, in dem von der Türkei beanspruchten Distrikt

Alexandrette Wahlen durchzuführen. Diese fanden 1938 unter starker türkischer Militärpräsenz und Manipulation statt. Das so gewählte Parlament beschloß seine Unabhängigkeit von Syrien. Nach dem Abzug der französischen Truppen 1939 annektierte die Türkei den nun Hatay genannten syrischen Distrikt.

Ferner gab es seit Sommer 1937 in den erst 1936 mit Syrien vereinigten Provinzen Latakia, Jabal ad-Durûz und Jazîra Unruhen gegen die Zentralregierung. Auch wenn nationalistische Politiker zu Recht den Vorwurf erhoben, Frankreich schüre den Lokalpatriotismus, um die Regierung zu sabotieren, nahmen sie ihrerseits wenig Rücksicht auf lokale Strukturen und Empfindlichkeiten.[33] Korruption und autoritäre Machtausübung trugen ein übriges dazu bei, das Ansehen der Regierung zu unterminieren.

In seiner Antrittsrede im Januar 1939 machte der neue Hochkommissar, Gabriel Puaux, deutlich, daß Frankreich vorerst nicht daran denke, das Mandat, die ihm »von der zivilisierten Welt« übertragene »Mission«, aufzugeben.[34] Damit verschärfte er die politische Krise so weit, daß die syrische Regierung, aus Furcht vor dem endgültigen Verlust ihres Ansehens, sich selbst auflöste.[35] Ein vom Hochkommissar ernanntes Direktorium übernahm die Regierungsgeschäfte.

Während der ersten Jahre des zweiten Weltkriegs befanden sich die Syrer in einer Statistenrolle. Vor allem wurde das Land von einer neuen Wirtschaftskrise geschüttelt, die ihren Höhepunkt nach der französischen Niederlage 1940 erreichte. Großbritannien schloß daraufhin die Grenzen zu den von Vichy kontrollierten französischen Mandatsgebieten, woraufhin Zucker, Reis und Petroleum rationiert wurden. Als sich im Februar 1941 auch noch die Getreidepreise vervierfachten, gab es heftige Unruhen.

1941 hatten Offiziere im Irak geputscht und mit deutscher Hilfe britische Militärstationen angegriffen. Dies nahm Großbritannien zum Anlaß, den Irak zu besetzen und in Zusammenarbeit mit den Freien Franzosen um de Gaulle auch Syrien und Libanon einzunehmen. Um die Unterstützung der syrischen Bevölkerung zu gewinnen, verteilten die Freien Franzosen während der Invasion Flugblätter, auf denen de Gaulles Vertreter versprach: »...ich schaffe das Mandat ab und erkläre Sie für frei und unabhängig...«[36] Trotz einer britischen Garantie dieses Versprechens und einer formellen Unabhängigkeitszeremonie änderte sich jedoch nur wenig. Verhandlungen zwischen Freien Franzosen und dem Nationalblock brachten keinerlei Fortschritte, sondern endeten damit, daß abermals Tâjj ad-Dîn al-Hasanî zum Präsidenten ernannt wurde.

In dieser Lage kam die britisch-französische Rivalität im Nahen Osten und die Schwäche der Freien Franzosen den Syrern zu Hilfe.[37] Großbritan-

nien war vor allem besorgt, daß Probleme in Syrien und Libanon wie
schon bei früheren Anlässen Unruhen in den britisch kontrollierten
Gebieten des Nahen Ostens, vor allem Ägypten, auslösen könnten.
Dort schien die britische Position bereits durch die deutsche Nordafrika-
offensive prekär. Der neue Vorsitzende des Nationalblocks, Shukrî
al-Quwwatlî, nutzte die Gelegenheit, um gute Kontakte zum britischen
Botschafter zu pflegen. al-Quwwatlî hatte sich schon Anfang 1938 von der
Regierung des eher frankophilen Jamîl Mardam distanziert und wurde
damit weniger als die »alte Garde« des Nationalblocks mit dem politischen Scheitern in Verbindung gebracht. Nachdem im Juli 1940 'Abd
ar-Rahmân ash-Shahbandar, erklärter Gegner des Nationalblocks, er-
mordet worden war, hatten einige führende Politiker, darunter Jamîl
Mardam, Damaskus verlassen. Dies hatte den Aufstieg des anglophilen
al-Quwwatlî ermöglicht, dem es zudem gelang, auch jüngere, radikalere
Kräfte erneut an den Nationalblock zu binden.

Im Januar 1943 starb Tâjj ad-Dîn, woraufhin die Forderung nach Wahlen
erneuert wurde. Sie wurden im Juli abgehalten, und am 17. August wählte
das Parlament Shukrî al-Quwwatlî zum Staatspräsidenten. Eine Regierung aus Mitgliedern des Nationalblocks und Unabhängigen strebte nun
mit britischer Unterstützung nach Unabhängigkeit. Dies führte zwangsläufig zu Zusammenstößen mit Frankreich, das nach wie vor hoffte, die
Übergabe der Zollverwaltung, der Syrischen Legion, Gendarmerie und
Polizei sowie das Ende französischer Beratertätigkeit an einen Vertrag
knüpfen zu können. Auf britischen Druck hin übergaben die Franzosen
im Laufe des Jahres 1944 einen Großteil dieser Behörden und Einrichtungen, weigerten sich allerdings, die Kontrolle über die Syrische Legion
aufzugeben. Noch im Mai 1945 verstärkten die Franzosen ihre Militärpräsenz in Beirut, was seitens der Briten und Syrer als Provokation aufgefaßt
wurde. Die zunehmenden Unruhen und Angriffe auf französische Einrichtungen eskalierten Ende Mai 1945, woraufhin Frankreich die großen
syrischen Städte bombardierte.[38]

Wiederum kam die britische Regierung den Syrern zur Hilfe. Mit der
ultimativen Drohung, notfalls selbst gegen französische Truppen vorzu-
gehen, erreichte sie deren Rückzug in die Kasernen. Nach einigen weiteren Querelen einigten sich die Alliierten, daß alle ausländischen Truppen
Syrien verlassen sollten. Am 17. April 1946 wurde die Unabhängigkeit
Syriens gefeiert.

VI. Die prekäre Unabhängigkeit: Syrien in den 1950er Jahren

Die mangelnde Bereitschaft der politischen Elite, ökonomische und soziale Veränderungen einzuleiten,[39] aber auch außenpolitische Gefährdungen bestimmten die späten vierziger und die fünfziger Jahre in Syrien. Dies erschütterte die noch junge Demokratie und brachte sie endlich zu Fall: Zwischen 1949 und 1954 herrschten drei Militärregimes, 1958 bis 1961 war Syrien mit Ägypten vereinigt, und 1963 übernahm das Militär erneut die Macht.[40]

Die unmittelbarste Herausforderung nach der Unabhängigkeit waren die sozialen Spannungen innerhalb der syrischen Gesellschaft.[41] In den Städten herrschte Arbeitslosigkeit, die auch durch die beginnende Industrialisierung nicht aufgefangen werden konnte. Die Forderungen der noch schwachen Gewerkschaften von 1946 zeigen, daß selbst grundlegende Rechte wie Arbeitszeitbegrenzung, Kündigungsschutz, Versicherung im Krankheitsfall, Altersversorgung oder ein wöchentlicher Ruhetag fehlten.[42]

Noch schlechter war die Situation der Landarbeiter und kleinen Pächter, des »eigentlichen Proletariats«,[43] das auf dem Land von Großgrundbesitzern am Rande des Existenzminimums lebte. Während in den 1940er Jahren die landwirtschaftliche Nutzfläche gewaltig ausgedehnt wurde, blieb die Infrastruktur mit Wasserversorgung, ärztlicher Betreuung und Schulbau hinter dieser Entwicklung zurück. Da die meisten Politiker selbst große Ländereien besaßen, hatten sie ein denkbar geringes Interesse an Reformen in diesem Bereich. Für viele Landarbeiter war die einzige Möglichkeit, diesen Verhältnissen zu entkommen, der neugegründeten Armee beizutreten. Diese Chance wurde besonders von Angehörigen der religiösen und ethnischen Minderheiten wahrgenommen, die schon in der Mandatszeit bevorzugt in der Syrischen Legion gedient hatten. Die Kollaboration der Minderheiten mit den Franzosen hatte das Mißtrauen der Nationalisten vor allem gegenüber den Alawiten und Drusen verstärkt. Dies hatte auch zur Folge, daß sie außerhalb der Armee noch schlechtere Chancen auf sozialen Aufstieg hatten als Sunniten, so daß sich langfristig ein Übergewicht der ländlichen Minderheiten im Heer ergab, zumal die städtische Bourgeoisie den Militärdienst nach Möglichkeit mied.

Schon in den dreißiger Jahren hatten Angehörige des städtischen Arbeiter- und Kleinbürgertums sowie Schüler und Studenten mit der Gründung neuer, ideologisch orientierter Parteien die politische Führung der Notabeln in Frage gestellt. Nun, da die Unabhängigkeit, das vorher alle Gruppen einigende Ziel, erreicht war, gewannen sie an Bedeutung. Neben der moskautreuen Kommunistischen Partei (KPS), die nie über eine sehr breite Basis in der Bevölkerung verfügte, wurden vor allem drei Parteien aktiv, die bis heute eine Rolle spielen: die Arabische Sozialistische Ba'th-Partei, die Syrische Sozialistische Nationale Partei (SSNP) sowie die Muslimbrüder. Trotz aller ideologischen Unterschiede ähnelten sich ihre wirtschafts- und sozialpolitischen Programme: Sie verlangten Arbeiterrechte, Bodenreform, Verstaatlichung bestimmter Schlüsselindustrien, die Sozialbindung des Eigentums, ausreichende Gesundheits- und Altersversorgung und bessere Bildungschancen.[44] Wegen der säkularen Programme der Ba'th-Partei, der SSNP und der KPS schlossen sich ihnen viele Angehörige der religiösen Minderheiten an.

In den vierziger Jahren hatte ein verarmter Grundbesitzer, Akram al-Haurânî, begonnen, Bauern unter dem Motto »Das Land gehört demjenigen, der es bearbeitet« zu mobilisieren. Besonders aktiv war seine Arabische Sozialistische Partei bezeichnenderweise in der Region um die Stadt Hama, in der vier Familien 91 von 113 Dörfern besaßen.[45] Erstmals wurden die Interessen von Bauern und Landarbeitern auf nationaler Ebene vertreten. Als sich die Ba'th-Partei 1953 mit dieser Organisation zusammenschloß, gelang es ihr, die Basis der Partei entscheidend zu erweitern und ihr revolutionären Schwung zu verleihen. Welche Bedeutung dem zukam, wird unter anderem daran deutlich, daß Akram al-Haurânî, der nicht zuletzt wegen seines Engagements für die Landbevölkerung im Militär großen Rückhalt hatte, an den Militärputschen zwischen 1949 und 1954 meist hinter den Kulissen beteiligt war. Nach außen hin stützten sich jedoch praktisch alle Regierungen bis 1963 auf Politiker alten Schlages. Ohne die Unterstützung zumindest eines Teils der »alten Garde«, so befürchteten sie, wären sie gegenüber der für die Wirtschaft wichtigen städtischen Bourgeoisie, aber auch gegenüber der in traditionellen Strukturen verhafteten Bevölkerungsmehrheit nur unzureichend legitimiert.

Aber auch die Außenpolitik der vierziger und fünfziger Jahre gab Anlaß zu heftigen Auseinandersetzungen. Mehrere Problemfelder waren eng miteinander verknüpft:

In Palästina hatte David Ben Gurion im Mai 1948 den Staat Israel ausgerufen.[46] Schon während der Mandatszeit hatte die syrische Bevölkerung den Widerstand der palästinensischen Araber gegen die jüdische Einwanderung unterstützt, welche seit der Balfour-Deklaration unter britischer Mandatsherrschaft stattfand. Nach der Proklamation Israels marschierten die Armeen der angrenzenden arabischen Staaten sowie des Irak in Israel ein, um die Teilung Palästinas in einen jüdischen und einen arabischen Staat zu verhindern. Die vernichtende Niederlage, die sie dabei erlitten, löste heftige Kritik der Militärs an den arabischen Regierungen aus. Sie warfen diesen vor, sich ungenügend auf den Krieg vorbereitet,

regionale Interessen über eine gesamtarabische Kooperation gestellt sowie die Armeen nur unzureichend ausgerüstet zu haben. Der erste syrische Militärputsch von 1949 ist auch als eine Reaktion auf diese Ereignisse
zu verstehen.

Weiterhin stellte sich nach der Unabhängigkeit der Mandatsgebiete die
Frage, inwieweit die kolonialen Grenzen zugunsten einer größeren arabischen Einheit aufgegeben werden sollten. Schon bei der Gründung der
Arabischen Liga (1945) zeigte sich jedoch, daß keiner der neuen Staaten
bereit war, in nennenswertem Umfang auf Souveränität zu verzichten.
Statt dessen beanspruchten Irak und Transjordanien auf der einen und
Ägypten auf der anderen Seite die Führungsposition. Syrien wurde von
beiden Lagern heftig umworben, sowohl auf diplomatischer Ebene als
auch durch versuchte Einflußnahme hinter den Kulissen.

Dieser »Kampf um Syrien«[47] gewann durch den Kalten Krieg eine internationale Dimension. Im sogenannten »Bagdadpakt« versuchten die
USA, möglichst viele Staaten an der Südgrenze der Sowjetunion für ein
Verteidigungsbündnis zu gewinnen. Ägypten und Syrien, die hofften,
sich durch Neutralität und Blockfreiheit einen gewissen außenpolitischen
Spielraum zu bewahren, lehnten die Beteiligung am Bagdadpakt ab. Dies
setzte insbesondere Syrien massivem Druck aus, der die ohnehin labile
innenpolitische Lage weiter destabilisierte.[48]

Aus dieser Situation flüchtete sich Syrien in die Einheit mit Ägypten,
dessen Präsident Gamal Abdel Nasser seit der Verstaatlichung des Suez-
kanals 1956 als Symbol der arabischen Unabhängigkeit vom Westen und
als Vorreiter der arabischen Einheit galt. Zudem schien sich sein innen-
politisches Reformprogramm der Landverteilung und Verstaatlichungen
nicht wesentlich von demjenigen der Ba'th-Partei zu unterscheiden, die
zu jenem Zeitpunkt bereits eine der wichtigen Kräfte in Syrien war. Drei
Jahre später bereitete ein syrischer Putsch diesem Experiment ein
Ende.

Die endgültige Ablösung der syrischen »Notabelndemokratie« blieb damit der Ba'th-Partei vorbehalten, die 1963 durch das Militär an die Macht
kam und seither offiziell die führende Kraft im Staat ist. Es ist schon jetzt
deutlich, daß sich die Gesellschaft in den letzten dreißig Jahren nachhaltig
verändert hat. Inwieweit die ursprünglich angestrebten Entwicklungs-
ziele erreicht wurden, ist hingegen eine andere Frage.[49]

Literatur

Haarmann, Ulrich (Hrsg.): Geschichte der arabischen Welt, München 1987.

Hourani, Albert: Arabic Thought in the Liberal Age, 1798–1939, 3. Aufl., Cambridge 1983.

ders., Die Geschichte der arabischen Völker, Frankfurt a. M. 1992.

Hurevitz, Jacob C.: Diplomacy in the Near and Middle East. A Documentary Record, Bd. 1: 1535–1914, Bd. 2: 1914–1956, Princeton/N. J. 1956.

Khoury, Philip S.: Syria and the French Mandate. The Politics of Arab Nationalism, 1920–1945, Princeton/N. J. 1987.

Ovendale, Ritchie: The Middle East Since 1914, London und New York 1992.

Raymond, André (Hrsg.): La Syrie d'aujourd'hui, Paris 1980.

Schatkowski-Schilcher, Linda: Families in Politics. Damascene Factions and Estates of the 18th and 19th Centuries, Stuttgart 1985.

dies./Claus Scharf (Hrsg.): Der Nahe Osten in der Zwischenkriegszeit 1919–1939, Stuttgart 1989.

Seale, Patrick: The Struggle for Syria. A Study of Post-War Arab Politics, 1945–1958, 2. Aufl., London 1987.

Yapp, Malcolm E.: The Near East since the First World War, London und New York 1991.

Anmerkungen

J. Osterhammel: Einleitung

1 Sir Dudley Stamp, Asia: A Regional and Economic Geography, 12. Aufl., London 1967, S. 3. Ähnlich A. T. Embree, Artikel »Asia«, in: ders. (Hrsg.), Encyclopedia of Asian History, Bd. 1, New York 1988, S. 100.
2 S. K. Datta, Asiatic Asia (1932); vgl. N. S. Ginsburg, Asian Asia: Patterns and Problems, in: ders. (Hrsg.), The Pattern of Asia, Englewod Cliffs/N. J. 1958, S. 21–45; R. Murphey, A History of Asia, New York 1992, bes. S. 1–8. Murpheys wichtiges Buch behandelt, anders ausgedrückt, Süd-, Ost- und Südostasien, nicht aber Zentral-, West- und Nordasien (Sibirien).
3 Diese Vierteilung wird z. B. entwickelt in K. N. Chaudhuri, Asia before Europa: Economy and Civilisation of the Indian Ocean from the Rise of Islam to 1750, Cambridge 1990.
4 Über die religiöse Situation Asiens unterrichtet C. Caldarola (Hrsg.), Religions and Society: Asia and the Middle East, Berlin 1982.
5 So zuletzt O. Weggel, Die Asiaten, München 1989, der China und Indien als »Leitkulturen« (S. 15) verwendet.
6 L. W. Pye, Asian Power and Politics: The Cultural Dimension of Authority, Cambridge/Mass. 1985, S. 1.
7 Der japanische Asianismus als Ideologie von Japans Befreiungsmission in (Ost) Asien geht auf die 1880er Jahre zurück. Er erhielt bald darauf eine anti-russische Note. Vgl. M. B. Jansen, The Japanese and Sun Yat-sen, Cambridge/ Mass. 1954, S. 35 f.
8 Vgl. M. Haas, The Asian Way to Peace: A Story of Regional Cooperation, New York 1989; N. D. Palmer, The New Regionalism in Asia and the Pacific, Lexington/Mass. 1991 (Palmer sieht Asien als das heute weltweit kreativste Laboratorium für regionale Zusammenarbeit, S. 179).
9 C. Ritter, Die Erdkunde im Verhältniß zur Natur und zur Geschichte des Menschen, II. Teil, 2. Buch, Bd. 1: Der Norden und Nord-Osten von Hoch-Asien, 2. Aufl., Berlin 1832, S. 3. Eine abgeschlossene Gesamtgeschichte der europäischen Asienwahrnehmung gibt es noch nicht. Bis ins 17. Jahrhundert reicht bisher das große Werk von D. F. Lach, Asia in the Making of Europe, 3 Bde. in 9 Teilen, Chicago und London 1965 ff. (Bd. 3 mit E. J. van Kley).
10 Vgl. P. J. Marshall, Introduction, in: ders. (Hrsg.), The British Discovery of Hinduism in the Eighteenth Century, Cambridge 1970, S. 1–44; R. Inden, Imagining India, Oxford 1990, S. 85–130; H. de Lubac, La rencontre du Bouddhisme et de l'Occident, Paris 1952; P. C. Almond, The British Discovery of

Buddhism, Cambridge 1988; D. A. Pailin, Attitudes to Other Religions: Comparative Religion in 17th and 18th-Century Britain, Manchester 1984.

11 Vgl. zur früheren Verständnislosigkeit: P. Mitter, Much Maligned Monsters: History of European Reactions to Indian Art, Oxford 1977. Erst die Rezeption der japanischen Kunst regte eine Neubewertung an: K. Berger, Japonismus in der westlichen Malerei 1860–1920, München 1980.

12 Die materialreichste Quelle für solche Urteile untersucht J. Fisch, Hollands Ruhm in Asien: François Valentyns Vision des niederländischen Imperiums im 18. Jahrhundert, Stuttgart 1986, S. 27–134.

13 Zit. nach einer späteren Ausgabe: A. H. L. Heeren, Ideen über die Politik, den Verkehr und den Handel der vornehmsten Völker der alten Welt, Wien 1817, Bd. 1, S. 39 f.

14 J. G. Herder, Ideen zur Philosophie der Geschichte der Menschheit [1784–91], in: Werke in zehn Bänden, hrsg. von M. Bollacher u. a., Bd. 6, Frankfurt a. M. 1989, S. 216–225.

15 Ebd., S. 461 f.

16 Vgl. sein Werk »Voyage en Égypte et en Syrie«, Paris 1787 (hrsg. von J. Gaulmier, Paris und Den Haag 1959). Vgl. dazu H. Laurens, Les origines intellectuelles de l'expédition d'Égypte: L'orientalisme islamisant en France (1698–1798), Paris 1987.

17 C.-F. Chasseboeuf Comte de Volney, Die Ruinen oder Betrachtungen über die Revolutionen der Reiche, Frankfurt a. M. 1977, S. 95. Es handelt sich um die leicht veränderte Neuausgabe einer Übersetzung von Dorothea Margareta Forkel und Georg Forster aus dem Jahre 1792.

18 Zur Debatte um den »orientalischen Despotismus« vgl. Laurens (wie Anm. 16), S. 43–62.

19 Vgl. J. D'Hondt, Verborgene Quellen des Hegelschen Denkens, Berlin 1972, S. 71–96.

20 G. W. F. Hegel, Vorlesungen über die Philosophie der Geschichte (= Theorie-Werkausgabe, Bd. 12), Frankfurt a. M. 1970, S. 132. Hervorhebung hinzugefügt.

21 Ebd., S. 134.

22 Eine gute Erörterung dieses Konzepts (aber ohne Erwähnung Volneys) findet sich bei M. Adas, Machines as the Measure of Men: Science, Technology, and Ideologies of Western Dominance, Ithaca/N. Y. 1989, S. 199 ff.

23 Marquis de Condorcet, Entwurf einer historischen Darstellung der Fortschritte des menschlichen Geistes, hrsg. von Wilhelm Alff, Frankfurt a. M. 1976, S. 195 f. Das Werk wurde 1793 geschrieben und postum 1795 veröffentlicht.

24 Hegel, zit. nach E. Schulin, Die weltgeschichtliche Erfassung des Orients bei Hegel und Ranke, Göttingen 1978, S. 124.

25 Vgl. P. J. Marshall, The Impeachment of Warren Hastings, London 1965.

26 Die »Minute« findet sich in T. B. Macaulay, Selected Writings, hrsg. von J. Clive/T. Pinney, Chicago/London 1972, S. 237–251. Vgl. dazu J. Clive, Macaulay: The Shaping of the Historian, New York 1973, S. 427–478; E. Stokes, The English Utilitarians and India, Oxford 1959, S. 184–233.

27 Macaulay, Minute (wie Anm. 26), S. 241.

28 F. Schlegel, Kritische Schriften, hrsg. von W. Rasch, München 1970, S. 596, 598 f.

29 Deren Bedeutung für die europäische Sicht Asiens diskutiert T. Todorov, Nous et les autres: La réflexion française sur la diversité humaine, Paris 1989, S. 113–196.

30 Auf die Dichotomisierung im »orientalistischen Diskurs« hat hingewiesen: E. W. Said, Orientalism, London 1978, S. 39 (deutsche Ausgabe: Frankfurt a. M. 1994).

31 Zur Kritik und Geschichte dieser Vorstellung vgl. J. M. Steadman, The Myth of Asia, London 1969, S. 49 ff. Den Zusammenhang zwischen Kritik an der europäischen Gegenwart und Sehnsucht nach dem antiken Indien in der deutschen Romantik untersucht W. Halbfass, Indien und Europa: Perspektiven ihrer geistigen Begegnung, Basel und Stuttgart 1981, S. 86–103.

32 Das zeigt am Beispiel des englischen Schriftstellers Thomas de Quincey (1785–1859) J. Barrell, The Infection of Thomas de Quincey: A Psychopathology of Imperialism, New Haven 1991.

33 Vgl. H. Gollwitzer, Die Gelbe Gefahr: Geschichte eines Schlagworts. Studien zum imperialistischen Denken, Göttingen 1962.

34 Beide Aufstandsbewegungen waren von europäischem Verhalten provoziert worden. Ihre Unterdrückung stand an Grausamkeit den Aktionen der Aufständischen nicht nach.

35 Vgl. J. W. Burrow, Evolution and Society: A Study in Victorian Social Theory, Cambridge 1966, S. 159–162.

36 Unter deutschsprachigen Autoren muß hier noch vor Egon Erwin Kisch (China geheim, 1933) der ebenfalls aus Prag stammende Hans Kohn genannt werden (Die Geschichte der nationalen Bewegung im vorderen Orient, 1931; Nationalismus und Imperialismus im vorderen Orient, 1934; Die Europäisierung des Orients, 1934).

37 E. Fueter, Weltgeschichte der letzten hundert Jahre 1815–1920, Zürich 1921, S. 4.

38 H. L. Wesseling, Europa en Azië bij Jan Romein, in: Tijdschrift voor Geschiedenis 105 (1992), S. 465–484, hier 467.

39 J. Romein, Das Jahrhundert Asiens. Geschichte des modernen asiatischen Nationalismus, dt. von H. Jolenberg, Bern 1958, S. 7. Das Original erschien 1956.

40 Etwa R. Emerson, From Empire to Nation: The Rise to Self-Assertion of Asian and African Peoples, Cambridge/Mass. 1960.

41 Romein (wie Anm. 39), S. 414 f.

42 Historisch besonders gut fundiert: G. Segal, Rethinking the Pacific, Oxford 1990, S. 369–391.

43 K. Jaspers, Vom Ursprung und Ziel der Geschichte, Neuausgabe, München 1983, S. 97.

44 K. M. Panikkar, Asia and Western Dominance: A Survey of the Vasco da Gama Epoch of Asian History, 1498–1945, London 1953. Deutsch u. d. T. Asien und die Herrschaft des Westens, Zürich 1955.

45 G. Hamann, Der Eintritt der südlichen Hemisphäre in die europäische Geschichte: Die Erschließung des Afrikaweges nach Asien vom Zeitalter Hein-

richs des Seefahrers bis zu Vasco da Gama, Wien 1968, S. 404. Vgl. auch E. Schmitt (Hrsg.), Dokumente zur Geschichte der europäischen Expansion, Bd. 2, München 1984, S. 135 f.

46 W. Reinhard, Geschichte der europäischen Expansion. Bd. 1: Die Alte Welt bis 1818, Stuttgart usw. 1983, S. 54.

47 Shen Qiwei (Hrsg.), Zhongguo lishi daishi nianbiao [Chronologische Tabellen zu den Hauptereignissen der chinesischen Geschichte], Shanghai 1983, S. 3.

48 A. C. Nahm, Korea: Tradition and Transformation, Elizabeth/N. J. 1988, S. 150–152.

49 A. Schölch, Der arabische Osten im neunzehnten Jahrhundert 1800–1914, in: U. Haarmann (Hrsg.), Geschichte der arabischen Welt, München 1987, S. 365.

50 Neuerdings sind bemerkenswerte Versuche zur vergleichenden Analyse europäischer und asiatischer Absolutismen vorgelegt worden, die über alte Klischees vom »orientalischen Despotismus« hinausführen: R. Mousnier, Quelques remarques pour une comparaison des monarchies absolues en Europe et en Asie, in: Revue Historique 551 (1984), S. 29–44; J. A. Goldstone, East and West in the Seventeenth Century: Political Crises in Stuart England, Ottoman Turkey and Ming China, in: Comparative Studies in Society and History 30 (1988), S. 103–142; ders., Revolution and Rebellion in the Early Modern World, Berkeley/Cal. 1991.

51 Vgl. Ian Mabbett (Hrsg.), Patterns of Kingship and Authority in Traditional Asia, London und Sydney.

52 Vgl. M. G. S. Hodgson, The Venture of Islam, Bd. 3: The Gunpowder Empires at Modern Times, Chicago und London 1974, S. 17–22.

53 Vgl. Chaudhuri (wie Anm. 3), S. 218–296; T. J. Barfield, The Perilous Frontier: Nomadic Empires and China, Oxford 1989; A. Waldron, The Great Wall of China, Cambridge 1990.

54 Vgl. F. Bray, The Rice Economies: Technology and Development in Asian Societies, Oxford 1986; P. Gourou, Riz et civilisation, Paris 1984.

55 Vgl. Chaudhuri (wie Anm. 3), S. 306–323.

56 Vgl. die komparative Übersicht in E. L. Farmer u. a., Comparative History of Civilizations in Asia, Bd. 2, Reading/Mass. 1977, S. 476–527.

57 Vgl. J. Osterhammel, China und die Weltgesellschaft: Vom 18. Jahrhundert bis in unsere Zeit, München 1989, S. 86–105.

58 Eine vergleichende Studie spricht von neuerlichen »tribal breakouts« aus Zentralasien: C. A. Bayly, Imperial Meridian: The British Empire and the World 1780–1830, London 1989, S. 33–54. Vgl. auch die universalhistorischen Überlegungen bei B. Bronson, The Role of Barbarians in the Fall of States, in: N. Yoffee/G. L. Cowgill (Hrsg.), The Collapse of Ancient States and Civilizations, Tucson/Ariz. 1988, S. 196–218.

59 Vgl. als Überblick D. Rothermund, Europa und Asien im Zeitalter des Merkantilismus, Darmstadt 1978.

60 Vgl. Reinhard (wie Anm. 46), S. 90–107.

61 Vgl. K. N. Chaudhuri, Trade and Civilisation in the Indian Ocean: An Economic History from the Rise of Islam to 1750, Cambridge 1985, S. 80–97.

62 Vgl. S. Förster, Die mächtigen Diener der East India Company. Ursachen und

Hintergründe der britischen Expansionspolitik in Südasien 1793–1819, Stuttgart 1992.

63 Die Vorbildrolle Indiens zeigt M. H. Fisher, Indirect Rule in India: Residents and the Residency System 1764–1858, Delhi 1991, S. 458–77.

64 D. K. Wyatt, Thailand: A Short History, New Haven 1982, S. 145 ff.

65 Vgl. die Fallstudie M. Mann, Britische Herrschaft auf indischem Boden: Landwirtschaftliche Transformation und ökologische Destruktion des »Central Doab« 1801–1854, Stuttgart 1992.

66 Vgl. A. Schölch, Wirtschaftliche Durchdringung und politische Kontrolle durch die europäischen Mächte im Osmanischen Reich (Konstantinopel, Kairo, Tunis), in: Geschichte und Gesellschaft 1 (1975), S. 404–46; Osterhammel (wie Anm. 57), S. 125–201.

67 Vgl. dazu die Überlegungen bei D. Gillard, British and Russian Relations with Asian Governments in the Nineteenth Century, in: H. Bull/A. Watson (Hrsg.), The Expansion of International Society, Oxford 1984, S. 87–98.

68 L. G. Reynolds, Economic Growth in the Third World: An Introduction, New Haven 1986, S. 34 f.

69 Im komparativen Überblick: Farmer (wie Anm. 56), S. 653–728.

70 Auch in Japan und Thailand ist in den dreißiger Jahren der politische Aufstieg des Militärs zu beobachten.

71 Vgl. die Studien zu Westasien, Indien, China und Japan in D. Rothermund (Hrsg.), Die Peripherie in der Weltwirtschaftskrise, Paderborn 1983.

72 Vgl. die anregenden Überlegungen bei D. A. Low, The Twentieth-Century Revolutions in Monsoon Asia, in: ders., Eclipse of Empire, Cambridge 1991, S. 222–254. Grundlegend sind die Länderstudien in R. von Albertini, Europäische Kolonialherrschaft 1880–1940, 3. Aufl., Zürich und Freiburg 1987, sowie jetzt Murphey (wie Anm. 2), S. 332–359.

73 Die beste westliche Analyse ist W. G. Beasley, Japanese Imperialism 1894–1945, Oxford 1987.

74 Vgl. F. Joyaux, La nouvelle question d'Extrême-Orient. Bd. 1: L'ère de la guerre froide (1945–1959), Paris 1985.

P. Luft: Gottesstaat und höfische Gesellschaft

1 N. Elias, Die höfische Gesellschaft, Neuwied und Berlin 1969, S. 69.

2 K. M. Röhrborn, Provinzen und Zentralgewalt Persiens im 16. und 17. Jahrhundert, Berlin 1966, S. 3–18. Zur territorialen Größe im 19. Jahrhundert vgl. G. R. G. Hambly, Iran during the Reigns of Fath 'Alī Shāh and Muḥammad Schāh, in: P. Avery u. a. (Hrsg.), The Cambridge History of Iran, Bd. 7, Cambridge 1991, S. 144–173. (Zitiert als CHI.)

3 Das eindrucksvollste Beispiel ist das Šāhnāma (Das Königsbuch) von Firdausī aus der ersten Hälfte des 11. Jahrhunderts. Vgl. William L. Hanaway, Epic Poetry, in: E. Yarshater (Hrsg.), Persian Literature, Albany 1988, S. 96–108.

4 Said Amir Arjomand, The Shadow of God and the Hidden Imam, Chicago 1987, S. 215–217; P. Avery, Nādir Shāh and the Afsharid Legacy, in: CHI, Bd. 7, S. 35–49.

5 E. Glassen, Die frühen Safawiden nach Qāżī Aḥmad Qumī, Freiburg i. Br.
1970, S. 86–88; H. Sohrweide, Der Sieg der Safawiden in Persien und seine
Rückwirkungen auf die Schiiten Anatoliens im 16. Jahrhundert, in: Der Islam
41 (1965), S. 112–119, 131–140, dort besonders über die Verfolgung der Anhänger der Safawiden im Osmanischen Reich; M. M. Mazzaoui, The Origins of
the Safawids: Šīʿīsm, Ṣūfism, and the Ġulāt, Wiesbaden 1972.

6 Iskandar Beg Munšī, Tārīḫ-i ʿālam-ārā-yi ʿAbbāsī, [Die weltschmückende
Chronik des ʿAbbas], hrsg. von Iraǧ Afšār, Bd. 1, Teheran 1350/1971, S. 19.

7 Iskandar Beg Munšī (wie Anm. 6) S. 28. Über die Motivation vgl. R. M. Savory, Iran under the Safavids, Cambridge 1980, S. 1–26; zu einem unterschiedlichen Erklärungsansatz vgl. H. R. Roemer, Persien auf dem Weg in die Neuzeit. Iranische Geschichte von 1350–1750, Darmstadt 1989, S. 209–232.

8 Arjomand (wie Anm. 4), S. 85–100; vgl. auch Savory (wie Anm. 7), S. 2–3.
Zur islamischen Staatstheorie in der Vormoderne vgl. u. a. A. S. K. Lambton,
The Dilemma of Government in Islamic Persia: The Siyāsat-nāma of Niẓām al-
Mulk, in: Iran 22 (1984), S. 65–66.

9 Roemer (wie Anm. 7), S. 242.

10 D. Morgan, Medieval Persia, 1040–1797, London und New York 1988, S. 119.

11 Zur Provinzverwaltung in Iran vgl. vor allem Röhrborn (wie Anm. 2),
S. 44–73.

12 Zur Weiterführung der persisch bestimmten Verwaltungstradition der turkmenischen Herrscher unter den ersten Safawiden vgl. Roemer (wie Anm. 7),
S. 266–272.

13 Savory (wie Anm. 7), S. 35–38; vgl. a. A. Allouche, The Origins and Development of the Ottoman-Safavid Conflict, 906–962/1500–1555, Berlin 1983; Roemer (wie Anm. 7), S. 254–264.

14 Niẓām al-Dīn Muḥbir Šaibānī, Taškīl-i šāhinšāhī-yi Ṣafawiyya [Die Gründung
der safawidischen Herrschaft], Teheran 1346/1967, S. 167–208.

15 Roemer (wie Anm. 7), S. 255.

16 Arjomand (wie Anm. 4), S. 106.

17 Morgan (wie Anm. 10), S. 121.

18 Arjomand (wie Anm. 4), S. 132–144.

19 Arjomand (wie Anm. 4), S. 154; Savory (wie Anm. 7), S. 238–239; H. Algar,
Religion and State in Iran, 1785–1906, Berkeley und Los Angeles 1969; vgl.
auch Said Amir Arjomand, The Turban for the Crown, Oxford 1988; J. Aubin,
La politique religieuse des Safavides, in: Le Shiʿisme imâmite, Paris 1970,
S. 235–244.

20 Röhrborn (wie Anm. 2), S. 39–40.

21 Savory (wie Anm. 7), S. 64–65.

22 Roemer (wie Anm. 7), S. 404.

23 N. Falsafī, Zindigānī-yi Šāh ʿAbbās-i Awwal [Das Leben von Schah ʿAbbās I.],
Teheran 1353/1974, (5. Aufl.), Bd. 1; zu Isfahan als Hauptstadt vgl. R. Qui-
ring-Zoche, Die Stadt Isfahan im 15. und 16. Jahrhundert, Freiburg i. Br.
1980.

24 H. R. Roemer, The Safavid Period, in: P. Jackson/L. Lockhart (Hrsg.), CHI,
Bd. 6, Cambridge 1986, S. 264–266.

25 Roemer (wie Anm. 7), S. 314; Röhrborn (wie Anm. 2), S. 33. Im Jahre 1629

(Todesjahr von Schah ʿAbbās I.) waren von 92 Großemiren 21 *ġulām*. Unter seinen Nachfolgern verschob sich das Schwergewicht zu deren Gunsten.

26 Vgl. dagegen K. M. Röhrborn, Staatskanzlei und Absolutismus im safawidischen Persien, in: Zeitschrift der Deutschen Morgenländischen Gesellschaft 127/2 (1977), S. 314–315.

27 Röhrborn (wie Anm. 2), S. 73–94.

28 Elias (wie Anm. 1), S. 242.

29 Engelbert Kaempfer, Am Hofe des persischen Großkönigs, 1684/85, hrsg. von W. Hinz, Leipzig 1940, Neuausgabe Tübingen und Basel 1977, S. 83.

30 [Jean Chardin], Voyages du Chevalier Chardin, en Perse et autres lieux de l'Orient, hrsg. von L. Langlès, Paris 1811, Bd. 5, S. 235.

31 Ebd., S. 345. Vgl. auch Jean-Baptiste Tavernier, Les six Voyages en Turquie, en Perse, et aux Indes, Amsterdam 1678, Teil 1, S. 533.

32 Muḥammad Ṭāhir Waḥīd Qazwīnī, ʿAbbās-nāma [Geschichte des Abbas], hrsg. von E. Dehgan, Arâk 1329/1950, S. 322–323.

33 Eine Reihe von Autoren sehen in dem Sieg der *muġtahids* eine Schwächung des safawidischen Systems. So etwa T. Nagel, Staat und Glaubensgemeinschaft im Islam. Geschichte der politischen Ordnungsvorstellungen der Muslime, Zürich/München 1981, S. 268ff., sowie Savory (wie Anm. 7), S. 239; Roemer (wie Anm. 7), S. 366, mit einem anderen Erklärungsansatz.

34 Riżā Qulī Ḫān Hidāyat, Rauẓat aṣ-ṣafā [Der reine Garten der Freude], Qom 1339/1960, Bd. 8, S. 493.

35 L. Lockhart, The Fall of the Safavi Dynasty and the Afghan Occupation of Persia, Cambridge 1958; zum Verwaltungsaufbau unter den späten Safawiden vgl. Tadhkirat al-Mulūk, A Manual of Safavid Administration, translated and explained by V. Minorsky, Cambridge 1943. Ein interessantes Sittengemälde der letzten Safawiden findet sich in B. Hoffmann, Persische Geschichte 1694–1835, erlebt, erinnert und erfunden: Das *Rustam at tawarīḫ* in deutscher Bearbeitung, 2 Bde., Bamberg 1986.

R. Wendt: Kultureller Konflikt, kulturelle Mischung

1 R. Siebert, 3mal Philippinen, München und Zürich 1989, S. 11, 12. Sieberts Buch ist eine gute Einführung in Geschichte, Kultur und Gegenwartsprobleme der Philippinen.

2 Zur philippinischen Küche im allgemeinen vgl. etwa D. G. Fernandez/E. N. Alegre, Sarap: Essays on Philippine Food, Manila 1988. Sinigang = gesäuerte Suppe mit Fleisch-, Geflügel- oder Fischeinlage; suman = glutinierter Reis, der in Bananenblättern gedünstet und mit gerösteten Kokosraspeln bestreut wird; embutido = Fleischpastete; leche flan = Karamelpudding; pansit = Nudelgericht; lechon = am Spieß gebratenes, knuspriges Spanferkel.

3 N. Joaquin, Almanac for Manileños, Manila 1983, S. 38; ders., Manila, My Manila, Manila 1990, S. 35, 36, 41; R. Constantino, Synthetic Culture and Development, Quezon City 1985, S. 3.

4 J. L. Phelan, The Hispanization of the Philippines: Spanish Aims and Filipino Responses 1565–1700, Madison/Wisc. 1967, S. 23, 24.

5 Zu Missionsarbeit, Reduktionspolitik und ihren Folgen vgl. M. de Ribadeneira, Historia de las Islas del archipiélago filipino y reinos de la Gran China,
   Tartaria, Cochinchina, Malaca, Siam, Cambodge y Japón, y de lo sucedido en
   ellos a los Religiosos Descalços, (Original von 1599), Madrid 1947, S. 48,
   81–83; D. Aduarte, Historia de la Provincia del Santo Rosario de la Orden de
   Predicadores en Filipinas, Japón y China, 2 Bde. Biblioteca Missionalia Hispa-
   nica XIV (Original Manila 1640), Madrid 1962/63, Bd. 1, S. 117, 164, 166, 391,
   446; V. de Salazar, Historia de la Provincia de el Santíssimo Rosario de Filipinas, China y Tunking, de el sagrado Orden de Predicadores: Tercera parte, en
   que se tratan los sucesos de dicha Provincia desde el año de 1669 hasta el de
   1700, Manila 1742, S. 142, 150–151; J. Mallat, Les Philippines: Histoire, géo-
   graphie, moeurs, agriculture, industrie et commerce des colonies espagnoles
   dans l'Océanie, 2 Bde., Paris 1846, Bd. 1, S. 375; R. R. Reed, Hispanic Urbanism in the Philippines: A Study of the Impact of Church and State, Berkeley
   1966, S. 43–46, 49, 50, 150, 151; Phelan (wie Anm. 4), S. 31–40, 46, 47, 54, 55,
   58, 72–89.

6 Zum Vortäuschen von Militäraktionen siehe etwa AHSIC (Archivum Histori-
   cum Societatis Iesu Cataloniae), EII.b-85 (Relación de las Reducciones de Yn-
   fieles del Distrito de Surigao).

7 Die Internierung von Priesterinnen wird erwähnt in ARSI (Archivum Ro-
   manum Societatis Iesu), Philipp. 9, Fol. 301; AHSIC (wie Anm. 6), Filpast
   XXIV, S. 20.

8 Dazu J. A. Larkin, Philippine History Reconsidered: A Socioeconomic Perspective, in: American Historical Review 87 (1982), S. 595–628, hier: S. 604,
   605, 623; B. Dahm, José Rizal. Der Nationalheld der Filipinos, Göttingen
   1988, S. 16–18.

9 D. C. Worcester, The Philippines Past and Present, New York [2]1930,
   S. 665–68; zur amerikanischen Sprachpolitik vgl. R. Wendt, Sprachenvielfalt
   und Nationalsprache auf den Philippinen während Kolonialzeit und Unabhängigkeit, in: D. Hellmann-Rajanayagam/D. Rothermund (Hrsg.), Nationalstaat und Sprachkonflikte in Süd- und Südostasien, Stuttgart 1992,
   S. 185–220.

10 C. B. Elliott, The Philippines To the End of the Commission Government: A
   Study in Tropical Democracy, Indianapolis 1917, Preface.

11 Zum politischen System der Philippinen vgl. etwa C. Landé, Leaders, Factions,
   and Parties: The Structure of Philippine Politics, New Haven 1965; R. R. Pare-
   des (Hrsg.), Philippine Colonial Democracy, New Haven 1988.

12 R. Daus, Manila. Essay über die Karriere einer Weltstadt, Berlin 1987, S. 29.

13 A. de Morga, Sucesos de las Islas Filipinas, translated and edited by J. S. Cum-
   mins, Cambridge 1971, S. 270; F. L. Wernstedt/J. E. Spencer, The Philippine
   Island World: A Physical, Cultural, and Regional Geography, Berkeley und Los
   Angeles 1967, S. 158, 159, 162; W. Klassen, Architecture in the Philippines,
   Cebu City 1986, S. 45–47, 57, 58.

14 Morga (wie Anm. 13), S. 281, 282, 286; M. Scheidnagel y Serra, Paseos por el
   mundo, Madrid 1878, S. 126; J. Montano, Voyage aux Philippines et en Malai-
   sie, Paris 1886, S. 92, 93; Klassen (wie Anm. 13), S. 68–70, 123, 124; Wernstedt/
   Spencer (wie Anm. 13), S. 159, 166; Reed (wie Anm. 5), S. iv, 33–35, 51–56,

60–66, 70; ders., Colonial Manila: The Context of Hispanic Urbanism and Process of Morphogenesis, Berkeley/Cal. 1978, S. 41, 60, 71; Daus (wie Anm. 12), S. 30–33.

15 Klassen (wie Anm. 13), S. 155–160, 163–170; Daus (wie Anm. 12), S. 89–94; Wernstedt/Spencer (wie Anm. 13), S. 159–162.

16 Klassen (wie Anm. 13), S. 186–211; Daus (wie Anm. 12), S. 127–141.

17 Beschreibungen von Stadtfiestas finden sich in Chroniken, Reiseschilderungen und offiziellen Berichten aus spanischer und amerikanischer Zeit, etwa in: Ribadeneira (wie Anm. 5), S. 63, 68, 77, 305; Mallat (wie Anm. 5), Bd. 1, S. 374, 375, Bd. 2, S. 54, 57, 76–79; R. Gonzalez Fernandez/F. Moreno Jerez, Anuario filipino para 1877. Segunda edición del manual del viajero en Filipinas, Manila 1877, S. 128–130; W. G. Palgrave, Country Life in the Philippines, in: A. Craig, The Philippines and the Filipinos of yesterday, San Juan 1934, S. 513–573, hier S. 564–569; F. Laureano, Recuerdos de Filipinas, Barcelona 1895, S. 38, 67, 68, 72–74, 80; W. C. Forbes, The Philippine Islands, 2 Bde., Boston und New York 1928, Bd. 1, S. 454, Bd. 2, S. 187; Worcester (wie Anm. 9), S. 408, 409, sowie in PNA (Philippine National Archives, Manila), »Festejos y Celebraciones« und NLM (National Library, Manila), »Souvenir and Fiesta Programs«.

18 Aufwendige staatliche Feste wurden etwa zur Inthronisierung Karls II. (F. de Moya y Torres, Lealtad empeñada, finezas de amor y bizarra idea de desempeños que dio la noble ciudad de Manila . . . en las festivas acclamaciones, con que aplaudio la feliz nueva de el Govierno del Rey nuestro Sr. D. Carlos segundo, Manila 1678) oder anläßlich der Hochzeit Ferdinands VI. (Descripcion de las Fiestas Reales con que la Muy Noble, y Siempre Fidelissima Ciudad de Manila . . . Celebro los Felices Desposarios del Serenissimo Señor D. Fernando, Principe de Asturias . . ., Manila 1731) gefeiert.

19 Vgl. etwa die Seligsprechung des Ignatius von Loyola (BRAH [Biblioteca de la Real Academia de la Historia, Madrid], Jesuitas, Tomos, 87, n. 88), die Ehrung franziskanischer Mönche, die in Japan den Märtyrertod erlitten hatten (J. F. de San Antonio, Cronicas de la apostolica provincia de San Gregorio Magno, 3 Bde., Sampaloc 1738–1744, Bd. 3, S. 659–668), oder die 1500-Jahr-Feier der Bekehrung des Heiligen Augustinus (El Comercio vom 13., 22., 26., 28. 4., vom 2., 4., 6., 7., 11. und 12. 5. sowie vom 14. 6. 1887).

20 Photographien derartiger Festarchitektur etwa in AHC (American Historical Collection, Manila), Views of old Manila, Hong Kong, Canton, Yokohama, sowie Photographs, Folder 24 und 35-A; Photosammlung der Library of Congress, Washington.

21 Zum Theater als Mittel der Mission vgl. W. E. Retana, Noticias histórico-bibliográficas de El teatro en Filipinas, desde sus orígines hasta 1898, Madrid 1909, S. 22, 23.

22 G. LeGentil de la Galaisière, Voyage dans les mers de l'Inde, 2 Bde., Paris 1779, 1781, Bd. 2, S. 42; A. L. Kroeber, Peoples of the Philippines, New York 1919, S. 78, 79, 180; R. Constantino, The Philippines: A Past Revisited, Quezon City 1975, S. 27, 28.

23 APP (Archives of the Philippine Province of the Society of Jesus, Quezon City), Joseph Stoffel, Torrid Times, 18. 12. 1957.

24 D. V. Hart, The Philippine Plaza Complex: A Focal Point in Cultural Change,

New Haven 1961, S. 37, 38, 49, 50; J. Foreman, The Philippine Islands: A Historical, Geographical, Ethnographical, Social and Commercial Sketch of the Philippine Archipelago and Its Political Dependencies, Hongkong 1890, S. 449; O. Scheerer, On Baguio's Past (Chapters from Local History and Tradition), in: W. H. Scott (Hrsg.), German Travellers on the Cordillera (1860–1890), Manila 1975, S. 193; Constantino (wie Anm. 22), S. 35, 36; Landé (wie Anm. 11), S. 14, 15; S. Borromeo-Bühler, The Inquilinos of Cavite: A Social Class in Nineteenth-Century Philippines, in: Journal of Southeast Asian Studies 16 (1985), S. 69–98, hier S. 81; B. J. Kerkvliet, The Huk Rebellion: A Study of Peasant Revolt in the Philippines, Berkeley/Cal. 1977, S. 17, 25.

25   Vgl. dazu R. C. Ileto, Pasyon and Revolution: Popular Movements in the Philippines, 1840–1910, Quezon City 1979.

26   S. Mas y Sanz, Informe sobre el estado de las islas Filipinas en 1842, 3 Bde., Madrid 1843, Bd. 3, S. 49; AM (Archivo Provincial de la Provincia de San Nicolás de Tolentino de Filipinas de los PP. Agustinos Recoletos, Marcilla), Legajo 20, núm. I (P. Julián Ortiz, Nuestro Cautiverio); Hart (wie Anm. 24), S. 40, 42, 46; Constantino (wie Anm. 22), S. 149.

27   E. Torres, Jeepney, Quezon City 1979; Siebert (wie Anm. 1), S. 14–26, und eigene Beobachtungen.

28   Vgl. dazu besonders Constantino (wie Anm. 22); ders., Neocolonial Identity and Counter-Consciousness: Essays on Cultural Decolonization, London 1978, S. 211–226; ders. (wie Anm. 3), S. 1–11.

29   Vgl. dazu R. Wendt, Europäische Expansion, Kolonialherrschaft und kultureller Wandel: Die Einführung westlicher Rechtssysteme auf den Philippinen, in: Jahrbuch für Geschichte von Staat, Wirtschaft und Gesellschaft Lateinamerikas 27 (1990), S. 305–335.

S. Dabringhaus: Machtkämpfe auf dem Dach der Welt

1   Im Oktober 1661 erreichte der österreichische Jesuit Johannes Grueber auf seiner Rückreise von China nach Europa als erster Europäer Tibet. Vgl. Johannes Grueber, Als Kundschafter des Papstes nach China, 1656–1664. Die erste Durchquerung Tibets, hrsg. von Franz Braumann, Stuttgart 1985. Grueber hielt sich jedoch nur wenige Wochen in Lhasa auf. Die ersten ausführlichen Berichte über Tibet stammen aus dem 18. Jahrhundert: I. Desideri, An Account of Tibet: The Travels of Ippolito Desideri of Pistoia, hrsg. von Filippo de Filippi, London 1937; C. Markham (Hrsg.), Narratives of the Mission of George Bogle to Tibet and of the Journey of Thomas Manning to Lhasa, London 1876; S. Turner, An Account of an Embassy to the Court of the Teshoo Lama in Tibet, London 1800. Einen umfassenden Überblick gibt: P. Bishop, The Myth of Shangri-La: Tibet, Travel Writing and the Western Creation of Sacred Landscape, Berkeley/Cal. 1989.

2   Vgl. Wang Yao, Tufan wenhua [Die Tufan-Kultur], Changchun 1989.

3   Vgl. H. Richardson/D. Snellgrove, A Cultural History of Tibet, Boston und London 1986, S. 138 f.; Tulku Thondup Rinpoche, Buddhist Civilization in Tibet, New York und London 1987, S. 10 f.

4 Dies ist der am weitesten gespannte Rahmen der mongolischen Herrschaft, von den Anfängen Ghengis Khans bis zum Ende der Yuan-Dynastie. Vgl. E. Endicott-West, Mongolian Rule in China: Local Administration in the Yuan-Dynasty, Cambridge/Mass. 1989.

5 Vgl. D. Schuh, Tibet unter der Mongolenherrschaft, in: Michael Weiers (Hrsg.), Die Mongolen. Beiträge zu ihrer Geschichte und Kultur, Darmstadt 1986, S. 287.

6 Vgl. Z. Ahmad, Sino-Tibetan Relations in the Seventeenth Century, Rom 1970, S. 65 f. Über Gushri-Khan gibt es eine chinesische Kurzbiographie: Ma Ruoheng, Gushi Han [Khan Gushri], in: Qingdai renwu zhuangao [Biographien von Persönlichkeiten der Qing-Zeit], 1. Teil, Bd. 1, Beijing 1984, S. 249–254.

7 R. A. Stein, Tibetan Civilization, Stanford/Cal. 1972, S. 289 f.; M. C. Goldstein/C. A. Beall, Nomads of Western Tibet: The Survival of A Way of Life, Berkeley/Cal. 1989, S. 54. Eine Gegenposition vertritt F. Michael, Rule by Incarnation: Tibetan Buddhism and Its Role in Society and State, Boulder/Col. 1982, S. 45 f. Er untersucht die tibetische Gesellschaft auf der Grundlage von Max Webers Begriffen der Bürokratie und Religion.

8 M. C. Goldstein, A History of Modern Tibet, 1913–1951: The Demise of the Lamaist State, Berkeley/Cal. 1989, S. 5.

9 L. Petech, Aristocracy and Government in Tibet, 1728–1959, Rom 1973, S. 19.

10 Lifanyuan celi [Statuten des Lifanyuan], Qianlong chao neifu chaoben [Abschrift der Schatzkammer Kaiser Qianlongs], in: Lü Yiran u. a. (Hrsg.), Qingdai Lifanyuan ziliao jilu [Materialsammlung zum Lifanyuan der Qing-Zeit], Beijing 1988, S. 1–168.

11 Dieser Herrschaftsanspruch kommt in den Qing-Quellen immer wieder deutlich zum Ausdruck. Vgl. Qianlong, Yuzhi shiquan ji [Kaiserliche Erinnerung an die Zehn Erfolge], aus dem Jahr 1792, in: Song Yun, Weizang tongzhi [Lokalchronik Zentraltibets], hrsg. von der Redaktion der Tibet-Forschungen, Lhasa 1982, S. 151 f.

12 W. Heissig, Die Religionen Tibets und der Mongolei, Stuttgart 1970; als Klassiker zum Lamaismus gilt L. A. Waddell, The Buddhism of Tibet, or Lamaism, London 1895.

13 Theoretisch besaß der Dalai Lama nur die religiöse Macht, und der mongolische Khan war für die weltliche Herrschaft zuständig. Da die Mongolen als Nomaden nicht permanent in der tibetischen Hauptstadt residierten, wurde zur Ausführung der Amtsgeschäfte ein tibetischer Regent (tib. *sde-srid*) eingesetzt. Unter dem tatkräftigen 5. Dalai Lama hatte dieser jedoch nicht viel zu sagen. Vgl. L. Petech, China and Tibet in the Early XVIIIth Century: History of the Establishment of the Chinese Protectorate in Tibet, Leiden 1972, S. 8.

14 Vgl. Memorandum des Kaisers Kangxi vom 6.9.1696, Shengzu shilu [Die Wahren Aufzeichnungen aus der Regierungszeit des Kaisers Kangxi], Kap. 175, 5 a–7 a, in: Qingshilu zangzu shiliao [Tibet-Materialien in den Wahren Aufzeichnungen der Großen Qing-Dynastie], hrsg. von der Redaktion für Tibet-Forschungen, Bd. 1, Lhasa 1982, S. 135–144.

15 Ya Hanzhang, Dalai Lama zhuan [Biographien der Dalai Lamas], Beijing 1984,
    S. 40.

16 Vgl. Wu Fengpei/Ceng Guoqing, Qingdai zhu Zang dachen zhuanlüe [Kurz-
    biographien der Tibet-Ambane in der Qing-Zeit], Lhasa 1988; dies., Qingchao
    zhu Zang dachen zhidude jianli yu yange [Errichtung und Wandel des Amban-
    Systems der Qing-Dynastie], Beijing 1989.

17 Vgl. Wang Furen/Chen Qingying, Meng Zang minzu guanxi shilüe [Kurze Ge-
    schichte der mongolisch-tibetischen Beziehungen], Beijing 1985, S. 195.

18 L. Petech (wie Anm. 13), S. 150.

19 Der Name »Panchen« geht Ya Hanzhang, dem chinesischen Biographen der
    Panchen-Lama-Inkarnationen, zufolge auf eine Ehrentitulierung durch den
    Mongolenkhan Gushri im Jahr 1645 zurück. Vgl. Ya Hanzhang, Panchen er-
    deni zhuan [Biographien der Panchen Lamas], Lhasa 1987, S. 41. Religionsge-
    schichtlich ist der Panchen Lama der Lehrmeister des Dalai Lama, macht-
    politisch besaß jedoch dieser immer den größeren Einfluß. Abgesehen vom
    6. Panchen Lama, der 1774 gegen den Willen des Qing-Hofes George Bogle,
    einen Vertreter der britischen East Indien Company, empfing, sympathisierten
    die Panchen Lamas meist mit den Chinesen. Zur Übergabe der weltlichen
    Herrschaft an den 5. Panchen Lama vgl. Ya (1987), S. 90.

20 Die Statutentexte sind wiedergegeben bei: Song (wie Anm. 11), S. 333–346,
    355; Ya (wie Anm. 15), S. 50–56, 62–72.

21 Der belgische Abbé Huc beschreibt in seinem Reisebericht aus den 1840er Jah-
    ren eindrucksvoll die tibetische Gesellschaft: Régis-Evariste Huc, Reise durch
    die Mongolei nach Tibet und China, 1844–1846, hrsg. u. bearbeitet von Hans
    Walz, Frankfurt 1986, S. 239.

22 Ya (wie Anm. 15), S. 88.

23 Vgl. Zhang Qiqin, Qingdai Zangshi jiyao [Die wichtigsten Ereignisse in Tibet
    während der Qing-Zeit], hrsg. von Wu Fengpei, Lhasa 1983, S. 497 f.; Günther
    Schulemann, Geschichte der Dalai Lamas, Leipzig 1958, S. 358 f.

24 Wu/Ceng (wie Anm. 16), S. 133–165.

25 Vgl. Liu Shengqi u. a. (Hrsg.), Zangzu jianshi [Grundriß der Geschichte der
    Tibeter], Lhasa 1985, S. 284.

26 Wen Gan, Renwu pu Zang jicheng shi [Gedicht über eine Reise in Tibet im
    Jahre 1822], in: Wu Fengpei (Hrsg.), Chuan Zang youzong huibian [Sammlung
    von Reisespuren aus Sichuan und Tibet], Chengdu 1985, S. 248–259; Jing
    Wen, Zhu Zang zougao [Tibet-Memoranden], hrsg. von Wu Fengpei, Chengdu
    1986; Meng Bao, Xizang zoushu [Throneingaben aus Tibet], hrsg. von der Ti-
    betischen Akademie der Sozialwissenschaften, Beijing 1987.

27 Vgl. Markham (wie Anm. 1), S. 213–294; Huc (wie Anm. 21).

28 A. Lamb, Asian Frontiers: Studies in a Continuing Problem, Melbourne 1968,
    S. 134.

29 A. K. J. Singh, Himalayan Triangle: A Historical Survey of British India's Re-
    lations with Tibet, Sikkim and Bhutan, 1765–1950, London 1988, S. 8; Lamb
    (wie Anm. 28), S. 142; A. Lamb, British India and Tibet, 1766–1910, London
    und New York 1986, S. 114 f.

30 Lamb (wie Anm. 28), S. 62 f.

31 C. Bell, Portrait of the Dalai Lama, London 1946, S. 61.

32 Xizang wenshi ziliao xuanti [Auswahl von Quellenmaterialien zur tibetischen Kulturgeschichte]: di shisan shi dalai lama nianpu [Lebenslauf des 13. Dalai Lama], Beijing 1989, S. 37.

33 Bell war nicht nur einer der wenigen Zeitzeugen Tibets in der ersten Hälfte des 20. Jahrhunderts, sondern auch einer der bedeutendsten westlichen Experten zur tibetischen Geschichte und Kultur. Seine wichtigsten Werke sind: Tibet: Past and Present, London 1924; The People of Tibet, London 1928; The Religion of Tibet, London 1931; Portrait of the Dalai Lama, London 1946.

34 Eine gute Analyse gibt D. Gillard, The Struggle for Asia 1828–1914: A Study in British and Russian Imperialism, London 1977. Die langfristigen Kontinuitäten auf russischer Seite zeigt D. Dahlmann, Zwischen Europa und Asien. Russischer Imperialismus im 19. Jahrhundert, in: W. Reinhard (Hrsg.), Imperialistische Kontinuität und nationale Ungeduld im 19. Jahrhundert, Frankfurt a. M. 1991, S. 50–67.

35 Vgl. A. Verrier, Francis Younghusband and the Great Game, London 1991.

36 Bell (wie Anm. 31), S. 72.

37 Die wiederholte Flucht der Dalai Lamas, zuletzt 1959 die des 14. Dalai Lama vor den chinesischen Kommunisten, ist aus tibetischer Sicht nicht ein Zeichen der Angst oder Feigheit, sondern notwendig, da der Dalai Lama für die Tibeter ihre Unabhängigkeit symbolisiert. Vgl. Bell (wie Anm. 31), S. 89.

38 Vgl. Bai Meichu, Xizang shimo jiyao [Aufzeichnungen über Tibet von A bis Z], Beijing 1930, S. 26–27.

39 W. D. Shakabpa, Tibet: A Political History, London 1967, S. 246 f.; Wei E u. a., Xizang xiankuang yanjiu [Forschungen zur gegenwärtigen Situation Tibets], Taibei 1986, S. 23.

40 Vgl. P. Mehra, The North-Eastern Frontier: A Documentary Study of the Internecine Rivalry between India, Tibet and China, Vol. 1: 1906–1914, Delhi 1979, S. 110–123.

41 T. Tada, The Thirteenth Dalai Lama, Tokyo 1982, S. 33 f.

42 Bell meint sogar, daß ein Zusammenschluß von einigen dieser Klöster zu einem tibetischen Bürgerkrieg geführt hätte. Vgl. Bell (wie Anm. 31), S. 307.

43 Goldstein (wie Anm. 8), S. 86 f.

44 Bell (wie Anm. 31), S. 342.

45 Ders., S. 350 f.

46 Vgl. Liu u. a. (wie Anm. 25), S. 365. Gleichzeitig sandte Sun Yatsen Li Mingju zur Erkundung nach Tibet, um dann ein Konzept der republikanischen Tibetpolitik entwickeln zu können, vgl. Li Mingju, Chou Zang zhengce [Die Planung der Tibetpolitik], Beijing 1915, S. 1 f.

47 Zhongguo dier lishi dang'anguan [2. Geschichtsarchiv Chinas] (Hrsg.), Zhonghua minguoshi dang'an ziliao huibian [Sammlung von Aktenmaterialien aus der Zeit der Chinesischen Republik], Bd. 3, Nanjing 1991, S. 868–878.

48 Wen Dujian (Hrsg.), Zhongguo minzu guanxi shi gangyao [Geschichtlicher Grundriß der Beziehungen zwischen den Nationalitäten Chinas], Beijing 1990, S. 858–884; Wei (wie Anm. 39), S. 25.

49 Singh (wie Anm. 29), S. 95; Ya (wie Anm. 19), S. 244 f.

50 T. T. Li, The Historical Status of Tibet, New York 1956, S. 151 f.

51 Huang Musong, Shi Zang jicheng [Aufzeichnungen einer Reise als Gesandter

nach Tibet], hrsg. von Xizang Hanxuewen wenxian bianjizhi [Redaktion für chinesische Materialien über Tibet], Beijing 1991.

52 Wu Zhongxin, Xizang jiyao [Tibet-Aufzeichnungen], hrsg. von Xizang Hanxuewen wenxian bianjizhi [Redaktion für chinesische Materialien über Tibet], Beijing 1991.

M. Mann: Ökonomie und Ökologie

1 H. Kulke/D. Rothermund, Geschichte Indiens, Stuttgart 1983, S. 268–269; A. Nag Chowdhuri-Zilly, The Vagrant Peasant: Agrarian Distress and Desertion in Bengal 1770 to 1830, Wiesbaden 1982, S. 96–102. Vgl. zu den unterschiedlichen Funktionen und Positionen eines Zamindars P. J. Marshall, East India Fortunes: The British in Bengal in the Eighteenth Century, Oxford 1976, S. 30–32.

2 Siehe dazu allgemein B. S. Baliga, Studies in Madras Administration, Madras 1960, Bd. 2, S. 85–86 und speziell B. Stein, Thomas Munro: The Origins of the Colonial State and his Vision of Empire, Delhi 1989, S. 74–138.

3 Vgl. z. B. Imperial Gazetteer of India, Provincial Series: United Provinces of Agra and Oudh, Delhi, Nachdruck 1979, S. 269 (»Fauna«) und Tabelle S. 274 (Saharanpur Distrikt im nördlichen Doab).

4 H. J. Nitz, Formen der Landwirtschaft und ihre räumliche Ordnung in der oberen Gangesebene, Wiesbaden 1971, S. 10–15.

5 District Gazetteers of the United Provinces of Agra and Oudh (fortan DGUP), Bd. 6 (Aligarh), S. 15; Reports upon the Settlement of Zillah Etawah (Agra 1844), S. 3.

6 W. W. Hunter (Hrsg.), Imperial Gazetteer, London 1881, Bd. 3, S. 227; Bd. 1, S. 50.

7 M. Mann, Britische Herrschaft auf indischem Boden: Landwirtschaftliche Transformation und ökologische Destruktion des »Central Doab« 1801–1854, Stuttgart 1992, S. 96–98.

8 From Messrs. R. W. Cox and H. ST. G. Tucker, to all Collectors (Circular), Seorajpur, 7th September 1807, in: Selections from Revenue Records, N. W. P. Allahabad 1873, Bd. 3/2 – Selections Regarding Permanent Settlements of the Land Revenue, No. I, S. 279–284.

9 MSS EUR D. 117, Journal in India from August 15th, 1803, to September 25th, Delhi, written by an Officer who accompanied Lord Lake to Delhi (India Office Library, London) und MSS EUR D 434, Lieutenant-Colonel John Pester, Bengal Army 1801–1826, Military Campaigns, Voyages and Marches 1801–1806 (India Office Library, London).

10 C. A. Bayly, Rulers, Townsmen and Bazaars: North Indian Society in the Age of British Expansion 1770–1870, Cambridge 1983, S. 110–163, 229–262.

11 Selections from the Revenue Records of the North-Western Provinces 1818–1820, Calcutta 1866, S. 346; Home Miscellaneous Series No. 776.

12 B. H. Baden-Powell, Land Systems in British India, Being a Manual of the Land-Tenures and of Systems of Land-Revenue Administration Prevalent in the Several Provinces, Oxford 1892, Bd. 2, S. 57.

13 Ebd., S. 58.

14 Parliamentary Papers, Bd. 5, 1838, S. 103.

15 K. N. Chaudhuri (Hrsg.), The Economic Development under the East India Company 1814–1858: A Selection of Contemporary Writings, Cambridge 1971, S. 242 (John Crawfurd, A Sketch of Commercial Ressources).

16 J. R. Hutchinson, Allygurh Statistics: Being a Report on the General Administration on that District from A. D. 1803 to the Present Time, Roorkee 1856.

17 C. Russell, Acting Clltr. (Coel), to A. Seton, Resident Dehli, 18th July 1808. BRP, CCP 1808 (91/22), No. 48.

18 DGUP, Bd. 9, (Farrukhabad) S. 43.

19 Mann (wie Anm. 7), S. 130–132.

20 Ebd., S. 139.

21 Mit den Augen eines Briten gesehen, der von seinen Inseln eine ausgeprägte und abwechslungsreiche Hügellandschaft gewohnt ist, mag Flachland durchaus »monoton« erscheinen.

22 Zusammenfassende Darstellung in Mann (wie Anm. 7), S. 198–200.

23 D. Butter, Outlines of the Topography and Statistics of the Southern Districts of Oud'h and of the Cantonment of Sultanpur-Oud'h, Calcutta 1839, S. 6, 28; A. F. Corbett, The Climate and Ressources of Upper India and Suggestions of their Improvement, London 1874, S. 65–66.

24 Butter (wie Anm. 23), S. 16.

25 Ebd., und Corbett (wie Anm. 23), S. 4–7, 22–23. Zu den allgemeinen ökologischen Bedingungen und Voraussetzungen siehe Mann (wie Anm. 7), S. 72–81.

26 D. Rothermund, Indiens wirtschaftliche Entwicklung, Paderborn 1985, S. 35.

27 Bayly (wie Anm. 10), S. 281.

28 Mann (wie Anm. 7), S. 153 f.

29 »Note on the Decrease in the Number of Wells«, from C. P. Carmichael, Offg. Secretary to the Sudder Board of Revenue, North-Western Provinces, to W. Muir, Secretary to the Government of the North-Western Provinces, in: Selections from the Records of Government, North-Western Provinces, Bd. 3, Allahabal 1873, S. 339–352.

30 In Indien kann man davon ausgehen, daß der Monsun alle sieben bis zehn Jahre zumindest in einem Erntezyklus unzureichende Niederschläge bringen wird, daher sind Ausfälle absehbar, und sie kündigen sich in der Tat durch ein oder auch mehrere vorweggehende schlechte Regenjahre an. Das gleiche gilt übrigens auch für die Dürrejahre in der Sahelzone in Afrika.

31 Siehe dazu M. F. Lofchie, Political and Economic Origins of African Hunger, in: Journal of Modern African Studies 14 (1976), S. 551–567; N. Ball, Understanding the Causes of Famine, in: ebd., S. 517–522; S. C. Watkins/Van De Walle, E., Nutrition, Mortality and Population Size: Malthus' Court of Last Resort, in: Journal of Interdisciplinary History 14 (1983), S. 205–226; J. D. Post, Famine, Mortality, and Epidemic Disease in the Process of Modernization, in: Economic History Review, 2nd. ser., 29 (1976), S. 14–37.

32 D. Kumar/M. Desai (Hrsg.), The Cambridge Economic History of India, Bd. 2, Cambridge 1983, S. 528–531.

33 DGUP, Bd. 6: Aligarh, Allahabad 1909, S. 134 f.
34 Mann (wie Anm. 7), S. 188–203; E. Stokes, The Peasant and the Raj: Studies
    in Agrarian Society and Peasant Rebellion in Colonial India, Cambridge 1978,
    S. 63–89.

W. Schwentker: Modernisierung von oben

1 Vgl. zur »Kokkai o kaisetsu suru inka o jogan suru no sho« (Dringliche Petition
   zur Eröffnung einer Nationalversammlung) das für die Meiji-Ära vorzügliche
   Buch von Irokawa D., Kindai kokka no shuppatsu [Die Anfänge des modernen
   Staates], Tōkyō, 19. Aufl. 1991 (Nihon no rekishi [Chūkō bunko]/Geschichte
   Japans, 21), hier S. 145 f. Bei der Nennung japanischer Eigennamen folge ich
   der Konvention, wonach der Familienname vorangestellt wird. Dies gilt nicht
   für bibliographische Angaben von Literatur japanischer Autoren in westlichen
   Sprachen. Die Transliteration japanischer Namen und Begriffe erfolgt nach
   Hepburn.
2 Die Problematik von Modernisierung und öffentlichem Bewußtsein wird the-
   matisiert in der klassischen Untersuchung von Yasumaru Y., Nihon no kindaika to minshû shisō [Die Modernisierung Japans und das Volksdenken], Tōkyō 1974.
3 Vgl. für den jüngsten Forschungsstand Shibahara T., Nihon kindaika no sekai-
   shiteki ichi [Die universalgeschichtliche Stellung der japanischen Modernisie-
   rung], Tōkyō, 4. Aufl. 1983. Für die Problematik insgesamt wichtig ist der ältere, aber immer noch informative Sammelband von M. B. Jansen (Hrsg.),
   Changing Japanese Attitudes toward Modernization, Princeton/N. J. 1965.
4 Der Begriff »Modernisierung« erscheint im übrigen zuerst im Titel des für die
   weitere Diskussion in Ost und West wichtigen Buchs von D. Lerner, The Pas-
   sing of Traditional Society: Modernizing the Middle East, New York 1958.
5 Zweifellos haben wir es auch im Falle Japans mit einem Prozeß partieller Modernisierung zu tun. Bestimmte Bereiche von Staat und Gesellschaft haben sich
   einer umfassenden materialen Modernisierung bis heute widersetzt. Daß etwa
   im politischen System trotz formal demokratischer Institutionen immer noch
   semifeudale Herrschaftsbeziehungen wirksam sind, hat Maruyama Masao,
   einer der führenden Intellektuellen nach 1945, in zahllosen Schriften angepran-
   gert. Vgl. z. B. M. Maruyama, Denken in Japan, Frankfurt a. M. 1988.
6 So die These von M. B. Jansen/G. Rozman (Hrsg.), Japan in Transition: From
   Tokugawa to Meiji, Princeton/N. J. 1986, S. 13. Die Modernitätselemente der
   Tokugawa-Gesellschaft betonen jetzt auch C. Nakane/S. Oishi (Hrsg.), Tokugawa Japan: The Social and Economic Antecedents of Modern Japan, Tōkyō
   1990.
7 Über den aktuellen Stand der japanischen und angelsächsischen Forschung,
   allerdings unter unzureichender Berücksichtigung sozialgeschichtlicher Frage-
   stellungen, informiert jetzt M. B. Jansen (Hrsg.), The Cambridge History of
   Japan, Bd. 5: The Nineteenth Century, Cambridge 1989. Für die japanische
   Sozialgeschichte relevant ist das allerdings nicht chronologisch, sondern systematisch aufgebaute und deshalb nicht leicht zugängliche Werk von Amino Y.

u. a. (Hrsg.), Nihon shakaishi [Japanische Gesellschaftsgeschichte], 8 Bde., Tōkyō 1986 ff.

8 Über die Anfänge des Tokugawa-Shogunats vgl. Takagi S., Edo bakufu no seiritsu [Die Entstehung des Edo-Bakufus], in: Iwanami Kōza Nihon Rekishi, Bd. 9, Kinsei 1, Tōkyō 1975, S. 118–153. Vgl. auch J. W. Hall, Das japanische Kaiserreich, Frankfurt a. M. 1968 u. ö., S. 161–228 (= Fischer-Weltgeschichte, Bd. 20); C. Totman, Politics in the Tokugawa Bakufu, 1600–1843, Cambridge/Mass. 1967.

9 Es ist wichtig zu betonen, daß es sich dabei nicht um Klassen im modernen Sinne handelte, sondern um soziale Gruppierungen mit ständischen Rechten und Pflichten, die in sich keineswegs homogen waren. Siehe dazu J.-P. Lehmann, The Roots of Modern Japan, London 1982, S. 64 ff.

10 Vgl. A. Piper, Japans Weg von der Feudalgesellschaft zum Industriestaat, Gütersloh 1976, S. 37 ff., für die die Wirtschaft am Ende der Edo-Zeit »bereits deutliche Züge eines Frühkapitalismus trug«.

11 Vgl. R. P. Dore, Education in Tokugawa Japan, London 1965, S. 68 ff.

12 Der damalige Kaiser trug den Namen Kansei. Die Herrscherperiode hat hier einem politischen Vorgang den Namen gegeben, ohne daß der Kaiser irgendwelchen Einfluß darauf genommen hätte.

13 K. Yamamura, A Study of Samurai Income and Entrepreneurship, Cambridge/Mass. 1974, S. 26–69.

14 Vgl. dazu den amtlichen Bericht von F. L. Hawks, Narrative of an Expedition of an American Squadron to the China Seas and Japan, Performed in the Years 1852, 1853, and 1854, Bd. 1, Washington/D. C. 1856, S. 256–259.

15 Ikeda Y., Bakufu shohan no dōyō to kaikaku [Unruhen und Reformen in verschiedenen Han des Bakufu], in: Iwanami Kōza Nihon Rekishi, Bd. 13, Kinsei 5, Tōkyō 1977, S. 174–207.

16 Siehe den Abdruck des Vertrags bei W. G. Beasley (Hrsg.), Select Documents on Japanese Foreign Policy, 1853–1868, London 1955, S. 119–122.

17 Vgl. den Vertragstext bei Beasley (wie Anm. 16), S. 183–189. Als zusätzliche Quelle wichtig: M. E. Cosenza (Hrsg.), The Complete Journal of Townsend Harris, New York 1930, S. 578–589.

18 Vgl. die preußisch-japanischen Abmachungen bei M. Kajima, Geschichte der japanischen Außenbeziehungen: Von der Landesöffnung bis zur Meiji-Restauration, Wiesbaden 1976, S. 6 ff. Siehe dazu auch H. Stahnke, Die diplomatischen Beziehungen zwischen Deutschland und Japan 1854–1868, Stuttgart 1987, S. 120 ff.

19 Gesammelt bei G. Schwebell (Hrsg.), Die Geburt des modernen Japan in Augenzeugenberichten, Düsseldorf 1970, S. 319 ff.

20 Vgl. C. Totman, The Collapse of the Tokugawa Bakufu, 1862–1868, Honolulu 1980, S. 375 ff.

21 So die These von Inoue K., Nihon no rekishi [Geschichte Japans], Bd. 2, 17. Aufl., Tōkyō 1974, S. 140 ff.

22 Ein Abdruck der Eidescharta bei Ōkubo T. u. a. (Hrsg.), Kindaishi shiryō [Quellen zur neueren (japanischen) Geschichte], Tōkyō 1988, S. 50 f.

23 K. Yamamura, The Meiji Land Tax Reform and its Effects, in: Jansen/Rozman (wie Anm. 6), S. 382–399.

24 Vgl. D. E. Westney, Imitation and Innovation: The Transfer of Western Orga-
nizational Patterns to Meiji Japan, Cambridge/Mass. 1987, S. 190 ff.

25 Vgl. R.-H. Wippich/S. Suzuki-Wippich, Der Aufenthalt der ersten japanischen Gesandtschaft im Rheinland: Hintergründe, Verlauf und Eindrücke
einer west-östlichen Kulturbegegnung im Jahre 1862, Köln 1989.

26 Vgl. Inoue K., Meiji Ishin [Die Meiji-Restauration], 22. Aufl., Tōkyō 1991,
S. 282 ff. (= Chūkō bunko/Nihon no rekishi, 20).

27 Vgl. M. Ishizuki, Overseas Study by Japanese in the Early Meiji-Period, in:
A. W. Burks (Hrsg.), The Modernizers: Overseas Students, Foreign Em-
ployees and Meiji Japan, London 1985, S. 161–186.

28 Zu Siebold vgl. J. Kreiner (Hrsg.), Deutschland–Japan: Historische Kontakte,
Bonn 1983. Der bekannteste deutsche Arzt zur Meiji-Zeit war Erwin Bälz, der
drei Jahrzehnte in Japan wirkte und es dort zu hohem Ansehen brachte. Seine
Tagebücher und Briefe sind eine Quelle von bedeutendem Wert. Siehe T. Bälz,
Erwin Bälz: Das Leben eines deutschen Arztes im erwachenden Japan, Stutt-
gart 1930.

29 Vgl. H. J. Jones, Live Machines: Hired Foreigners and Meiji Japan, Vancouver
1980.

30 Die Autobiographie des wohl bedeutendsten japanischen Intellektuellen im
19. Jahrhundert liegt auch in deutscher Übersetzung vor. Siehe Y. Fukuzawa,
Eine autobiographische Lebensschilderung, Tōkyō 1971.

31 Siehe K. Antoni, Kokutai: Das »Nationalwesen« als japanische Utopie, in:
ders., Der himmlische Herrscher und sein Staat: Essays zur Stellung des Tennō
im modernen Japan, München 1991, S. 43.

32 Ein Abdruck des Textes in englischer Übersetzung bei R. Tsunoda u. a.
(Hrsg.), Sources of Japanese Tradition, New York 1958, S. 646 f.

33 W. G. Beasley, The Rise of Modern Japan, London 1990, S. 70 ff.

34 Vgl. Inoue (wie Anm. 26), S. 346 ff.

35 Ōkubo u. a. (wie Anm. 22), S. 165.

36 Vgl. J. Siemes, Die Gründung des modernen japanischen Staates und das
deutsche Staatsrecht, Berlin 1975; B. Martin, Die Öffnung Japans durch den
Westen: Annahme und Abwehr der westlichen Herausforderung (1853–1890),
in: J. Elvert/M. Salewski (Hrsg), Staatenbildung in Übersee, Stuttgart 1992,
S. 216 f.; K. Kroeschell, Das moderne Japan und das deutsche Recht, in:
B. Martin (Hrsg.), Japans Weg in die Moderne: Ein Sonderweg nach deutschem Vorbild? Frankfurt a. M. 1987, S. 45–67.

37 Der Text der Verfassung bei W. Röhl, Die japanische Verfassung, Frankfurt
a. M. 1963, S. 147–152.

38 Vgl. dazu C. A. Kelly/J. G. Williamson, Lessons from Japanese Development:
An Analytical Economic History, Chicago 1974, S. 17 ff.

39 Nakamura T., Nihon keizai: sono seichō to kōzō [Die japanische Wirtschaft:
ihr Wachstum und ihre Struktur], 2. Aufl., Tōkyō 1980.

40 Siehe dazu J. Kreiner u. a., Japans Wandel von der Agrar- zur Industriegesell-
schaft, Opladen 1983, S. 55.

41 Ebd., S. 60.

42 Dies betont jetzt Shōda K., Nihon ni okeru kindai shakai no seiritsu [Die Errichtung der modernen Gesellschaft in Japan], Tōkyō 1982.

43 Vgl. G. C. Allen, A Short Economic History of Modern Japan, 4. Aufl., London 1981, S. 35 ff.

44 K. Ōkawa, The Growth Rate of the Japanese Economy since 1878, Tōkyō 1957, S. 245.

45 Vgl. J. E. Hunter, The Emergence of Modern Japan: An Introductory History since 1853, London 1989, S. 142.

46 Eine gut lesbare Fallstudie ist J. G. Roberts, Mitsui: Three Centuries of Japanese Business, 2. Aufl., New York 1989.

47 Vgl. Allen (wie Anm. 43), S. 265.

48 Daß die ländlichen Eliten die Modernisierung Japans aktiv gefördert haben, hat gegen die marxistischen Stereotypen der japanischen Forschung erfolgreich A. Waswo, Japanese Landlords: The Decline of a Rural Elite, Berkeley/Cal. 1977, ins Feld geführt.

49 Zur japanischen Außenpolitik vgl. W. Wagner, Japans Außenpolitik in der frühen Meiji-Zeit (1868–1894): Die ideologische und politische Grundlegung des japanischen Führungsanspruchs in Ostasien, Stuttgart 1990.

50 Sie die These von Shibahara T., Seikaishi no naka no meiji ishin [Die Meiji-Restauration in der Weltgeschichte], 9. Aufl., Tōkyō 1984, S. 33 f.

J. Osterhammel: Die erste chinesische Kulturrevolution

1 Eine gute Darstellung gibt I. C. Y. Hsü, The Rise of Modern China, 2. Aufl., New York 1975, S. 605–609.

2 Zum Imperialismus in China vgl. J. Osterhammel, China und die Weltgesellschaft. Vom 18. Jahrhundert bis in unsere Zeit, München 1989, S. 202–240.

3 Peng Ming, Wu-Si yundong shi [Geschichte der 4. Mai-Bewegung], Beijing 1984, S. 267. Peng gibt eine auf Erinnerungen von Beteiligten gestützte ausführliche Darstellung der Ereignisse vom 3.–5. Mai (S. 263–297).

4 Ebd., S. 290.

5 Die Ausbreitung der Bewegung wird dokumentiert in Zhongguo shehui kexueyuan jindaishi yanjiusuo (Hrsg.), Wu-Si aiguo yundong dang'an ziliao [Archivmaterial zur patriotischen Bewegung vom 4. Mai 1919], Beijing 1980, S. 205 ff. Vgl. auch Peng Ming (wie Anm. 3), S. 325–397.

6 Den »bürokratischen« Charakter der Bewegung betont J. N. Wasserstrom, Student Protests in Twentieth-Century China: The View from Shanghai, Stanford/Cal. 1991, S. 57–60.

7 J. T. Chen. The May Fourth Movement in Shanghai, Leiden 1971, S. 164 f.

8 Shanghai shehui kexueyuan lishi yanjiusuo (Hrsg.), Wu-Si yundong zai Shanghai shiliao xuanji [Auswahl historischer Materialien zur 4. Mai-Bewegung in Shanghai], 4. Aufl., Shanghai 1980, S. 195.

9 Grundlegend zur Sozialgeschichte der Bourgeoisie in Shanghai ist M.-C. Bergère, L'âge d'or de la bourgeoisie chinoise 1911–1937, Paris 1986, S. 105 ff.

10 W. R. Giles an G. E. Morrison, 1. Juli 1919, in: Lo Hui-min (Hrsg.), The Correspondence of G. E. Morrison, Bd. 2, Cambridge 1976, Nr. 935.

11 Vgl. W. Franke, The Reform and Abolition of the Traditional Chinese Examination System, 2. Aufl., Cambridge/Mass. 1963. Zu den Folgen vgl. G. Roz-

man u. a., The Modernization of China, New York 1981, S. 182–202; J. Ch'en, China and the West: Society and Culture, London 1979, S. 151–173; M. Bastid, L'évolution de la société chinoise à la fin de la dynastie des Qing, 1873–1911, Paris 1979, S. 37–46.

12 Saneto Keishu, Zhongguoren liuxue Riben shi [Geschichte der chinesischen Auslandsstudenten in Japan], übers. aus dem Japanischen, Beijing 1983, S. 39.

13 Ihr wichtigster Wortführer war der Staatsmann Zhang Zhidong (1837–1909). Vgl. D. H. Bays, China Enters the Twentieth Century: Chang Chih-tung and the Issues of a New Age, 1895–1909, Ann Arbor 1978.

14 Vgl. P. A. Cohen, Between Tradition and Modernity: Wang T'ao and Reform in Late Ch'ing China, Cambridge/Mass. 1974, S. 185–208; ders., The New Coastal Reformers, in: ders./J. E. Schrecker (Hrsg.), Reform in Nineteenth-Century China, Cambridge/Mass. 1976, S. 255–264; J. Kehnen, Cheng Kuanying. Unternehmer und Reformer der späten Ch'ing Zeit, Wiesbaden 1975.

15 Vgl. Hsiao Kung-chuan, A New China and a New World: K'ang Youwei, Reformer and Utopian, 1858–1927, Seattle und London 1975; W. Bauer, China und die Hoffnung auf Glück: Paradiese, Utopien, Idealvorstellungen in der Geistesgeschichte Chinas, München 1971, S. 417–458.

16 Kang Youwei, zit. nach Wm. T. de Bary (Hrsg.), Sources of Chinese Tradition, Bd. 2, New York 1960, S. 71.

17 Vgl. P. C. Huang, Liang Ch'i-ch'ao, in: P. J. Opitz (Hrsg.), Vom Konfuzianismus zum Kommunismus, München 1969, S. 61–105; ders., Liang Ch'i-ch'ao and Modern Chinese Liberalism, Seattle und London 1972; J. R. Levenson, Liang Ch'i-ch'ao and the Mind of Modern China, London 1953; Chang Hao, Liang Ch'i-ch'ao and Intellectual Transition in China, 1890–1907, Cambridge/Mass. 1971.

18 Zum Einfluß des Darwinismus in China vgl. J. Pusey, China and Charles Darwin, Cambridge/Mass. 1983.

19 Vgl. M. B. Rankin, Early Chinese Revolutionaries: Radical Intellectuals in Shanghai and Chekiang, 1902–1911, Cambridge/Mass. 1971. Zu den ideengeschichtlichen Richtungen vgl. im Überblick C. Furth, Intellectual Change: From the Reform Movement to the May Fourth Movement, in: J. K. Fairbank (Hrsg.), The Cambridge History of China, Bd. 12, Cambridge 1983, S. 322–405, bes. 374 ff.

20 Nach L. N. Feigon, Chen Duxiu: Founder of the Chinese Communist Party, Princeton/N. J. 1983; daneben auch J. B. Grieder, Intellectuals and the State in Modern China, New York 1981, S. 221 ff., sowie R. A. Scalapino/G. T. Yu, Modern China and its Revolutionary Process: Recurrent Challenges to the Traditional Order, 1850–1920, Berkeley/Cal. 1985, S. 518 ff.

21 Chen Duxiu, Jinggao qingnian [Aufruf an die Jugend], in: Xin Qingnian 1 : 1 (15. September 1915), S. 1 (englisch im Original).

22 Zit. nach W. Franke, Chinas kulturelle Revolution: Die Bewegung vom 4. Mai 1919, München 1957, S. 38.

23 Chen Duxiu (1918), zit. nach ebd., S. 39.

24 Grieder (wie Anm. 20), S. 227.

25 V. Schwarcz, The Chinese Enlightenment: Intellectuals and the Legacy of the

May Fourth Movement of 1919, Berkeley/Cal. 1986; dies., Time for Telling Truth is Running Out: Conversations with Zhang Shenfu, New Haven und London 1992.

26 Liang äußerte einmal: »Ich liebe Konfuzius, aber noch mehr liebe ich die Wahrheit.« Zit. nach Chow Tse-tsung, The May Fourth Movement: Intellectual Revolution in Modern China, Cambridge/Mass. 1960, S. 300.

27 Zit. nach Franke (wie Anm. 22), S. 44.

28 In seinem »Tagebuch eines Verrückten« (1918), übersetzt in W. Kubin (Hrsg.), Hoffnung auf Frühling. Moderne chinesische Erzählungen, Bd. 1, Frankfurt a. M. 1980, S. 22–38.

29 Ein wichtiger Text ist hier der Kurzroman »Die wahre Geschichte des Ah Q« (1921), übersetzt in: Einige Erzählungen von Lu Hsün, Beijing 1974, S. 124–214.

30 Chen Duxiu, »Kong Zi zhi dao yu xiandai shenghuo« [Der Weg des Konfuzius und das moderne Leben], in: Xin Qingnian 2 : 4 (1. Dezember 1916), S. 3.

31 Vgl. J. B. Grieder, Hu Shih and the Chinese Renaissance: Liberalism in the Chinese Revolution, 1917–1937, Cambridge/Mass. 1970; Chou Min-chih, Hu Shih and Intellectual Choice in Modern China, Ann Arbor 1984.

32 Hu Shih, The Chinese Renaissance, Chicago 1933, S. 44. Es handelt sich um Vorlesungen, die Hu Shi in den USA in englischer Sprache hielt.

33 Gu Jiegang in einer Schrift von 1930, zit. nach L. A. Schneider, Ku Chieh-kang and China's New History, Berkeley/Cal. 1962, S. 60f. Vgl. auch U. Richter, Zweifel am Altertum: Gu Jiegang und die Diskussion über Chinas alte Geschichte als Konsequenz der »neuen Kulturbewegung«, ca. 1915–1923, Stuttgart 1992.

34 Franke (wie Anm. 22), S. 53.

35 Zit. nach H. Schmidt-Glintzer, Geschichte der chinesischen Literatur, Bern 1990, S. 504. Zur Literatur um 1919 vgl. ebd., S. 521–535, sowie M. Goldman (Hrsg.), Modern Chinese Literature in the May Fourth Era, Cambridge/Mass. 1977.

36 Zit. nach W. J. Duiker, Ts'ai Yüan-p'ei: Educator of Modern China, University Park/London 1977, S. 63.

37 Eine umfassende Darstellung gibt Peng Ming (wie Anm. 3), S. 618–655.

38 Einen Eindruck von dieser Auseinandersetzung vermittelt etwa Lu Xuns Essay »Meine Ansichten über die Keuschheit« (1918), übersetzt in: Lu Hsün, Der Einsturz der Lei-feng-Pagode: Essays über Literatur und Revolution in China, Reinbek 1973, S. 7–14.

39 J. Spence, Das Tor des Himmlischen Friedens: Die Chinesen und ihre Revolution 1895–1980, München 1985, S. 136ff., beschreibt am Beispiel der Schriftstellerin Ding Ling (1904–1986) die Situation von Frauen in China im frühen 20. Jahrhundert.

40 Schwarcz (wie Anm. 25), S. 97–107.

41 Hu Shih 1919, zit. nach Grieder (wie Anm. 31), S. 124.

42 So das Etikett der Chinaforschung. Was im chinesischen Kontext unter »Liberalismus« zu verstehen wäre, müßte freilich erneut geprüft werden. Vgl. den anregenden Beitrag T. A. Metzger, Modern Chinese Intellectuals and the Utopian Approach to the Revision of Culture, Stanford/Cal. 1992.

43 Hu Shi 1922, zit. nach M.-C. Bergère/Tchang Fou-jouei, Sauvons la Patrie! Le nationalisme chinois et le mouvement du 4 mai 1919, Paris 1977, S. 59.

44 Zum Spektrum konservativer Positionen vgl. C. Furth (Hrsg.), The Limits of Change: Essays on Conservative Alternatives in Republican China, Cambridge/Mass. 1970.

45 Vgl. G. S. Alitto, The Last Confucian: Liang Shu-ming and the Chinese Dilemma of Modernity, Berkeley/Cal. 1979. Eine prägnante Charakterisierung des Neo-Traditionalismus gibt B. I. Schwartz, Themes in Intellectual History: May Fourth and After, in: Fairbank (wie Anm. 19), S. 437–444.

46 Neue Forschungen betonen die große Bedeutung des Anarchismus für die chinesische Linke vor ihrer Bolschewisierung. Vgl. P. Zarrow, Anarchism and Chinese Political Culture, New York 1990; A. Dirlik, The Origins of Chinese Communism, New York 1989; ders., Anarchism in the Chinese Revolution, Berkeley/Cal. 1991.

47 Vgl. R. Wylie, The Emergence of Maoism: Mao Tse-tung, Ch'en Po-ta and the Search for Chinese Theory, 1935–1945, Stanford 1980; ders., Mao Tse-tung, Ch'en Po-ta and the »Sinification of Marxism«, in: China Quarterly 79 (1979), S. 447–480.

48 So Grieder (wie Anm. 20), S. 204.

49 Selbst der Liberalismus war von solcher Politisierung betroffen. Vgl. E. Lubot, Liberalism in an Illiberal Age: New Culture Liberals in Republican China, 1919–1937, Westport/Conn 1982, S. 29ff.

50 Grieder (wie Anm. 20), S. 288.

51 Li Dazhao, Qingnian yu nongcun [Die Jugend und das Dorf], in: Li Dazhao xuanji [Ausgewählte Werke Li Dazhaos], Beijing 1959, S. 146. Zu Li vgl. M. Meisner, Li Ta-chao and the Origins of Chinese Marxism, Cambridge/Mass. 1967; M. Y. L. Luk, The Origins of Chinese Bolshevism: An Ideology in the Making, 1920–1928, Oxford 1990.

U. Freitag: Spätkolonialismus und nationale Bewegung

1 Nach Z. Hershlag, Introduction to the Modern Economic History of the Middle East, 2., erw. Aufl. Leiden 1980, S. 237; E. Wirth, Syrien. Eine geographische Landeskunde, Darmstadt 1971, S. 170; V. Perthes, Staat und Gesellschaft in Syrien 1970–1989, Hamburg 1990, S. 83.

2 Wirth (wie Anm. 1), S. 167–187. Die letzten konfessionellen Daten wurden 1960 erhoben.

3 Zu den Religionsgruppen vgl. W. Ende/U. Steinbach (Hrsg.), Der Islam in der Gegenwart. Entwicklung und Ausbreitung, Staat, Politik und Recht, Kultur und Religion, München 1984.

4 I. Rabinovich, The Compact Minorities and the Syrian State, 1918–1945, in: Journal of Contemporary History 14 (1979), S. 693–712.

5 A. Schölch, Der arabische Osten im neunzehnten Jahrhundert 1800–1914, in: U. Haarmann (Hrsg.), Geschichte der arabischen Welt, München 1987, S. 365–431, hier S. 383.

6 Vgl. J. Baylson, Territorial Allocation by Imperial Rivalry: The Human Legacy in the Near East, Chicago 1987, S. 66–82.

7 Artikel 22, Absatz 4 der Satzung des Völkerbundes. Zit. nach J. Hurevitz, Diplomacy in the Near and Middle East: A Documentary Record, Bd. 2, Princeton/N. J. 1958, S. 62.

8 Zu diesem Themenkomplex vgl. M. Seurat, Lyon et le Mandat Français en Syrie, in: Bulletin d'Etudes Orientales 31 (1979), S. 129–165; A. Schlicht, Frankreich und die syrischen Christen 1799–1861, Berlin 1981; U. Freitag, Geschichtsschreibung in Syrien 1920–1990: Zwischen Wissenschaft und Ideologie, Hamburg 1991, S. 83–102.

9 Khâlid al-'Azm, Mudhakkirât Khâlid al-'Azm [Die Memoiren von Khâlid al-'Azm], Bd. 1, Beirut 1973, S. 206 und 304. Vgl. auch P. S. Khoury, Syria and the French Mandate: The Politics of Arab Nationalism 1920–1945, Princeton/N. J. 1987, S. 75.

10 P. S. Khoury, Eine Neubewertung der französischen Kolonialpolitik in Syrien: Die Mandatsjahre, in: L. Schatkowski-Schilcher/C. Scharf (Hrsg.), Der Nahe Osten in der Zwischenkriegszeit, Stuttgart 1989, S. 65–89.

11 Zit. nach Hurevitz (wie Anm. 7), S. 63.

12 L. Schatkowski-Schilcher, Ein Modellfall indirekter wirtschaftlicher Durchdringung: Das Beispiel Syrien, in: Geschichte und Gesellschaft 1 (1975), S. 492–505.

13 Vgl. R. Khalidi, Society and Ideology in late Ottoman Syria: Class, Education, Profession and Confession, in: J. Spagnolo (Hrsg.), Problems of the Modern Middle East in Historical Perspective: Essays in Honour of Albert Hourani, Reading 1992, S. 119–131. Grundlegend zur modernen Ideengeschichte: A. Hourani, Arabic Thought in the Liberal Age 1798–1939, Cambridge 1983[2].

14 Für die Sichtweise des Gouverneurs vgl. Ahmed Dschemal Pascha, Erinnerungen eines türkischen Staatsmannes, München 1922[2]. Für die arabische Seite vgl. Yûsuf al-Hakîm, Dhikrayât II: Bairût wa-Lubnân fî 'ahd âl 'Uthmân [Erinnerungen II: Beirut und Libanon im Zeitalter der Osmanen], Beirut 1980[2], S. 231–242. Den dadurch erzeugten Loyalitätsverlust beschreibt besonders eindringlich Munîr al-Mâlikî, Min Maisalûn ilâ l-jalâ', sîra siyâsiyya (Von Maisalun bis zum Truppenabzug, eine politische Biographie), Damaskus 1991, S. 32.

15 L. Schatkowski-Schilcher, The Famine of 1915–1918 in Greater Syria, in: Spagnolo (wie Anm. 13), S. 229–258.

16 Zit. nach Hurevitz (wie Anm. 7), S. 15.

17 Yûsuf al-Hakîm, Dhikrayât III: Sûriyya wa-l-'ahd al-faisalî [Erinnerungen III: Syrien und das Zeitalter Faisals], Beirut 1986[3], S. 35.

18 Zu der Periode von 1918 bis 1920 vgl. Khairiyya Qâsimiyya, al-Hukûma al-'arabiyya fî Dimashq baina 1918 wa-1920 [Die arabische Regierung in Damaskus zwischen 1918 und 1920], Kairo 1971.

19 Sâti' al-Husrî, The Day of Maysalûn: A Page from the Modern History of the Arabs, Washington/D. C. 1966.

20 Für die gesamte Mandatszeit ist Khoury (1987, wie Anm. 9) maßgeblich. Vgl. auch A. Hourani, Syria and Lebanon: A Political Essay, London 1954; S. H. Longrigg, Syria and Lebanon under French Mandate, London 1958.

21 P. S. Khoury, Syrian Urban Politics in Transition: The Quarters of Damascus

during the French Mandate, in: International Journal of Middle East Studies 16 (1984), S. 507–540, hier S. 520.

22 Abdul-Karim Rafeq, Gesellschaft, Wirtschaft und politische Macht in Syrien 1918–1925, in: Schatkowski-Schilcher/Scharf (wie Anm. 10), S. 440–482; 'Abd al-Ghanî al-Ustuwânî, al-'Arab min warâ' al-luhâb [Die Araber jenseits des Feuers], Damaskus 1986, S. 33–37, 69 f.

23 Yûsuf al-Hakîm, Dhikrayât IV: Sûrîya wa-l-intidâb al-firansî [Erinnerungen IV: Syrien und das französische Mandat], Beirut 1983, S. 113; 'Abd al-Rahmân ash-Shahbandar, Mudhakkirât [Erinnerungen], Beirut 1967, S. 152–154.

24 al-Ustuwânî (wie Anm. 22), S. 289–294; Khoury (1987, wie Anm. 9), S. 205–217.

25 al-Ustuwânî (wie Anm. 22), S. 306.

26 'Abdallâh Hannâ, al-Haraka al-'unmâliyya fî Sûrîya wa-Lubnân 1900–1945 [Die Arbeiterbewegung in Syrien und Libanon 1900–1945], Damaskus 1973.

27 Vgl. Zâfir al-Qâsimî, Maktab 'Anbar, Suwwar wa-dhikrayât min hayâtinâ ath-thaqâfiyya wa-s-siyâsiyya wa-l-ijtimâ'iyya [Die Anbar-Schule, Bilder und Erinnerungen aus unserem kulturellen, politischen und gesellschaftlichen Leben], Beirut 1964; Khoury (1987, wie Anm. 9), S. 406–414.

28 al-'Azm (wie Anm. 9), S. 174 f.

29 al-Ustuwânî (wie Anm. 22), S. 318–337.

30 al-Hakîm, Bd. 4 (wie Anm. 23), S. 263.

31 al-Hakîm, Bd. 4 (wie Anm. 23), S. 264; al-'Azm (wie Anm. 9), S. 177–179; al-Ustuwânî (wie Anm. 22), S. 339–343.

32 A. Hourani, Revolution in the Arab Middle East, in: P. Vatikiotis (Hrsg.): Revolution in the Middle East and Other Case Studies, London 1972, S. 70.

33 Vgl. al-'Azm (wie Anm. 9), S. 181 für die arabische Sicht; für die französische Darstellung vgl. République Française, Ministère des Affaires Etrangères, Rapport à la Société des Nations sur la situation de la Syrie et du Liban 1937 [Paris 1938], S. 7–9 und 1938 [Paris 1939], S. 6–9.

34 G. Puaux, Deux années au Levant (1939–1940), Paris 1949, S. 22.

35 al-'Azm (wie Anm. 9), S. 244.

36 Zit. nach G. Catroux, Dans la bataille de Méditerranée, 1940–1944, Paris 1949, S. 137.

37 Dazu A. Mansur, Great Britain and the Birth of Syrian and Lebanese Independence, in: International Studies 16 (1977), S. 245–273; A. Gaunson, The Anglo-French Clash in Lebanon and Syria, 1940–1945, New York 1987.

38 C. Samné, Le Livre jaune de la Correspondance d'Orient sur la crise Syrienne et Libanaise, Paris 1945 (= Correspondance d'Orient 515).

39 'Adnân al-Mulûhî, Baina madînatain, min Hims ilâ ash-Shâm [Zwischen zwei Städten, von Homs nach Damaskus], London 1990, S. 242.

40 Vgl. P. Seale, The Struggle for Syria: A Study of Post-War Arab Politics, 1945–1958, London 1987².

41 Für einen Überblick über vorrevolutionäre Gesellschaftsstrukturen vgl. Wirth (wie Anm. 1), S. 211–226 und 297–304.

42 Cahiers de l'Institut de l'Orient Contemporain 2 (1946), S. 267 f.

43 Hannâ (wie Anm. 26), S. 91. Vgl. auch D. Warriner, Land and Poverty in the Middle East, London 1948, S. 81–98.

44 J. Reissner, Ideologie und Politik der Muslimbrüder Syriens. Von den Wahlen 1947 bis zum Verbot unter Adîb ash-Shishaklî 1952, Freiburg i. Br. 1980; L. Yamak, The Syrian Socialist Nationalist Party, Cambridge/Mass. 1969; H. Mahr, Die Baath-Partei: Portrait einer panarabischen Bewegung, München 1971.

45 P. Seale, Asad of Syria: The Struggle for the Middle East, London 1988, S. 41–48.

46 Vgl. H. Mejcher/A. Schölch (Hrsg.), Die Palästina-Frage 1917–1948, Paderborn 1981.

47 Seale (1987, wie Anm. 40).

48 Vgl. D. Little, Cold War and Covert Action: The United States and Syria, 1945–1958, in: Middle East Journal 44 (1990), S. 51–75.

49 Dazu Perthes (wie Anm. 1) und Seale (wie Anm. 45).

Die Autorinnen und Autoren des Bandes

Sabine Dabringhaus
studierte Sinologie, Geschichte und Politikwissenschaft in Freiburg i. Br., München und Jinan (China). Nach einem vierjährigen Postgraduiertenstudium an der Universität des Chinesischen Volkes in Peking promovierte sie dort 1990 mit einer Arbeit über die Tibetpolitik der Qing-Dynastie im 18. Jahrhundert. Sie bereitet eine Untersuchung über Ethnizität und Nationalismus-Denken in China am Beginn des 20. Jahrhunderts vor.
Veröffentlichungen (u. a.): Das Qing-Imperium als Vision und Wirklichkeit (1994); Aufsätze zum Boxer-Aufstand, zur chinesischen Historiographie und zur neueren Geschichte Zentralasiens.

Ulrike Freitag
studierte 1981–1987 in Bonn, Freiburg i. Br. und Damaskus Neuere Geschichte und Islamwissenschaft und promovierte 1991 in Freiburg. Im Jahre 1991 war sie wissenschaftliche Mitarbeiterin am Lehrgebiet »Neuere, insbesondere außereuropäische Geschichte« der FernUniversität Hagen. Seit 1993 lehrt sie als Lecturer an der School of Oriental and African Studies der Universität London. Sie forscht zu Themen der neueren arabischen Geschichte, vor allem zur Sozialgeschichte des Jemen.
Veröffentlichungen (u. a.): Geschichtsschreibung in Syrien 1920–1990. Zwischen Wissenschaft und Ideologie (1991); Aufsätze zur arabischen Geschichte und Historiographie im 19. und 20. Jahrhundert.

Paul Luft
ist Iranist und Historiker. Er promovierte an der Georg-August-Universität in Göttingen über Persien im 17. Jahrhundert und war wissenschaftlicher Mitarbeiter am Deutschen Historischen Institut London. Seit 1978 lehrt er an britischen Universitäten, z. Zt. als Senior Lecturer in Persian Studies am Department of Middle Eastern Studies der Universität Manchester.
Veröffentlichungen (u. a.): Illuminierte islamische Handschriften (1971);

Persische Handschriften (1980); The Persian Railway Syndicate and British Railway Policy in Iran (1986); The End of Czarist Rule in Iran
(1990).

Michael Mann
studierte am Südasien-Institut der Universität Heidelberg und promovierte dort 1991 mit einer Arbeit über indische Agrar- und Umweltge-
schichte im 19. Jahrhundert. Seit 1992 ist er Wissenschaftlicher Assistent
am Lehrgebiet »Neuere, insbesondere außereuropäische Geschichte« an
der FernUniversität Hagen. Seine Forschungsschwerpunkte sind die Geschichte der East India Company und die Geschichte der Holzwirtschaft
in Süd- und Südostasien.
Veröffentlichungen (u. a.): Britische Herrschaft auf indischem Boden.
Landwirtschaftliche Transformation und ökologische Destruktion des
»Central Doab«, 1801–1854 (1992); Aufsätze zur Sozial- und Wirtschafts-
geschichte Indiens im 19. Jahrhundert.

Jürgen Osterhammel
war 1982–1986 am Deutschen Historischen Institut London und
1986–1990 am Seminar für wissenschaftliche Politik der Universität Freiburg tätig. Seit 1990 ist er Professor für Neuere Geschichte an der Fern-
Universität Hagen.
Veröffentlichungen (u. a.): Britischer Imperialismus im Fernen Osten
1932–1937 (1983); Imperialism and After (als Hg., mit W. J. Mommsen,
1986); Britische Übersee-Expansion und britisches Empire vor 1840 (als
Hg., 1987); Max Weber and his Contemporaries (als Hg., mit W. J.
Mommsen, 1987); China und die Weltgesellschaft: Vom 18. Jahrhundert
bis in unsere Zeit (1989); Kolonialismus (1994); Aufsätze zur britischen
und chinesischen Geschichte, zur Reiseforschung, Historiographie-
geschichte und zur Geschichte der Sozialwissenschaften im 20. Jahrhundert.

Wolfgang Schwentker
promovierte 1986 an der Heinrich-Heine-Universität Düsseldorf und ist
seitdem Wissenschaftlicher Assistent am dortigen Historischen Seminar.
Forschungsaufenthalte führten ihn an die Rikkyō-Universität in Tōkyō
(1989–91) und an das St. Antony's College in Oxford (1992). Er arbeitet
an einem Buch über die Rezeption Max Webers in Japan.
Veröffentlichungen (u. a.): Konservative Vereine und Revolution in
Preußen 1848/49: Die Konstituierung des Konservativismus als Partei
(1988); Max Weber und seine Zeitgenossen (als Hg., mit W. J. Mommsen, 1988); Aufsätze zur deutschen und japanischen Ideengeschichte.

Reinhard Wendt

promovierte 1983 in Augsburg. Er ist Wissenschaftlicher Assistent am Historischen Seminar der Universität Freiburg i. Br. 1991 bis 1993 hielt er sich zu Studien über die Geschichte der philippinischen Festkultur in Spanien, den USA und auf den Philippinen auf. Sein wichtigstes Forschungsgebiet ist die »Kolonial«-Geschichte Ost- und Südostasiens sowie des Pazifikraumes.

Veröffentlichungen (u. a.): Die Bayerische Konkursprüfung der Montgelas-Zeit. Einführung, historische Wurzeln und Funktion eines wettbewerbsorientierten, leistungsvergleichenden Staatsexamens (1984); Der europäische Beobachter außereuropäischer Kulturen (als Hg., mit H.-J. König und W. Reinhard); Aufsätze zur philippinischen und nordamerikanischen Geschichte.

Gernot Rotter (Hg.)

Die Welten des Islam

Neunundzwanzig Vorschläge,
das Unvertraute zu verstehen

Band 11480

Der Titel des Buches ist ein Programm. Es will den Leserinnen
und Lesern einen Eindruck von der Vielfalt und Vielgestalt
der historischen, kulturellen und politischen Entwicklungen
und Erscheinungen vermitteln. *Den* Islam gibt es nicht, eben-
sowenig den sich unaufhaltsam ausbreitenden »Fundamentalismus«; der vielbeschworene Angriff der geeinten islamischen Welt gegen die westliche Zivilisation ist eine Legende,
die aus vielerlei Ängsten gespeist wird, in unseren Breiten Tradition hat und die von falschen Propheten gern geschürt wird.
Dieses Buch ist von Fachleuten für eine breite Öffentlichkeit
geschrieben worden. Das Thema Islam ist gerade hier und
heute in Zeiten von Fremdenfeindlichkeit und Zukunfts-
angst zu wichtig, als daß wir uns leicht eingängige, dafür aber
verzerrte Bilder von selbsternannten Experten und Sensations-
berichterstattern leisten dürften.
Dargestellt werden in knappen und zugespitzten Essays u. a.
folgende Themen: inhaltliche Merkmale und Besonderheiten
des Islam, seine Gründung, Ausbreitung, die wichtigsten religiösen, ideologischen und politischen Spaltungen; länderspe-
zifische Problemstellungen (Irak, Saudi-Arabien, Syrien, Libanon, Israel/Palästina, Ägypten, Lybien, Maghreb-Staaten,
Türkei, ehemalige Sowjetunion, Indien/Pakistan, Südostasien, Schwarzafrika/USA); es folgen politische und kulturge-
schichtliche Essays, etwa über Demokratieverständnis, Feind-
bilder und die vieldiskutierte Frauenfrage; über die Einflüsse
arabisch/islamischer Literatur, Naturwissenschaften, Mathematik und Musik auf die westliche Welt.

Fischer Taschenbuch Verlag

fi 665 / 2

Deutsche Geschichte im 20. Jahrhundert

Darstellungen und Dokumente

Fischer Taschenbuch Verlag